t.

TRAUNER VERLAG

BILDUNG

Bildung, die begeistert!

AF625397

Gesundheit und Soziales für die Berufsreifeprüfung (Teil 2)

FRANZ LITSCHAUER

ALFRED BARTH

TANJA DUJLOVIC

BARBARA HUFNAGL

KARL KRÜCKL

- Psychologie und Recht

+ TRAUNER-DigiBox

Impressum

Litschauer u. a., Gesundheit und Soziales für die Berufsreifeprüfung (Teil 2)
■ Psychologie und Recht
+ TRAUNER-DigiBox
5. Auflage 2024
TRAUNER Verlag, Linz

Das Autorenteam

MAG. FRANZ LITSCHAUER
Trainer und Prüfer in der juristischen Aus- und Weiterbildung am WIFI und BFI

UNIV.-PROF. DDR. ALFRED BARTH
Leitung Institut für Psychologie der Sigmund Freud PrivatUniversität Linz

TANJA DUJLOVIC, MSC.
Institut für Psychologie der Sigmund Freud PrivatUniversität Linz

MAG.A IUR. BARBARA HUFNAGL
Lehrtätigkeit der Fächer Berufsspezifische Rechtsgrundlagen, Zeitgeschichte und politische Bildung sowie Kooperation, Koordination und Organisation in verschiedenen Einrichtungen des Gesundheitswesens, Mediatorin

DR. KARL KRÜCKL, MA, PLL.M
Rechtsanwalt, Lehrtätigkeit an der Höheren technischen Bundeslehranstalt Leonding

Dieses Schulbuch wurde auf der Grundlage eines Rahmenlehrplanes erstellt; die Auswahl und die Gewichtung der Inhalte erfolgen durch die Lehrerinnen und Lehrer bzw. Trainerinnen und Trainer.

Lektorat/Produktmanagement:
Mag. Karin Gollowitsch
Korrektor: Johann Schlapschi
Grafik und Gestaltung:
Adelheid Hinterkörner
Titelgestaltung: Bettina Victor
Schulbuchvergütung/Bildrechte:
© Bildrecht GmbH/Wien
Gesamtherstellung:
Vorarlberger Verlagsanstalt GmbH
Schwefel 81, 6850 Dornbirn

PRINTED IN AUSTRIA

ISBN 978-3-99113-892-1
www.trauner.at

Einleitung

Kompakt – klar strukturiert – anschaulich. Dies ist die Quintessenz unserer beiden Bände für den Fachbereich „Gesundheit und Soziales". Etwa 90 Prozent der Teilnehmerinnen und Teilnehmer, die sich zur Absolvierung der Berufsreifeprüfung entschieden haben, sind berufstätig. Keine Frage, dass hier Effizienz vonnöten ist.

Der TRAUNER Verlag bietet mit diesem umfassenden und maßgeschneiderten Lehrwerk in zwei Teilen die optimale Vorbereitung für den Fachbereich „Gesundheit und Soziales". Die Inhalte berücksichtigen die Berufsreifeprüfungscurricula.

Viel Freude und Erfolg
wünschen Ihnen
die Autorinnen und Autoren.

Wesentliche Elemente und verwendete Symbole

Die **Ziele kennzeichnen,** was die Schülerinnen und Schüler nach Durcharbeiten des Kapitels können sollen. Sie entsprechen den **Bildungs- und Lehraufgaben** des Lehrplans. Die Ziele sind farblich nach der **Kompetenzstufe gekennzeichnet.**

Meine Ziele KOMPETENZ-ERWERB

Nach Bearbeitung dieses Kapitels kann ich
- Blau (wiedergeben, verstehen)
- Rot (anwenden)
- Schwarz (analysieren und entwickeln)

Aufgabenstellungen, Ziele erreicht?

Zur Erarbeitung der Kenntnisse und Fertigkeiten sowie zur Kontrolle des Lernerfolgs stehen den Lernenden Aufgaben und Abschlusstests („Ziele erreicht?") zur Verfügung. Die Aufgabenstellungen und „Ziele erreicht?"-Aufgaben sind ebenfalls nach dem Kompetenzmodell mit den Farben Blau, Rot und Schwarz gekennzeichnet. Es wird unterschieden zwischen Aufgaben, bei denen die Schüler/innen
- die gelernten Fachinhalte verstehen und wiedergeben;
- erworbenes Wissen anwenden können;
- eigenständig Probleme analysieren und Lösungen entwickeln.

Kompetenzen erworben?
Kreuzen Sie aufgrund der durchgeführten Ziele erreicht?-Aufgaben an, ob Sie die Kompetenzen
- **zur Gänze**
- **überwiegend** oder
- **(noch) nicht ausreichend**

erworben haben. Wiederholen Sie den jeweiligen Lehrstoff im Buch, falls Sie einzelne Ziele noch nicht erreicht haben.

Folgende Piktogramme sollen die Orientierung im Buch erleichtern:

- Aufgabenstellungen
- für Diskussionsaufgaben
- für Wissenswertes und Tipps
- Besonders wichtige Hinweise
- für Verknüpfungen zu anderen Gegenständen, Kapiteln oder Internetlinks
- für Verweise zu Gesetzen oder für Auszüge aus Gesetzestexten

STARTEN SIE IHR E-BOOK ZUM BUCH!

In der TRAUNER-DigiBox (www.trauner-digibox.com) finden Sie Ihr persönliches E-Book und die Zusatzmaterialien zum Buch:
- www.trauner-digibox.com aufrufen
- Einmal kostenlos registrieren
- Ihr digitales Zusatzpaket mit **Lizenz-Key** auf der Rückseite des Buches freischalten

Inhaltsverzeichnis

Einführung in die Psychologie – Sozialpsychologie

In den folgenden Kapiteln lernen Sie die Grundlagen der Psychologie kennen und erhalten einen Einblick in spannende Experimente. Außerdem erfahren Sie, wie Kommunikation funktioniert.

Einführung in die Psychologie

Der Begriff **Psychologie** kommt aus dem Griechischen und setzt sich zusammen aus „psyche“ (Seele) und „logos“ (Lehre/Wissenschaft). Demnach kann sie als Lehre/Wissenschaft der Seele bezeichnet werden.

ARISTOTELES (384–322 v. Chr.), griechischer Philosoph

Die Beschäftigung mit der Seele, dem Erleben und Verhalten des Menschen hat eine weit zurückreichende Geschichte. Schon PLATON, ARISTOTELES und DESCARTES setzten sich mit psychologischen Fragestellungen auseinander.

Warum sind wir Menschen so, wie wir sind – und nicht anders? Warum verhält sich jemand in einer bestimmten Situation so und ein anderer ganz anders? Von jeher versuchen Menschen, die Welt und sich selbst zu verstehen.

Die Psychologie beschreibt und erklärt das Erleben und Verhalten des Menschen, seine Entwicklung im Laufe des Lebens und alle dafür maßgeblichen inneren und äußeren Ursachen und Bedingungen.

KOMPETENZ-ERWERB

Meine Ziele

Nach Bearbeitung dieses Kapitels kann ich

- die Entstehung der Psychologie als Wissenschaft erklären;
- die verschiedenen Teilgebiete der Psychologie beschreiben;
- Psychiater/Psychiaterinnen, (klinische) Psychologen/Psychologinnen und Psychotherapeuten/Psychotherapeutinnen voneinander unterscheiden.

1 Geschichte der Psychologie

„Die Psychologie hat eine lange Vergangenheit, aber nur eine kurze Geschichte."
HERMANN EBBINGHAUS, 1908

Seit Urzeiten beschäftigt sich die Menschheit mit psychologischen Fragen, wobei die Idee der Psychologie als Wissenschaft ihren Ursprung erst im 19. Jahrhundert findet. Die sogenannten **Urväter,** die zu der Entstehung beitrugen, waren unter anderem **Physiker** und **Chemiker** (z. B. Hermann von Helmholtz, Gustav Theodor Fechner) wie auch viele **Philosophen** (z.B. Johann Friedrich Herbart, Rudolf Hermann Lotze).

Den Grundstein für die Entstehung der **Psychologie als Wissenschaft** legte der deutsche Physiologe, Psychologe und Philosoph **Wilhelm Wundt** mit seinem **weltweit ersten psychologischen Institut** 1879 in Leipzig, das von zahlreichen Wissenschaftern und Wissenschafterinnen aus der ganzen Welt besucht wurde.

Es gibt prinzipiell zwei Zugänge, Psychologie zu betreiben

In den Anfängen der Psychologie war es schwierig, höhere geistige Prozesse, die sich im Inneren eines Menschen abspielen, verstehen zu können.

Behavioristen beschäftigten sich mit beobachtbarem Verhalten **(Input und Output)** und konnten alles, was dazwischen passierte **(Blackbox),** nicht erklären **(1. Zugang).**

INPUT		BLACK-BOX		OUTPUT
Reiz, Stimuli	→	Der interne Zwischenschritt wird ignoriert	→	Reaktion, Verhalten
S				**R**

In den 1960er-Jahren begannen Wissenschafter, sich auf die inneren Prozesse (Blackbox), wie Wahrnehmen, Denken, Erinnern und Verstehen des Menschen, zu konzentrieren. Diese Entwicklung wird als **kognitive Wende** bezeichnet, welche die behavioristische Theorie ablöste und zum heutigen Verständnis der Psychologie des Menschen beitrug **(2. Zugang).**

In den darauffolgenden Jahren wurden diese und andere Zugänge der Psychologie miteinander vermischt (siehe Kapitel Psychotherapie).

Beispiel: Kognitivismus und Lernen
Während der Behaviorismus für das klassische Lernen durch Verstärkung (z.B. durch Wiederholung und Belohnung) steht, sieht der Kognitivismus den Lernvorgang als Prozess der Informationsverarbeitung, der auch die Interpretation und Bewertung des aufgenommenen Wissens mit einschließt.

Kognitivistisches Lernen kann man auch als **Lernen durch Einsicht,** d.h. Lernen durch **Verstehen** und **Nachvollziehen,** bezeichnen. Es geht also nicht mehr um das „Einpauken" von Informationen, sondern um die Auseinandersetzung mit dem Lerninhalt und den Erwerb von Methoden und Fähigkeiten für das Lösen von Problemstellungen.

Quelle: www.lernpsychologie.net

HERMANN EBBINGHAUS (1850–1909) war ein bis heute sehr bekannter deutscher Psychologe. Hauptsächlich beschäftigte er sich mit der Gedächtnisforschung und gilt demnach als Pionier der kognitiv-psychologischen Forschung.

Kognition = Gesamtheit aller Prozesse, die mit dem Wahrnehmen und Erkennen zusammenhängen.

Behaviorismus (von engl. behavior: Verhalten) = Konzept, welches das Verhalten von Menschen und Tieren nur mit naturwissenschaftlichen Methoden, ohen Einbeziehung innerer Prozesse, erklärt.

Wichtige Pioniere des Behaviorismus
- EDWARD LEE THORNDIKE
- JOHN B. WATSON
- BURRHUS F. SKINNER
- IWAN P. PAWLOW

2 Teilbereiche/Anwendungsfächer der Psychologie

Da es verschiedene **Teilbereiche** der Psychologie gibt, beschreibt diese keine einheitliche Wissenschaft, sondern setzt sich mit **spezifischen Richtungen** auseinander. Man unterscheidet:

Mit der **Anwendung von Methoden** will man zu gültigen, möglichst zutreffenden, objektiven Aussagen gelangen (z. B. durch Statistiken, Interviews, direkte Beobachtung).

Empirie = methodisch-systematische Sammlung von Daten, die auf Erfahrung und Beobachtung beruhen.

Interaktion = wechselseitig aufeinander bezogenes Handeln.

Grundlagenfächer

- Allgemeine Psychologie
- Differenzielle und Persönlichkeitspsychologie
- Entwicklungspsychologie
- Sozialpsychologie
- Biologische Psychologie

Anwendungsfächer

Dazu zählen alle Teildisziplinen der Psychologie, die die **Anwendung psychologischer Erkenntnisse für die Praxis** zum Gegenstand haben (z. B. Klinische Psychologie, Wirtschaftspsychologie, Umweltpsychologie ...)

Methodenfächer

Mit unterschiedlichen **Forschungsdesigns** und **Messinstrumenten** ist es möglich, menschliche Eigenschaften, psychische Prozesse sowie das Erleben und Verhalten des Menschen messen und erklären zu können.

Grundlagenfächer	Beschreibung	Fragen/Themen
Allgemeine Psychologie	■ Beschäftigt sich mit der Wahrnehmung, dem Gedächtnis und Lernen (Intelligenz), Denken und Problemlösen, der Emotion, Motivation und Psychomotorik. ■ Den Schwerpunkt bilden die zugrundeliegenden **Prozesse aller Menschen.** ■ Die Informationen darüber liefern eine wichtige Grundlage für viele weitere psychologische Gebiete.	■ Wann laufen visuelle Prozesse bewusst, wann unbewusst ab? ■ Ist Intelligenz eine Voraussetzung für Kreativität? ■ Wie hängen Denken und Sprache zusammen?
Differenzielle/ Persönlichkeits-psychologie	■ Setzt sich mit der Frage nach **individuellen Unterschieden** psychologischer Merkmale und Persönlichkeitseigenschaften auseinander. ■ Außerdem versucht sie mithilfe von empirischen Ergebnissen, die Theorie der **Persönlichkeit** zu erklären.	■ Was unterscheidet Menschen mit hohem bzw. niedrigem Selbstwert? ■ Wie kommen individuelle Unterschiede zustande? (Gene, Ernährung, Erziehung ...)
Entwicklungs-psychologie	■ Befasst sich mit der Beschreibung und Erklärung sowie Vorhersage und Beeinflussung menschlichen Verhaltens und Erlebens. ■ Wichtig hierbei ist der **Aspekt der Veränderung** über die Zeit, wobei alle Altersbereiche umfasst werden.	■ Erkenntnisse über die Sprachentwicklung und das Erlernen der Sprache im Kindesalter
Sozial-psychologie	■ Umfasst nicht das Verhalten und Erleben des Individuums, sondern dessen **zwischenmenschliche Interaktion.** ■ Sie konzentriert sich auf die Art und Weise, wie menschliches Handeln, Gedanken und Gefühle von sozialen Beziehungen beeinflusst werden.	Soziales Verhalten, Gruppenprozesse, soziale Rollen, Einstellungen
Biologische Psychologie	Beschreibt die Beziehungen zwischen den physischen und psychischen Zuständen, also den **Zusammenhang zwischen Körper und Seele.**	■ Wir sehen und hören, wir erinnern uns, wir sind aufgeregt – was passiert dabei in unserem Körper?

3 Psychologie als Beruf

Vor dem Zweiten Weltkrieg war es üblich, dass die meisten Psychologinnen und Psychologen an Schulen oder Universitäten angestellt waren und das Unterrichten und die Forschung zu ihren Hauptaufgaben zählten. Heute arbeiten mehr als die Hälfte aller Psychologinnen und Psychologen in der Wirtschaft, in Krankenhäusern, Schulen, Beratungseinrichtungen, öffentlichen Verwaltungen etc.

Beispiele

- **Werbepsychologie:** Die Marktforschung untersucht unser Kaufverhalten, um herauszufinden, welche Produkte sich besonders gut verkaufen und warum.
- **Sportpsychologinnen und -psychologen** betreuen Leistungssportler/innen und arbeiten an deren mentaler Stärke.
- **Arbeits- und Organisationspsychologie:** Personalentwickler/innen entwickeln Strategien, damit sich Arbeitnehmer/innen wohlfühlen und leistungsstärker werden.

Das Ziel aller vier psychologischer Berufe besteht darin, eine Verbesserung der Lebenssituation der Patientin/des Patienten zu erreichen.

Die vier bekanntesten psychologischen Berufe

Fachärzte/Fachärztinnen für Psychiatrie und Psychotherapeutische Medizin	Klinische Psychologin/ Klinischer Psychologe	Psychologin/ Psychologe	Psychotherapeutin/ Psychotherapeut
AUSBILDUNG			
■ Entweder Diplomstudium Humanmedizin oder Studium (Bachelor + Master) ■ Im 6. Studienjahr muss ein klinisch praktisches Jahr (KPJ) absolviert werden.	■ Psychologiestudium (Bachelor + Master) ■ Postgraduale klinisch psychologische Fachausbildung nach dem absolvierten Masterstudium	■ Psychologiestudium (Bachelor + Master) ■ Spezifische Weiterbildungen	■ Psychotherapeutisches Propädeutikum (medizinische Vorprüfung) ■ Psychotherapeutisches Fachspezifikum
TÄTIGKEITSBEREICH			
■ Prävention (Vorbeugung), Erkennung, Behandlung, Erforschung und Rehabilitation von psychischen Krankheiten und Störungen ■ Das Verfassen von Gutachten bei psychischen und sozialen Verhaltensauffälligkeiten	■ Erstellung von klinisch-psychologischen Befunden und Gutachten ■ Klinisch-psychologische Diagnostik ■ Entstehung, Klassifikation und Verbreitung von Störungsbildern ■ Auseinandersetzen mit psychischen Extremsituationen, psychischen Folgen akuter Belastungen, Entwicklungskrisen, psychischen Krisen und psychiatrischen Krankheitsbildern	■ Psychologische Diagnostik in Bezug auf Leistungsfähigkeit, Persönlichkeitsmerkmale, Verhaltensstörungen, psychische Veränderungen und Leidenszustände ■ Erstellung von Zeugnissen, Gutachten und Prognosen ■ Behandlung zur Prävention oder Rehabilitation von Personen ■ Beratung von Einzelpersonen oder Gruppen	■ Behandlung von psychischen, psychosozialen und psychosomatischen Verhaltensstörungen und Leidenszuständen ■ Unterstützung bei belastenden Lebenssituationen und Krisen, Problemen in der Partnerschaft und Familie, chronischen Erkrankungen ■ Es wird aus unterschiedlichen Therapieformen diejenige ausgewählt, die für die Behandlung des psychischen Problems am besten geeignet ist.

Aha!
Anders als ein Psychotherapeut ist ein Psychiater ein Facharzt für Psychiatrie und hat somit ein Medizinstudium sowie eine Facharztprüfung hinter sich absolviert.

Ziele erreicht – „Einführung in die Psychologie“

KOMPETENZ-ERWERB

1. Definieren Sie den Begriff „Psychologie“.
2. Geben Sie an, wer als Begründer der Psychologie gilt.
3. Erklären Sie das Phänomen der Blackbox an einem eigenen Beispiel.
4. Erläutern Sie die Kennzeichen der jeweiligen psychologischen Teilgebiete.
5. Nennen Sie die Grundlagenfächer der Psychologie. Mit welchen Themen beschäftigen sie sich?
6. Differenzieren Sie zwischen den vier psychologischen Berufsgruppen.

Der Mensch als soziales Wesen – Sozialpsychologie

Wie verhalte ich mich in der Familie, wie in der Schule, wie auf einer Feier, wo mich nur wenige Menschen kennen? Wie reagiere ich, wenn ich unter Druck stehe oder mich in die Enge getrieben fühle?

Antworten auf all diese Fragen und noch viele mehr sind Themen der Sozialpsychologie. Die Sozialpsychologie ist ein Teilbereich der Psychologie, die sich mit dem Verhalten und Erleben des Menschen unter Einfluss von gesellschaftlichen Faktoren beschäftigt.

Meine Ziele

Nach Bearbeitung dieses Kapitels kann ich

- die Sozialpsychologie von der Psychologie unterscheiden und ihre Themenbereiche nennen;
- die wichtigsten Experimente im Bereich der Sozialpsychologie erklären und Schlüsse daraus ziehen;
- weitere sozialpsychologische Effekte beschreiben;
- den Begriff Sozialisation definieren und erklären, wie sie abläuft.

1 Einführung und Geschichte

Kurt Lewin (1890–1947) gilt als einer der einflussreichsten Pioniere im Bereich der Psychologie und kann als Begründer der modernen experimentellen Sozialpsychologie genannt werden.

Die **Sozialpsychologie** untersucht die Art und Weise, wie menschliche Gedanken, Gefühle und Handlungen von anderen Menschen beeinflusst werden. Wichtig ist, dass es sich immer um die **zwischenmenschliche Interaktion** handelt. Somit bezieht sich die Sozialpsychologie sowohl auf Gruppen als auch auf Einzelpersonen.

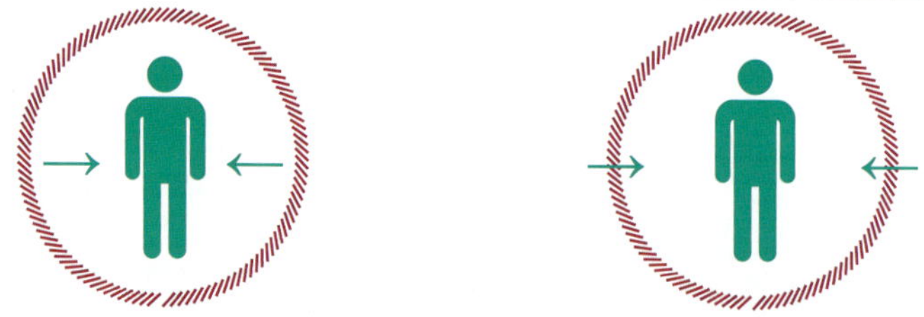

Psychologie
Der Mensch steht im Mittelpunkt

Sozialpsychologie
Soziale Beziehungen, die den Menschen beeinflussen, stehen im Mittelpunkt

Themenbereiche, für die sich Sozialpsychologinnen und Sozialpsychologen interessieren (Auswahl):

- Soziale Rollen und Regeln
- Kommunikation
- Motivation
- **Altruismus**
- Aggressive Verhaltensweisen
- Vorurteile
- Gehorsam und Autorität
- Gruppenbildung und Gruppenzwang
- Sozialisation
- Soziale Wahrnehmung

Altruismus = selbstloses und uneigennütziges Denken und Handeln.

2 Gehorsam gegenüber Autoritätspersonen

Nennen Sie Situationen, in denen es in unserer Gesellschaft in Ordnung ist, einer Autoritätsperson zu gehorchen.

Zu tun, was andere von uns verlangen, setzt voraus, dass wir unsere individuelle Freiheit aufgeben. Ob die Bedingungen oder Anforderungen, die andere Menschen an uns stellen, unseren eigenen Wünschen entsprechen und wir demnach aus eigener Überzeugung handeln, ist von Situation zu Situation verschieden.

Ab wann wissen wir, wem wir gehorchen sollen und wem nicht und wann entscheiden wir uns bewusst für oder gegen Befehle von anderen?

Denken Sie an ein Kind, das die Regeln der Eltern befolgt. Wenn es älter wird und in die Schule kommt, werden Lehrerinnen und Lehrer zumeist als Autoritätspersonen angesehen und deren Forderungen erfüllt.

Vielleicht wissen Sie aus eigener Erfahrung, dass sich Menschen vor allem im **Jugendalter** die Frage stellen, wem sie eigentlich gehorchen sollen und wem nicht. Dieser Vorgang hängt mit der **Reifung unseres Gehirns** zusammen; wenn wir älter werden, entwickeln wir gewisse Denkstrategien, die moralische Vorstellungen, Werte sowie die Erziehung unserer Eltern reflektieren.

Aha!
Somit hängt das Befolgen eines Befehls oder die Unterlassung von etwas Verbotenem immer von verschiedenen **Umweltfaktoren** ab.

Gehorsam ist prinzipiell das Befolgen von Geboten oder Verboten durch entsprechende Handlungen oder Unterlassungen.

Hinsichtlich des **Gehorsams** bei Kindern stehen deren **freie persönliche Entscheidungen** sowie das **Verhalten** im Vordergrund. Ebenso spielen die **sozialen Schichten** eine wichtige Rolle: So stand beispielsweise bis Ende des 20. Jahrhunderts vor allem in Arbeiterfamilien Gehorsam gegenüber Autoritätspersonen an erster Stelle, in den mittleren Schichten wiederum stand persönliche Freiheit stärker im Vordergrund.

Aha!
Jemandem zu gehorchen bedeutet, die Autorität eines Menschen anzuerkennen und zu akzeptieren.

Wussten Sie, dass ...
blinder Gehorsam auch als **Kadavergehorsam** bezeichnet wird, weil man wie ein willenloser Kadaver die Befehle eines anderen Menschen befolgt?

Von **blindem Gehorsam** spricht man hingegen dann, wenn die gehorchende Person sich einem fremden Willen unterwirft, ohne darüber nachzudenken, ob dieser richtig ist. Diese Form des Gehorsams ist auf jeden Fall gefährlich.

Das Konzept des blinden Gehorsams lässt sich auf eines der bekanntesten sozialpsychologischen Experimente zurückführen: das **Milgram-Experiment.**

Aufgabenstellungen – „Einführung und Geschichte"

1. Diskutieren Sie, ob es einen Zusammenhang zwischen Gehorsam und Respekt gibt.
2. Nennen Sie die für Sie wichtigsten Werte. Überlegen Sie, ob Sie diese von Zuhause anerzogen bekommen oder sich selbst angeeignet haben.

Stanley Milgram (1933–1984)

Milgrams Versuch wurde von Forschern unter verschiedenen Bedingungen wiederholt. So nahm der blinde Gehorsam ab, wenn sich „Schüler“ und „Lehrer“ im selben Raum befanden, der „Lehrer“ den „Schüler“ also sah. Er nahm zu, wenn zwei Autoritätspersonen anwesend waren, eine andere Person, den Stromknopf auf Befehl des „Lehrers“ drückte oder der „Lehrer“ den „Schüler“ weder sah noch hörte.

Experiment

Das Milgram-Experiment – wenn der Mensch blind gehorcht

Der Sozialpsychologe Stanley Milgram untersuchte 1961 im Rahmen seines Experiments, inwieweit Menschen dazu bereit waren, **Befehle einer Autoritätsperson** zu befolgen, auch wenn diese im Widerspruch zu ihrem eigenen Gewissen stehen und demzufolge einer Person blind gehorchen.

Genutzt wurde das Experiment, um die **Verhaltensweisen von Menschen im Nationalsozialismus** sozialpsychologisch erklären zu können.

Die Versuchspersonen

Es gab einen **Versuchsleiter** (V), mehrere **Lehrer** (L) und einen **Schüler** (S), wobei sowohl der Leiter als auch der Schüler (beide Schauspieler) in das Experiment eingeweiht wurden. Somit waren die eigentlichen **Versuchspersonen die Lehrer**.

Die 40 freiwilligen Versuchspersonen dachten, dass sie bei einem lerntheoretischen Experiment mitwirkten, das den Zusammenhang von Bestrafung und Lernerfolg untersucht.

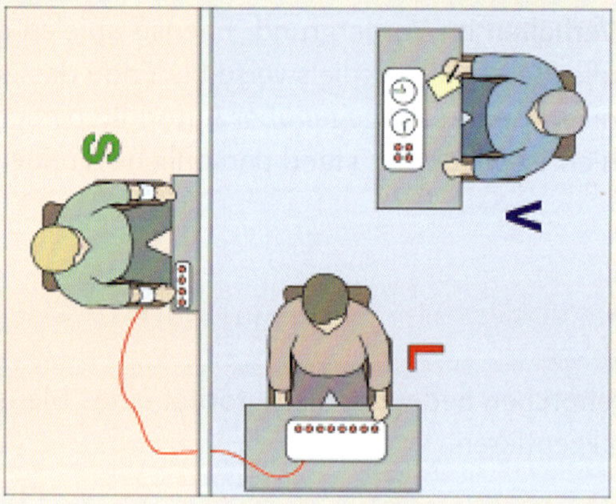

Die Testperson L befand sich im selben Raum wie der Versuchsleiter (V) und gab dem Schüler (S) über ein Mikrofon verschiedene Wortpaare durch.

Die Instruktion des Experiments war folgende:

Dem Schüler wurden Wortpaare vorgelegt, die korrekt zusammengesetzt werden mussten. Sobald der Schüler eine Aufgabe falsch hatte, musste der Lehrer auf Anweisung des Leiters dem Schüler schmerzhafte Elektroschocks verabreichen. Nach jedem Fehler erhöhte sich die Spannung um 15 Volt.

Der Schüler spürte zwar die Elektroschocks in Wirklichkeit nicht, reagierte aber passend darauf, indem er beispielsweise bei 150 Volt mitteilte, dass er an dem Experiment nicht mehr teilnehmen wolle und bei über 330 Volt keinen Ton mehr von sich gab.

Wenn der Lehrer an seinem Tun zweifelte, wurde er vom Leiter durch verschiedene Sätze motiviert. Auch wenn die Versuchsperson fragte, ob der Schüler von den Elektroschocks physische Schäden davonziehen würde, verneinte der Leiter dies. Er meinte entweder, dass der Lehrer bitte fortfahren solle, oder sagte ihm, dass er sowieso keine Wahl habe und der Lehrer weitermachen müsse.

Das Ergebnis

- Von den insgesamt 40 Versuchspersonen brachen nur 14 das Experiment ab und 26 setzten den Schüler einer maximalen Spannung von 450 Volt aus.
- Auch nach weiteren Versuchen mit mehr als 1 000 Versuchspersonen kam Milgram zu ähnlichen Ergebnissen.

- Die Versuchspersonen zeigten während des Experiments einen sehr nervösen körperlichen Zustand, waren aufgeregt und sprachen von **Gewissenskonflikten**.
- Um Langzeitschäden zu vermeiden, wurden nach dem Experiment die Teilnehmer über das genaue Vorgehen informiert.
- Außerdem berichteten 83 Prozent der Versuchspersonen, dass sie froh seien, an dem Experiment teilgenommen zu haben und nicht nur etwas über sich selbst dazu gelernt haben, sondern nun auch Autoritätspersonen misstrauischer gegenüberstehen.

Resümee

Die Erklärung für dieses Phänomen ist bis heute noch unzureichend, da viele Kritiker/innen davon ausgehen, dass das Experiment aufgrund der künstlichen Situation nicht aussagekräftig genug sei. Trotzdem konnte Milgram für sich beweisen, dass die Teilnehmer seines Experiments eher den Anweisungen des Versuchsleiters gehorchten, anstatt sich an den Schmerzen des Schülers zu orientieren, und auch der Abbruch des Experiments nur in wenigen Fällen eine Option darstellte.

⚠ Aus ethischen Gründen ist es in unserer heutigen Gesellschaft nicht mehr erlaubt, ein Experiment dieser Art durchzuführen.

Welche Lehren können wir aus diesem Experiment ziehen?

Warum also gehorchen wir Autoritätspersonen und welche Bedingungen fördern blinden Gehorsam? Sozialpsychologinnen und Sozialpsychologen nennen dafür folgende Gründe:

Normeneinfluss	➔	Wir gehorchen Menschen, damit wir von ihnen akzeptiert werden, soziale Anerkennung erhalten, geschätzt werden und demnach unser Wunsch, von anderen gemocht zu werden, erfüllt wird.
Informationseinfluss	➔	Da wir uns in den meisten Fällen korrekt verhalten wollen, neigen wir dazu, das zu tun, was von uns verlangt wird bzw. was uns von anderen aufgetragen wird.
Erziehung	➔	Denken wir noch einmal an das oben angeführte Beispiel des Kindes und deren Erziehung von den Eltern. Das kann uns aufzeigen, dass das Gehorchen gegenüber Autoritätspersonen anerzogen und somit tief in uns verankert ist; auch wenn wir nicht immer den eigentlichen Nutzen oder unser eigenes Bedürfnis hinterfragen.
Verantwortung abgeben	➔	Vor allem im Kontakt mit Experten/Expertinnen oder in fremden Situationen fällt es uns leichter, uns auf andere zu verlassen, deren Anforderungen zu erfüllen und unsere Verantwortung abzugeben.
Hilflosigkeit	➔	Noch schneller gehorchen wir einer anderen Person, wenn wir nicht genau wissen, wie wir Widerstand leisten können. Hätte es zum Beispiel in Milgrams Experiment einen Beenden-Knopf gegeben, hätten vermutlich mehr Teilnehmer das Experiment abgebrochen und nicht gehorcht.
Verschiedene Rollen	➔	Anweisungen eines anderen zu befolgen fällt auch dann leichter, wenn wir bewusst eine untergeordnete Rolle annehmen und nicht mehr verantwortlich sind für unser Handeln (Beispiel: Chef und Angestellter).

Otto Adolf Eichmann (1906–1962) war ein deutscher SS-Obersturmbannführer. Während der Zeit des Nationalsozialismus und des Zweiten Weltkrieges leitete er in Berlin das „Eichmannreferat". Diese zentrale Dienststelle des Reichssicherheitshauptamtes organisierte die Verfolgung, Vertreibung und Deportation von Juden und war mitverantwortlich für die Ermordung von schätzungsweise sechs Millionen Menschen im weitgehend vom NS-Staat besetzten Europa. Im Mai 1960 wurde er von israelischen Agenten aus Argentinien entführt und nach Israel gebracht, wo ihm ein öffentlicher Prozess gemacht wurde. Er wurde zum Tode verurteilt und in der Nacht vom 31. Mai auf den 1. Juni 1962 hingerichtet.

Eichmann in Jerusalem

Im Jahre 1964 veröffentlichte die Philosophin Hannah Arendt ihr berühmtes Buch **„Eichmann in Jerusalem. Ein Bericht von der Banalität des Bösen".** Es handelt von dem Gerichtsprozess um Adolf Eichmann, in dem dieser seine Planung des Mordes von Juden verteidigte.

Die Autorin schrieb dazu:

> *„Eichmann besann sich ganz genau darauf, dass ihm nur eins ein schlechtes Gewissen bereitet hätte: wenn er den Befehlen des Führers nicht nachgekommen wäre und Millionen von Männern, Frauen und Kindern nicht mit unermüdlichen Eifer und peinlichster Sorgfalt in den Tod transportiert hätte."*
>
> *„Das Beunruhigende an der Person Eichmanns war doch gerade, dass er wie viele war und dass diese vielen weder pervers noch sadistisch, sondern schrecklich und unerschreckend normal waren und sind."*

Während des Prozesses war Eichmann von sechs Psychiatern untersucht worden, die alle zu dem Ergebnis gekommen waren, dass Eichmann völlig normal sei. Einer fand sogar, Eichmanns Einstellung zu Frau, Kindern, Eltern, Geschwistern und Freunden sei nicht nur normal, sondern geradezu vorbildlich.

Einfach zum Nachdenken

Wie steht es mit Ihnen? Können Sie sich Bedingungen vorstellen, unter denen Sie blindlings den Befehlen eines Führers, eines religiösen Erlösers oder einer anderen charismatischen Person folgen würden? Wie weit würde Ihre Loyalität gehen?

Wären Sie bereit, Hunderte unschuldige Zivilisten zu töten, wie es amerikanische Soldaten in dem vietnamesischen Dorf My Lai taten, als sie dem Befehl ihres Vorgesetzten folgten?

Wären Sie bereit, auf Befehl Selbstmord zu begehen, wie es 900 Anhänger des Sektenführers Jim Jones in den 1970er-Jahren im Dschungel von Guyana taten?

Wären Sie bereit, Giftgas in U-Bahnen freizusetzen, wie es Anhänger der Aum-Shinrikyo-Sekte auf Befehl ihres Führers taten?

Instinktiv beantworten wir solche Fragen mit „Nein, auf keinen Fall!". Die Forschungen der Sozialpsychologie zeigen jedoch, dass wir alle – so traurig es ist – ehrlicherweise mit „vielleicht" antworten müssen. Denn es sind eben keine perversen Sadisten, die solche Taten begehen. Es sind Menschen wie wir, Menschen, die sich dem Einfluss der situativen Kräfte, denen sie ausgesetzt sind, nicht entziehen können.

Für uns sind ihre Taten unvorstellbar, schrecklich und fremdartig, aber für die **„Täter"** mögen sie normal, ja sogar vernünftig erscheinen. Wie es wohl uns ergangen wäre, wenn wir in derselben Lage wie amerikanische Soldaten während des Vietnamkrieges gewesen wären?

3 Rollenverhalten und Gruppenzwang

Eine soziale **Gruppe** baut auf **Interaktionen** und **wechselseitiger Beeinflussung zwischen Gruppenmitgliedern** auf. In jeder Gruppe können unterschiedliche Rollen eingenommen werden und es wird den anderen Personen der Gruppe nur ein Teil der Persönlichkeit gezeigt.

Aha!
Beachten Sie, dass die **„Rolle" einer Person** und die **„Person selbst"** zwei verschiedene Kategorien beschreiben.

Demnach heißt **Rollenverhalten, Normen der jeweiligen Gruppe zu akzeptieren und zu befolgen.** Außerdem kann sich aufgrund von veränderter **Gruppendynamik** das Rollenverhalten einer Person ändern sowie eine andere Rolle eingenommen werden.

Gruppendynamik beschreibt ein Phänomen, das bei wiederholter sozialer Interaktion im persönlichen Kontakt in Gruppen von Menschen auftritt.

Welche Auswirkungen dieser Prozess des veränderten Verhaltens in einer Gruppe nach sich ziehen kann, zeigen die folgenden drei Experimente.

Experiment

Das Stanford-Prison-Experiment

Das von Philip Zimbardo durchgeführte Experiment untersuchte das menschliche Verhalten in einer Gefängnissituation. Der Versuch, der 1971 im Keller der Stanford Universität durchgeführt wurde und für zwei Wochen vorgesehen war, musste jedoch am fünften Tag vorzeitig abgebrochen werden.

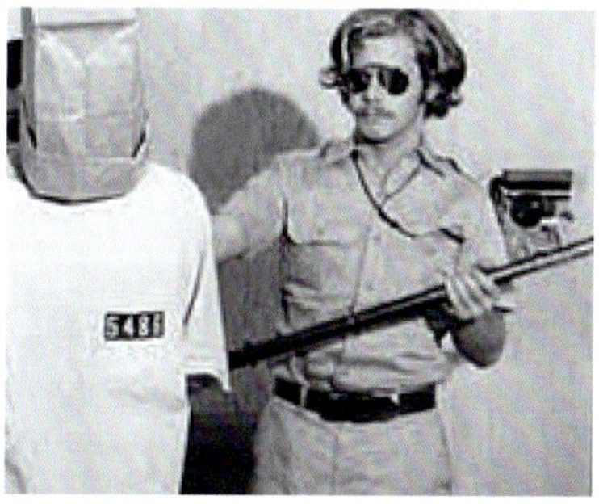

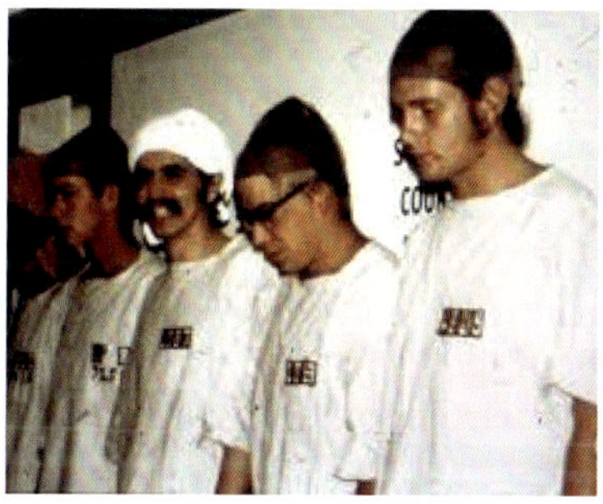

Die Versuchspersonen
In Palo Alto (Kalifornien) wurden 24 Studenten, die auf eine entsprechende Zeitungsannonce geantwortet hatten, für das Experiment ausgewählt. Voraussetzungen für die Teilnahme waren psychische Gesundheit und weder extreme Dominanz noch Unterwürfigkeit.

Die Probanden wurden darüber informiert, dass sie durch einen zufälligen Münzwurf zwei verschiedenen Gruppen – Wärter oder Gefangene – zugeteilt werden und mussten Gegebenheiten, wie beispielsweise Hygienevorschriften sowie eventuellen Einschränkungen ihrer Privatsphäre und bürgerlichen Rechten, freiwillig zustimmen.

Ablauf
An einem Sonntag wurden die Studenten von einer örtlichen Polizei von Zuhause abgeholt und verhaftet. Nach der Ankunft im „Stanford County Jail" wurden die Häftlinge auf die Ernsthaftigkeit ihrer Vergehen und den neuen Status als Gefangene hingewiesen.

Anstatt die Wärter auf ihre Aufgaben und den Umgang mit den Gefangenen vorzubereiten, wurde ihnen mitgeteilt, alles tun zu dürfen, was ihnen wichtig erscheint, um Ordnung und Gesetze im Gefängnis aufrechtzuerhalten und sich den notwendigen Respekt zu verschaffen. So zeigten einige Wärter relativ schnell ein aggressives, manchmal sogar sadistisches Verhalten. Sie bestanden darauf, dass die Gefangenen allen Regeln ohne Wenn und Aber gehorchten.

Nach dem Experiment erfuhren die Wärter, dass ihre Idee der Bestrafung durch Liegestütze ebenso in Konzentrationslagern durchgeführt wurde.

Die Gefangenen zeigten in wenigen Tagen erhöhten Stress, unkontrollierte Gefühle, Wutausbrüche, Desorientiertheit sowie hysterische Anfälle, wobei einige der Wärter während ihrer Aufgaben erhöhte Bereitschaft zu aggressivem Verhalten gegenüber den Gefangenen aufwiesen und nach dem Versuch über ihr eigenes Verhalten sehr schockiert waren. Beide Gruppen vergaßen im Rahmen des Experiments, wo die Grenzen zwischen Realität und Rollenspiel lagen.

Was zeigt das Experiment?

Das Experiment zeigt deutlich, wie drastisch soziale Rollen unser Denken, Verhalten und Bewusstsein verändern können. Eine soziale Rolle ist dabei ein Verhaltensmuster, das von einer Person erwartet wird oder von dem eine Person glaubt, dass es von ihr erwartet wird, wenn sie sich in einer bestimmten sozialen Umgebung befindet. In unserem Experiment sind „Wärter“ und „Gefangene“ zwei Beispiele für soziale Rollen.

Heute spricht man vom sogenannten **Asch-Effekt,** wenn sich eine Person der Mehrheitswahrnehmung einer Gruppe anpasst.

Experiment

Konformitätsexperiment nach Asch

Das Experiment von Solomon Asch untersuchte 1951 die Beeinflussung des Urteils einer Person durch die Urteile einer Gruppe.

Die Versuchspersonen

Es wurden **sechs Personen** gewählt, die in das Experiment eingeweiht wurden, und **eine Testperson,** die keine Informationen erhielt.

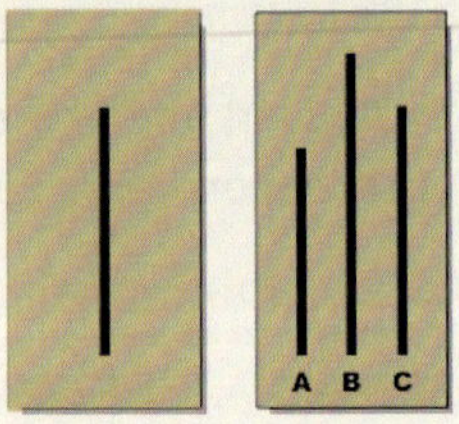

Der Ablauf

Allen Personen wurde die gleiche Frage gestellt:
Welche der drei Linien – **A, B** oder **C** – ist gleich lang wie die Linie auf der linken Seite?

Das Ergebnis

- Fast alle Testpersonen konnten die Aufgabe richtig lösen (C), wobei der Zweck des Experiments darin lag, die unwissende Testperson mit einer falschen Antwort (B) zu verunsichern.
- 76 Prozent der Testpersonen passten sich mindestens einmal dem falschen Urteil der Gruppe an,
- wohingegen sich ca. ein Viertel der Testpersonen nicht von der Gruppe beeinflussen ließ.

Die Testpersonen, die sich dem Urteil der Gruppe anpassten **(Konformisten),** konnten in drei Gruppen unterteilt werden:

Konformist = Jemand, der seine Meinung jeweils den gegebenen Verhältnissen und der herrschenden Meinung anpasst.

Konformisten-Typen

Gruppe 1	Die Wahrnehmung veränderte sich tatsächlich, obwohl die Testpersonen keinem direkten Gruppendruck ausgesetzt waren.
Gruppe 2	Die Testpersonen wurden durch die Meinung, dass die Mehrheit Recht haben müsse, verunsichert und passten sich ebenso an.
Gruppe 3	Die Testpersonen waren sich darüber bewusst, dass ihre Antwort korrekt ist, wollten aber einem möglichen Gruppenkonflikt aus dem Weg gehen.

Wären Sie eine Testperson des Experiments: Welchem Urteil würden Sie sich anschließen?

Die Testpersonen, die ihr eigenes Urteil vertraten **(Non-Konformisten)** waren entweder **selbstbewusst** genug, um ihre Meinung klar und deutlich zu äußern, ohne die Gruppe anzugreifen; **zögerten** zwar zu Beginn, wollten ihr getroffenes Urteil dennoch nicht aufgeben, oder **zweifelten** sehr stark, entschieden sich aber trotzdem dazu, ein von der Gruppe unabhängiges Urteil zu fällen.

Was zeigt das Experiment?

Die Ergebnisse des Experiments können aufzeigen, dass Gruppendruck auf eine Einzelperson immer verschiedene Auswirkungen haben kann. Je nach Persönlichkeitsmerkmalen, Vertrautheit mit den Gruppenteilnehmern und Ernsthaftigkeit der jeweiligen Situation können Urteile anderer Personen bewusst übernommen werden oder die individuellen Urteile beeinflusst werden.

Experiment

Robbers-Cave-Experiment

Das Robbers-Cave-Experiment, auch Ferienlagerexperiment genannt, wurde von MUZAFER SHERIF 1954 in Oklahoma durchgeführt.

Die Versuchspersonen

22 Jungen, die einander noch nie gesehen hatten, wurden in zwei Bussen mit jeweils elf Passagieren an zwei verschiedenen Orten des Robbers Cave State Parks abgesetzt. Keinem der Teilnehmer war bewusst, dass sie an einem Versuch, der das Gruppenverhalten unter verschiedenen Bedingungen untersuchte, teilnahmen.

Der Ablauf

Jede Gruppe sollte Aufgaben lösen und Aktivitäten unternehmen, um ein Gruppengefühl zu entwickeln, wobei die Gruppen nichts voneinander wussten. Der Plan war, dass man die Gruppen in dieser ersten Phase noch einige Tage getrennt hielt, bevor man sie in Phase zwei zu Feinden machte: Die beiden Gruppen mussten sich in der Folge in verschiedenen Wettbewerben messen. Der Zusammenhalt innerhalb der Gruppen wuchs dadurch, die andere Gruppe jedoch wurde herabgesetzt und bekämpft. Das Ausmaß der Feindseligkeiten wurde immer größer.

In Phase drei sollten eine Filmvorführung und ein gemeinsames Essen zur Versöhnung beitragen, was aber nicht funktionierte. Sherif wollte die Spannungen abbauen, indem er die beiden Gruppen vor Aufgaben stellte, die eine alleine nicht bewältigen konnte. Diese Maßnahmen führten tatsächlich zur Versöhnung der Gruppen.

MUZAFER SHERIF (1906–1988) war ein türkisch-US-amerikanischer Sozialpsychologe, der insbesondere durch seine Forschungen zum sozialen Einfluss und die Erforschung von Konflikten innerhalb und zwischen Gruppen bekannt wurde.

Was zeigt das Experiment?

Das eigentliche Experiment untersuchte, welche Faktoren wichtig sind, um zwei rivalisierende Gruppen zu einer gemeinsamen Gruppe zusammenzuführen. Die Feindseligkeiten fanden aber erst dann ein Ende, als verschiedene Aufgaben und Ziele von allen Teilnehmern gemeinsam bewältigt werden mussten, um Belohnungen zu erhalten.

Somit zeigte das Experiment, dass nicht nur genügend Kontakt zwischen verfeindeten Gruppen notwendig ist, um Feindseligkeiten zu beseitigen, sondern aktive Zusammenarbeit zur Erreichung von gemeinsamen Zielen von großer Bedeutung ist.

Nur durch ein gemeinsames Ziel fanden die beiden Gruppen zueinander.

Aufgabenstellungen – „Robbers-Cave-Experiment"

1. Sherifs Lösungsstrategie hat weitreichende Folgen. Wie könnte sie z. B. bei Streitigkeiten innerhalb eines Unternehmens angewandt werden?
Suchen Sie ein konkretes Beispiel.

2. Finden Sie andere Situationen, in denen Sherifs Lösungsweg einsetzbar ist.

4 Weitere sozialpsychologische Effekte

Der Chamäleoneffekt spielt vor allem im Kontext von romantischen Beziehungen und deren Aufbau eine wichtige Rolle. Welche Beispiele fallen Ihnen dazu ein?

Chamäleoneffekt

Er beschreibt die **unbewusste Nachahmung** von Gesten, Haltungen und Stimmungslagen. Menschen haben das Bedürfnis nach Harmonie und Symmetrie. Der Chamäleon-Effekt wird daher auch **Spiegeltechnik** genannt.

Beispiel
In Gesprächssituationen wird die eigene Körpersprache oft unbewusst dem Gegenüber angepasst. Besonders **Gesten** wie Lächeln, Gähnen, Nasenkratzen, einen Schluck trinken wirken ansteckend.

Bekannt ist der Zuschauereffekt auch unter der Bezeichnung „Genovese-Syndrom". Der Begriff kommt von der US-Amerikanerin Kitty Genovese, die 1964 in New York City einem Mordanschlag zum Opfer fiel. Der Überfall dauerte ca. eine halbe Stunde und wurde von mehreren Personen beobachtet, die aber keine Hilfe leisteten.

Zuschauereffekt

Unter **Zuschauereffekt** (Bystander-Effekt) versteht man das Phänomen, dass einzelne Personen in Notsituationen, wie beispielsweise bei einem Unfall oder einem kriminellen Übergriff, mit niedrigerer Wahrscheinlichkeit eingreifen oder Hilfe leisten, wenn weitere Zuschauer/innen anwesend sind oder hinzukommen.

John M. Darley von der New York University und Bibb Latane von der Columbia Universität führten wissenschaftliche Untersuchungen durch, die die Hauptgründe für das Nichteingreifen von Zeugen herausarbeiteten:

- Die **„Aufteilung der Verantwortung":** Es wird darauf gewartet, dass eine andere Person eingreift bzw. den ersten Schritt zur Hilfe wagt.
- Die **„Pluralistische Ignoranz":** Darunter versteht man, dass die Einschätzung, eine Situation als „Notfall" zu klassifizieren, mit der Erhöhung der Anzahl der Umstehenden sinkt.

Bei einem Notfall nimmt die Wahrscheinlichkeit, dass einem geholfen wird, mit steigender Anzahl der Umstehenden ab.

Falscher Konsensus-Effekt

Er beschreibt, dass Menschen davon ausgehen, dass andere Menschen genauso denken und handeln wie sie.

Seinen Namen verdankt das Phänomen Sozialpsychologen um Lee Ross von der Stanford-Universität, die es bereits 1977 in mehreren Experimenten beobachten konnten.

Beispiel
Studentinnen und Studenten wurden gebeten, für 30 Minuten ein Schild am Campus zu tragen und damit Werbung für ein Restaurant zu machen. Wer sich dazu bereit erklärte, ging bei der Befragung davon aus, dass 62 % der Studenten/Studentinnen dies ebenfalls tun würden. Wer den Job ablehnte meinte, dass 67 % der Studenten/Studentinnen, sich ebenso verhalten würden.

Wir glauben, dass unsere Meinung die verbreitetere ist. Warum glauben wir das?
Oft umgeben wir uns mit Personen, die uns ähnlich sind, gleiche Einstellungen (Erziehung, Schule, Ausbildung ...) haben und vergessen dann oft die Grundrate (wie viele Studenten gibt es sonst noch (z.B. arbeitende Studenten, Pensionisten ...).

Hawthorne-Effekt

Der Hawthorne-Effekt (auch Beobachtereffekt genannt) beschreibt das Phänomen der **Verhaltensanpassung** von Personen, die wissen, dass sie **beobachtet** werden.

Der Begriff Hawthorne-Effekt geht auf eine **gruppenbasierte Beobachtungsstudie** bei den Hawthorne-Werken zurück. Ziel war es herauszufinden, wie man die Produktivität der Mitarbeiter dauerhaft steigern kann. Die Hauptaussage der Studie war, dass unabhängig von der experimentellen Manipulation die Produktion der Mitarbeiter anzusteigen schien.

Zwischen 1924 und 1933 wurden in den Hawthorn-Werken außerhalb von Chicago sechs Studien durchgeführt.

5 Sozialisation

Aha!
Die Sozialisation beschreibt die Art und Weise, wie ein Mensch mit verschiedenen Regeln, Normen, Werten und gesellschaftlichen Einstellungen und Erwartungen vertraut gemacht wird.

Erfolgreich ist die Sozialisation dann, wenn Menschen die ihnen vermittelten kulturellen Normen und Wertvorstellungen soweit verinnerlicht haben, dass sie diese freiwillig einhalten. Die Wünsche des/der Einzelnen dürfen jedoch auch nicht zu kurz kommen.

Sozialisation umfasst somit einen wechselseitigen Prozess zwischen einem Individuum und seiner Umwelt und betrifft nicht nur eine einzelne Person, sondern alle Personen, die an der Sozialisation beteiligt sind. Der Mensch setzt sich mit seiner sozialen und materiellen Umwelt **(äußere Realität)** sowie seinen natürlichen Anlagen und der körperlichen und psychischen Konstitution **(innere Realität)** auseinander.

Es können drei Phasen der Sozialisation unterschieden werden:

Primäre Sozialisation

Einfluss durch Eltern und Familie

Sekundäre Sozialisation

Einfluss durch Peers, Freunde, Schule und Ausbildung

Tertiäre Sozialisation

Einfluss durch den Beruf

Wichtig ist, dass alle drei Phasen der Sozialisation aufeinander aufbauen und nicht unabhängig voneinander betrachtet werden können.

Peers beschreiben eine Gruppe von Personen gleichen Alters und/oder Status und sind vor allem im Jugendalter von großer Bedeutung.

Des Weiteren gibt es
- verschiedene **Dimensionen** von Sozialisation sowie
- mehrere bestimmende Faktoren **(Determinanten)** und
- den Kontext, in dem eine Person aufwächst **(Instanz).**

Die folgende Tabelle zeigt diese drei Aspekte auf, die den gesamten Prozess der Sozialisation neben den drei Phasen beeinflussen.

Einflussfaktoren der Sozialisation	
Dimensionen	Emotionale, körperliche, kognitive, sprachliche, berufliche und politische Sozialisation
Determinanten	Geschlecht, Schicht, Kultur
Instanzen	Familie, Kindergarten, Gleichaltrige, Schule, Arbeit, Vereine und Parteien, Medien, virtuelle Welten ▪ **Primäre Sozialisationsinstanz:** Die Familie spielt für den Sozialisationsprozess zwischen Kind und Gesellschaft eine wichtige Rolle. In der Familie wird dem Kind gezeigt, was erlaubt oder verboten ist bzw. was erwünscht und was unerwünscht ist. Zum einen wird das Befolgen von Regeln gelernt und zum anderen werden ebenso die persönlichen Freiräume genutzt. ▪ **Sekundäre Sozialisationsinstanz**: Im Rahmen der sekundären Sozialisationsinstanz können oben genannte Instanzen, wie beispielsweise Schule, Medien oder Arbeit, die Familie beim Sozialisationsprozess unterstützen und im ansteigenden Alter der Person diese ablösen.

Ziele erreicht – „Der Mensch als soziales Wesen“

1. Nennen Sie den Unterschied zwischen der Psychologie und der Sozialpsychologie.
2. Führen Sie an, für welche Themen sich Sozialpsychologinnen und Sozialpsychologen interessieren.
3. Führen Sie aus, welche Strategie Muzafer Sherif im Zuge des Robbers-Cave-Experiments entwickelte, um Feindseligkeiten zwischen Gruppen zu lösen. Welche Grenze hat diese Lösungsstrategie?
4. Gehen Sie auf den Aspekt des Gruppenzwangs ein. Was bedeutet er und wie wurde das Phänomen in Experimenten nachgewiesen?
5. Beschreiben Sie, was Salomon Asch anhand seines Experiments zum Thema Gruppenzwang feststellte.
6. Fassen Sie zusammen: Welche Lehren können aus den Experimenten der Sozialpsychologie zur Frage nach Gehorsam gegenüber Autoritäten gezogen werden?
7. Das Stanford-Gefangenenexperiment zeigte deutlich, wie drastisch soziale Rollen unser Denken, Verhalten und Bewusstsein verändern können.
   a) Was ist unter einer sozialen Rolle zu verstehen?
   b) Was ist ein Rollenkonflikt und wie kommt es dazu?
8. Erklären Sie, was Muzafer Sherif mit seinem Experiment zeigen konnte.
9. Nennen Sie weitere sozialpsychologische Effekte.
10. Erklären Sie den Begriff Sozialisation und beschreiben Sie die drei Phasen.

Führung und Motivation

Der Chef lobt Ihre Arbeit oder Sie bekommen aufgrund besonderen Engagements eine Gehaltserhöhung. Wie wirkt sich das auf Ihr Verhalten aus? Sie sind höchstwahrscheinlich dadurch motiviert.

Was ist Führung? Was ist Motivation? Welcher Zusammenhang besteht zwischen Führung und Motivation? Welche Basis muss geschaffen werden, damit Menschen überhaupt effektiv arbeiten?

Im folgenden Kapitel lernen Sie einige Führungsmodelle sowie die wichtigsten Grundlagen der Motivation kennen.

Führung und Motivation sind zwei wichtige Begriffe, die eng miteinander verflochten sind. Ohne guter Führung, die zumeist auf motivierenden Strategien im Umgang mit Menschen baut, können Ziele nur schwer erreicht werden.

Meine Ziele

KOMPETENZ-ERWERB

Nach Bearbeitung dieses Kapitels kann ich

- die drei klassischen Führungsstile nach Kurt Lewin definieren;
- die Bedürfnispyramide nach Maslow erklären;
- die Arbeitsmotivation sowie die dazugehörigen Motive beschreiben;
- intrinsische von extrinsischer Motivation unterscheiden.

Laissez-faire (franz.) = „lasst machen“, im Sinne von „treiben lassen“.

1 Klassische Führungsstile

KURT LEWIN, ein bedeutender deutsch-US-amerikanischer Psychologe, der als Begründer der modernen experimentellen Sozialpsychologie gilt, entwickelte **drei klassische Führungsstile:**

Autokratischer (autoritärer) Führungsstil	Demokratischer (kooperativer) Führungsstil	Laissez-faire-Führungsstil
MERKMALE		
▪ Klare Abgrenzung zwischen Vorgesetzten und Mitarbeitern ▪ Die Anweisungen werden unter Kontrolle der Vorgesetzten befolgt ▪ Die Mitarbeiter werden in keine Entscheidungsprozesse miteingebunden ▪ Die Vorgesetzten nehmen an den Gruppenaktivitäten nicht teil	▪ Die Mitarbeiter werden in die Entscheidungsfindung und -planung miteinbezogen ▪ Die Vorgesetzten nehmen regelmäßig an Gruppenaktivitäten teil ▪ Die Fremdkontrolle wird von der Eigenkontrolle teilweise abgelöst	▪ Sowohl die Aufgaben als auch die Organisation werden von den Mitarbeitern selbstständig übernommen ▪ Die Vorgesetzten wirken weder positiv noch negativ auf den Prozess ein und überlassen somit den Mitarbeitern jegliche Freiheiten hinsichtlich der Entscheidungen
AUSWIRKUNGEN LEWIN kam bei einem Versuch mit einer Gruppe von Kindern und Jugendlichen zu folgenden Ergebnissen:		
Vorteile ▪ Hohe Entscheidungsgeschwindigkeit ▪ Kompetenzen sind übersichtlich ▪ Gute Kontrolle über den Arbeitsplatz ▪ Klare Zuweisung von Verantwortung	**Vorteile** ▪ Mehr Verantwortungsbewusstsein und Leistungsbereitschaft ▪ Höhere Motivation bei den Mitarbeitern ▪ Entlastung für die Führungskräfte ▪ Besseres Verständnis für unternehmerische Zusammenhänge seitens der Mitarbeiter	**Vorteile** ▪ Individuelle Fähigkeiten der Mitarbeiter werden gestärkt ▪ Volle Entscheidungsfreiheit
Nachteile ▪ Mangelnde Motivation bei den Mitarbeitern ▪ Persönliche Freiheiten und Kreativität sind eingeschränkt ▪ Fehlentscheidungen durch Druck von Vorgesetzten ▪ Angespanntes Klima unter den Mitarbeitern	**Nachteile** ▪ Die Konsensbildung (d.h. die Übereinstimmung von verschiedenen Meinungen) kann in neuen Teams länger dauern ▪ Konkurrenzkampf zwischen den Teammitgliedern	**Nachteile** ▪ Gefahr von mangelnder Disziplin ▪ Mehr Rivalität zwischen den Mitarbeitern ▪ Orientierungs- und Hilflosigkeit

Aha!
Die Jugendlichen, die bei LEWINS Experiment in der autokratisch geführten Gruppe waren, zeigten 30-mal mehr Feindseligkeiten als die Jugendlichen in den anderen beiden Gruppen.

Aufgabenstellung – „Klassische Führungsstile“

- Beschreiben Sie anhand der Karikaturen die drei klassischen Führungsstile in eigenen Worten in einem Fließtext, d. h. nicht mit Schlagwörtern oder Aufzählungen.

Situatives Führen – welches Führungsverhalten ist in welcher Situation sinnvoll?

Beim situativen Führen werden

- die jeweilige **Situation,**
- die **Bedürfnisse,**
- die **Fähigkeiten** sowie
- die **Motivation** eines Mitarbeiters/einer Mitarbeiterin oder Teams berücksichtigt.

Beispiele

- Ein Feuerwehrhauptmann kann nicht erst demokratisch abstimmen lassen, wer welche Aufgabe bei einem Löscheinsatz übernimmt. Er muss deutliche Anweisungen geben.
- Ein Grafikdesigner hingegen braucht oft viel Freiraum. Strenge Anweisungen würden seine Kreativität eingrenzen.
- Ein Lehrling wiederum braucht mehr Anweisungen und Aufmerksamkeit als ein langjähriger Angestellter.

Je nach Notwendigkeit wird in der situativen Führung auf die Werkzeuge und Möglichkeiten der bekannten Führungsstile zurückgegriffen.

Situative Führung passt das Führungsverhalten an die bestehende Situation an, um die gewünschten Ergebnisse zu erreichen.
Mitarbeiter/innen wollen entsprechend ihren Fähigkeiten und Entwicklungsmöglichkeiten eingesetzt und gefördert werden.

Der situative Führungsstil wird in der wissenschaftlichen Literatur als **Führungsstil der Zukunft** angesehen.

Führungsstile beim situativen Führen

wenig Unterstützung

Stil 1 – Dirigieren
Führungskraft entscheidet selbstständig

Stil 4 – Delegieren
Mitarbeiter/innen entscheiden selbstständig

viel Anweisung

wenig Anweisung

Stil 2 – Einbeziehen
Führungskraft entscheidet mit Unterstützung der Mitarbeiter/innen

Stil 3 – Entwickeln
Führungskraft gibt kaum noch Anweisungen

viel Unterstützung

Stellen Sie sich vor, Sie würden eine Gruppe von 20 Mitarbeitern übernehmen. Welchen Führungsstil würden Sie bevorzugen und warum?

Vor- und Nachteile des situativen Führungsstils

Vorteile

- Die Mitarbeiter werden individuell gefördert und entwickelt.
- Die Mitarbeiterförderung wird durch den Grad der Selbstständigkeit bestimmt.
- Der Führungsstil lässt sich jederzeit anpassen.
- Die Führungskräfte werden durch einen höheren Selbstbestimmungsgrad der Mitarbeiter entlastet.
- Neue Mitarbeiter erhalten feste Regeln und Anordnungen.
- Erfahrenen Mitarbeitern kann später mehr Gestaltungsspielraum für ihre Tätigkeit eingeräumt werden.

Nachteile

- Die ständige Anpassung an neue Situationen stellt hohe Anforderungen an die Führungskraft.
- Die Führungskraft muss alle erforderlichen Führungsstile beherrschen.
- Schätzt die Führungskraft den Selbstbestimmungsgrad eines Mitarbeiters nicht richtig ein, kann dies eine Ungleichbehandlung der Mitarbeiter im Team zur Folge haben.

2 Bedürfnispyramide nach Maslow

Was versteht man unter der Bedürfnispyramide?

Die Bedürfnispyramide, auch bekannt als **Maslowsche Bedürfnishierarchie der Motivation,** zeigt die menschlichen Bedürfnisse und Motivationen in hierarchischer Reihenfolge auf.

ABRAHAM MASLOW (1908–1970) war ein US-amerikanischer Psychologe. Er führte den Begriff der positiven Psychologie ein, die sich im Gegensatz zur defizitorientierten Psychologie mit den positiven Apekten des Menschseins, wie Glück, Geborgenheit, Vertrauen, beschäftigt.

MASLOW fand heraus, dass bestimmte Bedürfnisse gegenüber anderen größere Wichtigkeit haben. So ist zum Beispiel das Bedürfnis zu trinken und zu essen für den Menschen wichtiger, als ein neues Auto zu fahren. Damit einhergehend entwickelte er fünf Ebenen, die in Form einer Pyramide dargestellt werden.

Maslowsche Bedürfnispyramide

Defizit- bzw. Mangelbedürfnisse

Die ersten vier Ebenen ordnete er zusätzlich einer Überkategorie zu und definierte diese als **Defizit- bzw. Mangelbedürfnisse.** Maslow war der Meinung, dass die Nichtbefriedigung der ersten vier Stufen die Entstehung einer physischen oder psychischen Störung nach sich zieht.

Beispiel für Folgen bei Nichtbefriedigung der Defizitbedürfnisse
Auf der dritten Ebene (Sozialbedürfnisse) ist es von großer Bedeutung, soziale Kontakte zu pflegen, indem beispielsweise Freundschaftsbeziehungen aufgebaut und erhalten werden. Wird diesem Bedürfnis nicht nachgegangen, kann dies nach Maslow eine emotionale Störung zur Folge haben.

Wachstumsbedürfnisse

Die letzte Ebene – **Selbstverwirklichung** – schreibt Maslow den sogenannten **Wachstumsbedürfnissen** zu. Diese können im Gegensatz zu den Defizitbedürfnissen nie ganzheitlich gestillt werden, aber ebenso psychische Störungen hervorrufen.

Laut Maslow wird das menschliche Handeln nur so lange beeinflusst, so lange ein Bedürfnis unbefriedigt ist. Wird dieses aber gestillt, sinkt automatisch die motivierende Kraft, dem Bedürfnis weiterhin nachzugehen. Ein Mensch trinkt beispielsweise für gewöhnlich so viel, bis er keinen Durst mehr hat, und hat danach nicht mehr das Bedürfnis bzw. die Motivation, weiterzutrinken.

1970 erweiterte Maslow seine erste Version der Bedürfnispyramide von fünf auf acht Stufen:

Aha!
Beide Modelle sind bis heute in der Psychologie vertreten und spielen vor allem im Bereich des motivationalen Erlebens eine wichtige Rolle.

MASLOW ging davon aus, dass der Mensch durch sein angeborenes Wachstumspotenzial angetrieben wird. Durch die **Selbstverwirklichung kann das höchste Ziel des Lebens** erreicht werden.

Wenn der Durst gestillt ist, sinkt die Motivation, weiterzutrinken.

Transzendenz bezeichnet alles, was außerhalb des Bereichs möglicher Erfahrungen liegt und über die normale Sinneswahrnehmung hinausgeht.

Zeichnen Sie Ihre persönliche Bedürfnispyramide.

3 Motivation

3.1 Was ist Motivation?

Die Motivation einer Person ist abhängig von den situativen Anreizen, persönlichen Präferenzen (Vorlieben) sowie deren Wechselwirkung.

Motivation lässt sich vom lateinischen Wort „movere“ (etwas bewegen) ableiten. Demzufolge unterliegt die Motivation einem **Prozess, in dem bestimmte Motive (Anreize) aktiviert und anschließend in Handlungen umgesetzt werden.**

Grundmodell kognitiver Motivationstheorien

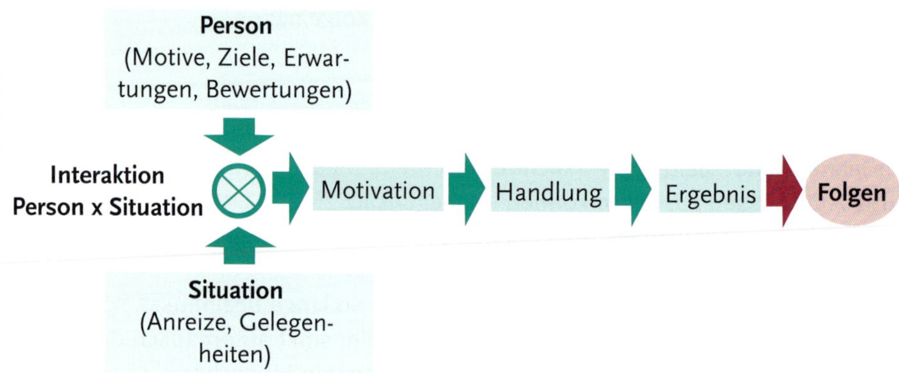

Was motiviert Sie, ein bestimmtes Ziel zu verfolgen, auch wenn es mit hohem Aufwand, Kosten und Anstrengung verbunden ist, wie z. B. die Berufsreifeprüfung?

Verschiedene Motive

Eines der bekanntesten Motive ist das **Annäherungsmotiv,** das dem Bedürfnis nach positiven zwischenmenschlichen Beziehungen nachgeht.

Beispiel: Annäherungsmotiv
Julia beschreibt sich selbst als sehr gesellige Person. Wenn sie auf einer Party ist, dauert es nicht lange, bis sie neue Leute kennenlernt. Sie hat keine Schwierigkeiten damit, auf fremde Menschen zuzugehen und sie in ein Gespräch zu verwickeln.

Die Motivation ist einer der wichtigsten Faktoren in der Arbeitswelt. Wer motiviert ist, ist automatisch kreativer, innovativer und souveräner im Umgang mit alltäglichen Problemen sowie Herausforderungen am Arbeitsplatz.

3.2 Motive im Arbeitsleben

Im Rahmen der Arbeitsmotivation spielen eine bedeutende Rolle:

das Leistungsmotiv	das Machtmotiv
Bezieht sich auf den Wunsch, mit besonderen Fähigkeiten herausragende Erfolge zu erbringen.	■ Zeigt sich in dem Streben nach Kontrolle bzw. der Angst vor Kontrollverlust. ■ Menschen, die ein hohes Machtmotiv voraussetzen, genießen es, anderen Menschen überlegen zu sein und sich dementsprechend zu präsentieren.

Die Arbeitsmotivation ist immer zielgerichtet und zukunftsorientiert und hängt eng mit dem Begriff der **Arbeitszufriedenheit** zusammen.

Welche Faktoren verstärken oder zerstören die (Arbeits-)Motivation?

Um diese Frage beantworten zu können, entwickelte Frederick Herzberg sein sogenanntes **Zwei-Faktoren-Modell** der Motivation. Er befragte Personen mit verschiedenen Arbeitsverhältnissen zu zwei konkreten Situationen im Arbeitsleben, in denen sie zufrieden oder unzufrieden waren.

Infolge seiner Ergebnisse konnte Herzberg zwei wichtige Faktoren voneinander differenzieren:

- **Hygienefaktoren,** die auf den Kontext der Arbeit bezogen sind.
- **Motivatoren,** die sich auf den Inhalt der Arbeit selbst beziehen.

Zwei-Faktoren-Modell nach Herzberg

Zufriedenheit/Motivation

Motivationsfaktoren (schaffen Zufriedenheit)

- Leistungserleben
- Anerkennung
- Arbeit an sich selbst
- Verantwortung
- Wachstumsgefühl

Neutraler Bereich
(keine Unzufriedenheit, keine Zufriedenheit = Nicht-Unzufriedenheit)

Hygienefaktoren (verhindern Unzufriedenheit)

- Verwaltung
- Führung
- Arbeitsbedingungen
- Höhe der Bezahlung
- Beziehungsqualität zur Führungskraft, zu den Kolleginnen/Kollegen und zu anderen Mitarbeiterinnen und Mitarbeitern

Unzufriedenheit/Demotivation

Herzberg war zudem der Meinung, dass die Motivatoren nur dann aktiv werden können, sobald die Hygienefaktoren optimiert werden.

Zusammenfassend zog er aus seinen Ergebnissen folgenden Schluss:
Wenn eine Person nicht unzufrieden ist, muss das nicht bedeuten, dass sie automatisch zufrieden ist. Das Gegenteil von Unzufriedenheit ist demnach nicht die Zufriedenheit, sondern lediglich das Ausbleiben von Unzufriedenheit. Es entsteht ein neutraler Bereich, der als **Nicht-Unzufriedenheit** bezeichnet wird.

Frederick Herzberg (1923–2000) war ein US-amerikanischer Professor und in den Bereichen der klinischen Psychologie sowie Arbeitspsychologie tätig.

Die Kombination von Hygienefaktoren und Motivatoren erzeugt vier mögliche Situationen:

- **Hohe Hygiene und hohe Motivation:** Die Idealsituation, in der Mitarbeiter/innen hoch motiviert sind und wenig Beschwerden haben.
- **Hohe Hygiene und geringe Motivation:** Die Mitarbeiter/innen haben zwar kaum Beschwerden, sind aber schlecht motiviert.
- **Geringe Hygiene und hohe Motivation:** Die Mitarbeiter/innen sind motiviert, haben aber viele Beschwerden. Der Job ist aufregend und herausfordernd, aber die Arbeitsbedingungen sind nicht so gut.
- **Geringe Hygiene und geringe Motivation:** Die schlechteste Situation. Unmotivierte Mitarbeiter/innen mit vielen Beschwerden.

Aufgabenstellungen – „Motivation“

1. Finden Sie eine Erklärung, warum die Arbeitsmotivation so eng mit der Arbeitszufriedenheit verbunden werden kann.
2. Erstellen Sie ein Fallbeispiel aus Ihrer Berufswelt zum Zwei-Faktoren-Modell nach Herzberg.

Hinter dem Besuch eines Fitnessstudios können die verschiedensten Motive stehen.

3.3 Intrinsische/extrinsische Motivation

Unterscheidung:

intrinsische Motivation	extrinsische Motivation
Die Motivation kommt von **uns selbst.** Sie ist eine starke Antriebskraft hinter unserem Verhalten (z. B. Entwicklung, Entspannung, Selbstverwirklichung ...)	Sie ist von **äußeren Faktoren** beeinflusst (z. B. Anerkennung, Belohnung, Ansehen, Bestrafung, Zwecke ...).
Beispiele ▪ Sofia geht nach ihrer Arbeit gerne ins Fitnessstudio, damit sie ihren Kopf freibekommt. ▪ Lukas geht ganz in seiner Arbeit als Lehrer auf. Sie gibt ihm das Gefühl, etwas Sinnvolles zu tun.	**Beispiele** ▪ Lukas geht gerne ins Fitnessstudio, weil er anderen gefallen möchte. ▪ Anna geht nur arbeiten, um sich das Studium zu finanzieren.

Beispiel
Stellen Sie sich vor, Sie arbeiten an einem Umweltprojekt, weil Ihnen die Umwelt am Herzen liegt (intrinsische Motivation). Wenn Sie das Projekt erfolgreich umsetzen, erhalten Sie und Ihr Team eine Belohnung vom Projektsponsor (extrinsische Motivation). In diesem Beispiel funktionieren beide Ansätze parallel.

Mehreren Studien zufolge ist die intrinsische Motivation am bedeutsamsten bei anspruchsvollen und komplexen Aufgaben, die viel Eigenverantwortung voraussetzen, die extrinsische Motivation hingegen bei Berufen, die auf sehr einfach strukturierten Tätigkeiten bauen.

Intrinsische und extrinsische Motivation können grundsätzlich nebeneinander wirksam sein, zumeist ist es ein **Zusammenspiel** beider. Ein Beispiel dafür liefert die folgende Grafik:

Ein Mitarbeiter programmiert eine neue Software.		Die Software läuft stabil und problemlos.		Zusätzlich zu den Verhaltensergebnissen können noch Konsequenzen für die Ergebnisse (und das Verhalten) gesetzt werden.
Verhalten	→	**Ergebnisse**	→	**Konsequenzen**
↓ **Intrinsische Motivation**	Der Mitarbeiter hat das Gefühl, etwas Wichtiges zu tun. Er liebt seinen Beruf.	↓ **Extrinsische Motivation**		↓ ▪ Lob vom Chef ▪ Bewunderung der Kollegen ▪ Prämie

Bei den letzten beiden Schritten steht die intrinsische Motivation im Hintergrund, da sowohl die Ergebnisse als auch die Konsequenzen dieser nicht direkt im Verhalten verankert sind. Sie zeigen sich erst, wenn das Verhalten abgeschlossen ist.

Die Erwartungen an die zukünftige Reaktion auf das Verhalten können ebenso ausschlaggebend sein wie die eigene Motivation, das Verhalten überhaupt erst auszuüben. Demnach ist von großer Bedeutung, wie jemand auf ein gewisses Verhalten reagiert und somit für das nächste Mal die extrinsische Motivation vorantreibt.

Aufgabenstellung – „Motivation“

- Finden Sie je ein eigenständiges Beispiel für intrinsische und extrinsische Motivation.

Ziele erreicht – „Führung und Motivation“

KOMPETENZ-ERWERB

1. Beschreiben Sie die drei klassischen Führungsstile und führen Sie die jeweiligen Vor- und Nachteile an.
2. Beschreiben Sie den Führungsstil in Ihrem beruflichen Umfeld.
3. Erklären Sie den Prozess des situativen Führens.
4. Führen Sie ein eigenständiges Fallbeispiel für situatives Führen an.
5. Erläutern Sie im Rahmen der Arbeitsmotivation das Zwei-Faktoren-Modell sowie den Unterschied zwischen Hygienefaktoren und Motivatoren.
6. Überlegen Sie sich Beispiele aus Ihrem Alltag, die eher auf intrinsischer oder auf extrinsischer Motivation beruhen. Wodurch fühlen Sie sich selbst besonders motiviert?

Kommunikation und Wahrnehmung

Wir erleben Kommunikation tagtäglich und somit ist sie für uns selbstverständlich.
Aber haben Sie sich schon einmal überlegt, wie wir eigentlich kommunizieren?

Wir kommunizieren ständig, sowohl in der Arbeit als auch im Privatleben. Demzufolge hat die verbale wie auch nonverbale Kommunikation in allen Lebensbereichen einen wichtigen Stellenwert.

verbal = mündlich.

nonverbal = nicht mithilfe der Sprache, sondern durch Gestik, Mimik oder optische Zeichen.

Das folgende Kapitel stellt einige Kommunikationsmodelle vor. Außerdem setzt es sich mit möglichen Fehlerquellen auseinander, die in unserer Kommunikation und Wahrnehmung entstehen können.

KOMPETENZ-ERWERB

Meine Ziele

Nach Bearbeitung dieses Kapitels kann ich
- das Eisbergmodell der Kommunikation erklären;
- das Vier-Ohren-Modell bzw. Vier-Seiten-Modell beschreiben;
- das Sender-Empfänger-Modell genauer erläutern;
- die Wahrnehmung von der Wahrnehmungstäuschung differenzieren;
- die Fehlerquellen in unserer Kommunikation benennen.

1 Kommunikationsmodelle

Kommunikation ist für uns ein selbstverständlicher Vorgang. Die Funktionen, die dahinterstehen, können jedoch sehr komplex sein.

Wir kommunizieren auf zwei Ebenen

Sachebene	Beziehungsebene
WAS ich sage	**WIE ich es sage**
Auf dieser Ebene geht es um einen bestimmten Gesprächsinhalt, also darum, was wir miteinander reden.	Diese Ebene beschäftigt sich mit der Beziehung der miteinander sprechenden Personen. Es geht darum, wie wir miteinander reden und umgehen.

Weiters erfolgt Kommunikation in folgenden vier Schritten:

1	Wahrnehmung	Was können wir sehen, hören? Was sind die Tatsachen? Was ist die Realität?
2	Gefühl	Wie reagieren wir emotional? Was empfinden wir?
3	Bedürfnis	Was sind unsere Bedürfnisse? Was unsere Werte? Was ist uns wichtig?
4	Bitte/Strategie	Was kann ich tun? Was kann die oder der andere tun? Wie soll sie oder er sich konkret verhalten?

1.1 Das Eisbergmodell der Kommunikation

Paul Watzlawick orientierte sich an Sigmund Freuds Idee, dass dem beobachtbaren menschlichen Handeln unbewusste Prozesse unterliegen. Er übertrug die Idee auf den Bereich der Kommunikation und formulierte sein bekanntes „Eisbergmodell".

Demnach wird die Sachebene der direkten verbalen zwischenmenschlichen Kommunikation zugeschrieben und die Beziehungsebene der nonverbalen Kommunikation, wie beispielsweise Mimik und Gestik.

„Man kann nicht nicht kommunizieren."
Paul Watzlawick

Paul Watzlawick (1921–2007) war ein österreichischer Psychotherapeut. Ab 1967 lehrte er an seiner neuen Wahlheimat, der Stanford University in den USA.

Laut Paul Watzlawick kommunizieren wir, indem wir uns verhalten. Und da wir uns immer in irgendeiner Weise verhalten, ist es nicht möglich, nicht zu kommunizieren.

Beispiel
Eine Frau sitzt im Wartezimmer eines Arztes. Sie starrt die ganze Zeit auf den Boden.
Sie kommuniziert damit den anderen Wartenden nonverbal, dass sie keinerlei Kontakt möchte.

Das **Eisbergmodell** verdeutlicht, wie wichtig unbewusste Vorgänge im Prozess der Kommunikation sind. Ein Konflikt entsteht zumeist dann, wenn aufgrund unterschiedlicher negativer Emotionen die beiden Ebenen nicht im Gleichgewicht sind und folglich die Beziehungsebene die Sachebene stört.

1.2 Das Vier-Ohren-/Vier-Seiten-Modell

FRIEDEMANN SCHULZ VON THUN (*1944) ist ein deutscher Psychologe und Kommunikationswissenschaftler.

Ein weiteres für die Kommunikation relevantes Modell beschreibt das **Vier-Ohren-** bzw. **Vier-Seiten-Modell** nach FRIEDEMANN SCHULZ VON THUN.

Er ging davon aus, dass es nicht nur darauf ankommt, wie jemand kommuniziert (= das **Senden** einer Nachricht), sondern auch wie das Gegenüber den Inhalt der Kommunikation aufnimmt (= das **Empfangen** einer Nachricht). Hierbei spricht er von vier Ebenen:

Ebenen des Vier-Seiten-Modells

Sachebene	Beziehungsebene	Selbstoffenbarungsebene	Appellebene
Sachliche Informationen, Daten und Fakten werden kommuniziert.	Verbal und nonverbal (Körpersprache) können Wertschätzung, Abneigung, Respekt etc. verdeutlicht werden und zeigen, in welcher Beziehung wir zu unserem Gegenüber stehen.	Der Sprecher/Die Sprecherin gibt etwas von sich preis. Dies kann oft unbewusst geschehen.	Es werden Wünsche, Ratschläge, Anweisungen etc. kommuniziert, weil man vom Gegenüber etwas erwartet/möchte.

Das kommt Ihnen sicher bekannt vor: Sie sagen etwas, Ihr Gegenüber versteht etwas ganz anderes und das Gespräch verläuft nicht in die gewünschte Richtung.

Mann
Sachebene: Ich sehe etwas Blaues in der Suppe.
Selbstoffenbarung: Ich weiß nicht, was es ist.
Beziehung: Du solltest es wissen.
Appell: Sag mir bitte, was es ist!

Frau
Sachebene: Er sieht etwas Blaues in der Suppe.
Selbstoffenbarung: Ihm schmeckt das Essen nicht.
Beziehung: Er hält mich für eine schlechte Köchin.
Appell: Ich soll künftig nur noch kochen, was er mag.

Sachohr
Wie ist der Sachverhalt zu verstehen?

Beziehungsohr
Wie redet die/der eigentlich mit mir?

Selbstoffenbarungsohr
Was ist das für eine/einer? Was ist mit ihm/ihr?

Appellohr
Was soll ich tun, denken, fühlen aufgrund seiner/ihrer Mitteilung?

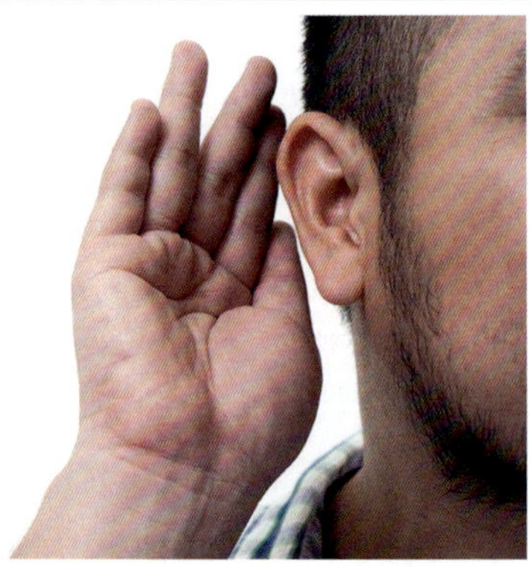

Aufgabenstellungen „Kommunikationsmodelle"

1. Analysieren Sie das folgende Beispiel unter Anwendung des Vier-Ohren-Modells.

   Ein Ehepaar fährt gemeinsam im Auto mit 100 km/h auf der Autobahn. Der Mann sagt zu seiner Frau, der Fahrerin, dass man hier 130 km/h fahren dürfe.

   Sachinhalt: ______________________________

   Beziehung: ______________________________

   Selbstoffenbarung: ______________________________

   Appell: ______________________________

2. Beschreiben Sie eine Situation, in der Sie in einem Gespräch Ihrem Gegenüber etwas vermittelt haben, das Sie nicht so gemeint haben. Das heißt, der- oder diejenige hat das von Ihnen Kommunizierte anders interpretiert, als Sie es ursprünglich meinten.

2 Wahrnehmung und Täuschung

2.1 Wahrnehmung

Die Wahrnehmung basiert auf zwei nacheinander ablaufenden Prozessen: Dem Prozess der **Informationsaufnahme** (Aufnahme von Reizen) und dem Prozess der **Informationsverarbeitung** (Verarbeitung der Reize im Gehirn).

Wie wir Dinge wahrnehmen, lässt sich anhand eines **Drei-Stufen-Modells** erklären:

1. Stufe	2. Stufe	3. Stufe
SENSORISCHE EMPFINDUNG (Reiz)	PERZEPTUELLE ORGANISATION	IDENTIFIKATION UND WIEDERERKENNUNG VON OBJEKTEN
Unsere Sinnesrezeptoren (z.B. Augen und Ohren) werden von physikalischen Reizen wie Licht oder Schallwellen stimuliert. Das Gehirn wandelt diese in neuronale Impulse um, leitet sie in das jeweilige Hirnareal weiter, wo sie verarbeitet werden.	Die neuen Informationen werden zu unserem aktuellen Wissensstand hinzugefügt und mit diesem abgeglichen. Es werden beispielsweise die Form, Größe, Geschwindigkeit oder Entfernung eines Gegenstands abgeschätzt, wobei dies oft schnell und ohne bewusste Wahrnehmung stattfindet.	Hierbei wird den wahrgenommenen Gegenständen eine Bedeutung zugeschrieben. Wir nehmen wahr, um welches Objekt es sich handelt und welche Funktionen es hat.
Analyse der grundlegenden Fakten (Kanten, Kontraste, erste Merkmalseigenschaften)	Mentale Berechnung der wahrscheinlichen Größe, Form, Bewegung, Entfernung, Ausrichtung des Objekts	Rundes wird z. B. zu Uhren, Orangen, Fußbällen, Menschen zu Männer oder Frauen oder zu Freund oder Feind

Perzept = Wahrnehmung; das, was wahrgenommen wird.

neuronal = das Nervensystem betreffend.

Aha!
Zwischen den drei Stufen lassen sich keine scharfen Grenzen ziehen. Die Prozesse sind eng miteinander verwoben.

2.2 Täuschung

Oft passiert es in alltäglichen Situationen, dass uns unsere Wahrnehmung einen Streich spielt und wir Dinge anders sehen, als sie tatsächlich sind – wir lassen uns täuschen. Hierbei lässt sich zwischen der sogenannten **Wahrnehmungstäuschung** und dem Phänomen der **Mehrdeutigkeit wahrgenommener Objekte** unterscheiden.

Wahrnehmungstäuschung

Bei der Wahrnehmungstäuschung, oder auch Illusion genannt, wird bei der ersten Stufe des Wahrnehmungsprozesses ein **Reizmuster fehlerhaft erkannt und empfunden.**

Wie würden Sie die nebenstehenden Bilder interpretieren bzw. beschreiben?

Testen Sie Ihre Wahrnehmung!

Bild 1
Wie viele Beine hat dieser Elefant?

Bild 2
Ein bewegtes Bild

Lösungen:

Bild 1: Insgesamt sind acht Beine zu erkennen.

Bild 2: Beim Betrachten des Bildes beginnen die Kreise scheinbar zu rotieren. Sobald man einen bestimmten Teil der Grafik fixiert, hört dieser auf, sich zu drehen, während alle umliegenden Teile weiterhin rotieren.

Bild 3: Alte oder junge Frau?

Bild 4: Kelch oder Gesichter?
Man nennt diese Art der optischen Täuschung auch Kippfigur. Das Bild lässt zwei Sichtweisen zu. Wenn man beide Motive erkannt hat, kann man zwischen ihnen hin- und herschalten.

Mehrdeutigkeit wahrgenommener Objekte

Bei der Mehrdeutigkeit können visuelle Reize auf verschiedene Art und Weise interpretiert werden oder mehrere Bedeutungen haben. Dies geschieht auf der **zweiten Stufe des Wahrnehmungsprozesses.**

Bild 3

Bild 4

3 Fehlerquellen oder wie Interpretationen ablaufen

Interpretationen sind letztlich Schlussfolgerungen, die wir Menschen ziehen, um etwas erklären zu können.

Wenn wir an die beiden vorherigen Kapitel denken, wissen wir, dass sowohl in der Kommunikation als auch in der Wahrnehmung Fehler in der Interpretation passieren können.

Wie etwas interpretiert wird, hängt von der **Wahrnehmung,** deren **Interpretation** und den begleiteten **Gefühlen** ab, die gemeinsam die **Rückmeldung** mitbestimmen.

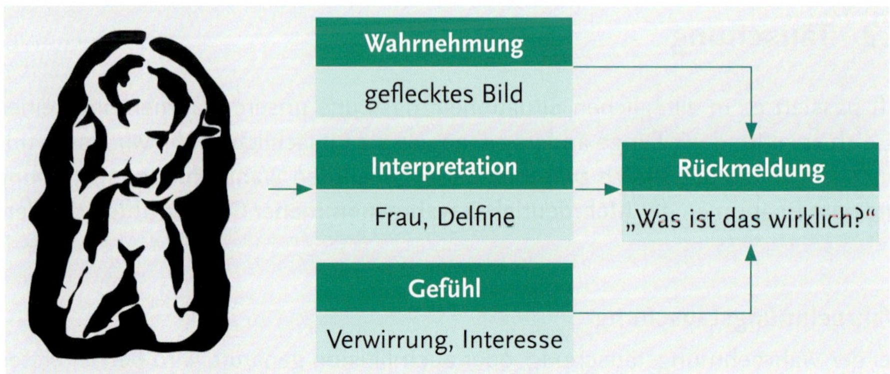

Aha!
Mithilfe unserer Vorstellungskraft (Phantasie) machen wir uns (durch Kombination vergangener Vorstellungen und Erfahrungen) ein eigenes, ganz individuelles Bild von einer Person, einer Sache oder einem Zustand. Dieses Bild ist jedoch meist nicht objektiv. Gewissermaßen ist es ein Phantasieprodukt unseres Gehirns, dem Denkfehler zugrunde liegen.

Aufgabenstellung – „Fehlerquellen“

- Tauschen Sie mit Ihren Mitschülerinnen und Mitschülern Gegenstände aus. Nehmen Sie den Gegenstand genau wahr und achten Sie auf die Interpretationen, die bei Ihnen ablaufen. Achten Sie darauf, welche Gefühle die Gegenstände auslösen und machen Sie sich Notizen dazu.

  Beispiel
  Eine Mitschülerin nimmt die Armbanduhr ihrer Sitznachbarin wahr.
  Interpretation: Die Uhr sieht teuer aus; Gefühl: Neid

Das Sender-Empfänger-Modell

Die beiden Mathematiker Claude Shannon und Warren Weaver wollten die **telefonische Kommunikation** verbessern und zeigten im Rahmen ihres Sender-Empfänger-Modells, wo und wie Probleme auftauchen können, wenn Nachrichten anders verstanden werden als gesagt.

Um eine Nachricht zu übermitteln, wird diese vom **Sender** infolge von (Körper-) Sprache zum Ausdruck gebracht.
= **Codierung**

Störung

Der **Empfänger** muss diesen Code verstehen und entschlüsseln.

codierte Nachricht →

← codiertes Feedback

Sender

Empfänger

Aha!
Von einer **vollständigen Kommunikation** spricht man dann, wenn der Empfänger ein **Feedback** zurücksendet, dass er die Nachricht verstanden hat.

Wenn Menschen miteinander kommunizieren, werden sie zu **Sendern** und **Empfängern.**
- Der Sender möchte etwas mitteilen, zum Beispiel Gefühle, Ansichten, Wünsche oder eine Sachinformation. Das geschieht aber nicht durch Gedankenübertragung, sondern das, was ausgedrückt werden soll, wird codiert.
- Sprache, Schrift oder Körpersignale „transportieren“ die Botschaft zum Empfänger. Es wird also ein Signal ausgesendet.
- Der Empfänger muss das Signal wieder entschlüsseln, also decodieren. Erst wenn er den Code „geknackt“ und die Botschaft interpretiert hat, kann er darauf reagieren und selbst zum Sender werden.

Fehlerquellen – Fehlschlüsse

Werden auf einer der beiden Seiten Fehler gemacht, kann es zu Missverständnissen in der Kommunikation kommen. Die sogenannten **Fehlerquellen** bzw. **Fehlschlüsse** entstehen dann, wenn wir uns ein Urteil bilden und oft unbewusst auf verschiedene Faustregeln zurückgreifen, die unser Urteil trüben.

Aha!
Sind wir uns über die verschiedenen Fehlschlüsse bewusst, kann dies dazu beitragen, dass wir genauer urteilen und damit einhergehend weniger schnell Vorurteile schaffen.

Fehlschlüsse	Erklärung	Beispiele
Primacy-Effekt	Die erste Information, die man erhält, wird besser eingeprägt als die folgenden Informationen.	Karl ist ruhig, faul und sensibel; Lisa ist faul, sensibel und ruhig.
Hof-Effekt	Ein markantes Merkmal/eine markante Eigenschaft, das/die wir an einer Person wahrnehmen, veranlasst uns, der Person weitere Merkmale und Eigenschaften zuzuschreiben. Das markante Merkmal erzeugt einen „Hof“ weiterer Merkmale um sich herum.	Brillenträger/innen werden oft als intelligent beurteilt. Dicke Menschen werden oft als gemütlich eingestuft.
Extremitätseffekt	Extreme Informationen tragen ein stärkeres Gewicht nach sich als weniger extreme Informationen.	Maria ist groß, hat eine Bank ausgeraubt und hat braune Haare.
Alltagsweisheiten	Aus unseren alltäglichen Erfahrungen entsprungene Urteile	Sympathischen Menschen vertraut man; Fachleute wissen es am besten; teure Sachen haben eine gute Qualität
Halo-Effekt	Tritt auf, wenn sehr schnell ein Urteil gefällt wird. Ein einzelnes Merkmal einer Person wird so ausschlaggebend wahrgenommen, dass andere Merkmale nicht mehr berücksichtigt werden.	Eine gut aussehende Person wird oft als gesellig oder dominant bewertet.

Ziele erreicht – „Kommunikation und Wahrnehmung“

KOMPETENZ-ERWERB

1. Beschreiben Sie das klassische Modell der Kommunikation und benennen Sie mögliche Störungen in der Kommunikation. Inwiefern ist dieses Modell durch P. Watzlawick erweitert worden? Welche wesentlichen Komponenten kommen hinzu?
2. Erklären Sie das Eisbergmodell der Kommunikation.
3. Beschreiben Sie das 4-Ohren-/4-Seiten-Modell.
4. Erläutern Sie den Begriff Fehlerquellen und kennzeichnen Sie das dazugehörige Sender-Empfänger-Modell.
5. Nennen Sie weitere Effekte im Kontext von Fehlerquellen.
6. Überlegen Sie sich ein Beispiel für das 4-Ohren-Modell und versuchen Sie, dieses zu analysieren.

Angewandte Psychologie – Psychotherapie – Psychosomatik

Neben dem immerwährenden Bedürfnis, psychische Krankheiten, zu verstehen und zu heilen, versucht die **angewandte Psychologie** auch Lösungen für jeweils aktuelle Probleme zu finden.

Psychotherapie bedeutet die „Behandlung der Seele“ und ist eine Sammelbezeichnung für alle Behandlungsformen psychischer und psychosomatischer Störungen.

Die **Psychosomatik** beschäftigt sich mit der Wechselwirkung von Körper und Seele. Sie untersucht, wie sich psychische Einflüsse auf den Körper auswirken und körperliche Erkrankungen psychische Prozesse beeinflussen.

Psychische Erkrankungen

Laut WHO gehören psychische Störungen zusammen mit Krebs- und Herz-Kreislauf-Erkrankungen zu den häufigsten Leiden im Erwachsenenalter.
Im Kindes- und Jugendalter sind sie mit rund 20 Prozent durchschnittlicher Häufigkeit sogar die verbreitetste Erkrankung.
Psychische Krankheiten können jeden treffen, unabhängig von Herkunft, Alter, sozialer Stellung etc.
Ein Drittel aller Menschen ist von einer psychischen Erkrankung betroffen; Tendenz steigend.

Psychische Erkrankungen lassen sich auf Störungen in der Kognition, Emotionsregulation oder im Verhalten einer Person zurückführen. Sie können ein Ausdruck von dysfunktionalen psychologischen, biologischen und entwicklungsbezogenen Prozessen sein und gehen mit einem sehr starken Leidensdruck für die Betroffenen einher.

Dieses Kapitel beinhaltet die wichtigsten Informationen über ausgewählte psychische Krankheiten, deren Ursachen sowie therapeutische Maßnahmen.

KOMPETENZ-ERWERB

Meine Ziele

Nach Bearbeitung dieses Kapitels kann ich

- die Alkohol- und Nikotinsucht sowie die Sucht nach illegalen Drogen voneinander unterscheiden;
- Beispiele stofffreier Süchte nennen;
- die Kriterien für Essstörungen genauer erläutern;
- die wichtigsten Grundlagen zu Zwangsstörungen und der Borderlinestörung aufzeigen;
- die Typen, Entstehung und Strategien zur Bewältigung von Stress benennen;
- das 12-Stufen-Modell zur Entstehung von Burnout erklären.

1 Krankheitsbilder im Überblick

Zur **Klassifikation** in der klinischen Psychologie und Psychiatrie wird das sogenannte **ICD** (International statistical Classification of Diseases and related health problems) herangezogen, das von der **WHO** erstellt wurde. Der ICD-10 Code dient also der weltweit einheitlichen Zuordnung von Krankheiten und Gesundheitsproblemen. Die Codes F00 bis F99 betreffen **„Psychische und Verhaltensstörungen“.**

In den folgenden Kapiteln werden die in der Psychologie am häufigsten diagnostizierten Krankheitsbilder, deren Kriterien zur Diagnosestellung sowie Ursachen und Folgen behandelt.

Klassifizierung von Krankheitsbildern nach ICD–10

Code	Krankheitsbild	Beispiel
F00–F09	Organische, einschließlich symptomatischer psychischer Störungen	F01 = Vaskuläre Demenz
F10–19	Psychische und Verhaltensstörungen durch psychotrope Substanzen	F10 = Psychische und Verhaltensstörungen durch Alkohol
F20–29	Schizophrenie, schizotype und wahnhafte Störungen	F20 = Schizophrenie
F30–39	Affektive Störungen	F32 = Depressive Episode
F40–48	Neurotische, Belastungs- und somatoforme Störungen	F42 = Zwangsstörungen
F50–59	Verhaltensauffälligkeiten mit körperlichen Störungen und Faktoren	F50 = Essstörungen
F60–69	Persönlichkeits- und Verhaltensstörungen	F60 = Spezifische Persönlichkeitsstörungen, wie z. B. Borderline
F70–79	Intelligenzminderung	F72 = Schwere Intelligenzminderung
F80–89	Entwicklungsstörungen	F80 = Umschriebene Entwicklungsstörungen des Sprechens und der Sprache
F90–98	Verhaltens- und emotionale Störungen mit Beginn in der Kindheit und Jugend	F91 = Störungen des Sozialverhaltens
F99	Nicht näher bezeichnete psychische Störungen	

Aufgabenstellung – „Krankheitsbilder im Überblick“

- Definieren Sie für sich die zwei Begriffe Gesundheit und Krankheit. Welche Faktoren spielen für Sie eine wichtige Rolle, um sich selbst oder jemand anderen als gesund/krank einzustufen?

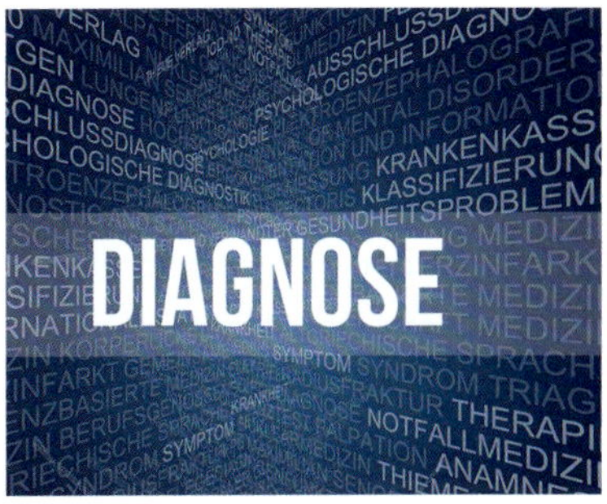

Die **WHO** (World Health Organization) ist eine Sonderorganisation der Vereinten Nationen, die das internationale öffentliche Gesundheitswesen koordiniert.

psychotrop = auf die Psyche einwirkend, psychische Prozesse beeinflussend.

Somatoforme Störung = körperliche Beschwerden, für die keine organische Ursache gefunden werden kann.

Im **ICD-10** (10 bezeichnet die aktuelle Version) wird genau beschrieben, welche Kriterien für die jeweilige psychische Störung gegeben sein müssen, damit bei der Diagnose keine Fehler passieren und auch keine unterschiedlichen Diagnosen gestellt werden. Durch unterschiedliche **Codierungen** kann in jedem Land festgestellt werden, um welches Krankheitsbild es sich handelt.

2 Sucht

Der Begriff Sucht beschreibt die Abhängigkeit von Substanzen sowie von unkontrollierbaren schädlichen Verhaltensweisen, die zwanghaft und wiederholt ausgeführt werden müssen.

Suchtformen

Stoffgebundene Sucht	Stoffungebundene Sucht

Ist an eine spezifische Substanz gebunden.	Ist der Zwang, eine bestimmte Tätigkeit immer wieder auszuüben bzw. sich in eine bestimmte Situation zu begeben und diese immer wieder aufzusuchen.
Beispiele Koffeinsucht, Nikotinsucht, Alkoholsucht, Medikamentensucht, Drogensucht	**Beispiele** Spielsucht, Arbeitssucht, Esssucht, Internetsucht

Laut WHO wird das zwanghafte Verlangen nach einer stoffgebundenen Substanz als **Abhängigkeit** bezeichnet.

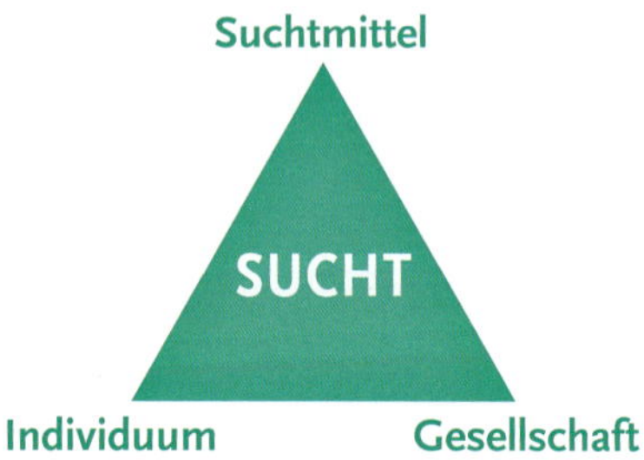

Grundsätzlich kann man hinsichtlich der Entstehungsursachen von Süchten von drei Faktoren (Trias), die immer in Wechselwirkung zueinander stehen, sprechen: der psychoaktiven Substanz **(Suchtmittel)**, dem sozialen Umfeld, in welchem sich die Betroffenen aufhalten **(Gesellschaft)** sowie die Persönlichkeit der Betroffenen **(Individuum)**.

2.1 Stoffgebundene Süchte

2.1.1 Alkohol

Personen mit einer Alkoholabhängigkeit sind nicht mehr in der Lage, ihren Alkoholkonsum zu kontrollieren. Beim Unterbrechen des Alkoholkonsums können verschiedene Symptome auftreten. Hierbei können **zwei Arten der Abhängigkeit** unterschieden werden:

Psychische Alkoholabhängigkeit	→	**Psychische Symptome** wie bspw. innere Unruhe, erhöhte Reizbarkeit, Schlafstörungen, verminderte Konzentration
Körperliche Alkoholabhängigkeit	→	**Körperliche Symptome** wie bspw. übermäßiges Schwitzen, Krampfanfälle, Übelkeit und Erbrechen

Anmerkung
Im Rahmen dieses Kapitels wird auf die drei stoffgebundenen Süchte Alkohol, Nikotin und illegale Drogen genauer eingegangen.

Wie wird eine Alkoholabhängigkeit diagnostiziert?

Um eine Alkoholabhängigkeit diagnostizieren zu können, müssen laut ICD-10 mindestens drei der folgenden Kriterien gleichzeitig über einen Zeitraum von mindestens einem Monat oder über eine längere Zeit von zwölf Monaten wiederholt auftreten:

- Starker Wunsch oder Art Zwang, Alkohol zu konsumieren

- Verminderte Kontrollfähigkeit bezüglich Beginn, Beendigung und Menge des Alkoholkonsums
- Körperliche Entzugserscheinungen bei Unterbrechung oder Reduktion des Alkoholkonsums sowie Alkoholkonsum mit dem Ziel der Linderung von körperlichen Entzugssymptomen
- Nachweis einer Toleranz; d. h., um einen gewissen Zustand zu erreichen, ist eine zunehmend erhöhte Dosis erforderlich
- Fortschreitende Vernachlässigung von bisher gewohnten Interessen
- Anhaltender Alkoholkonsum trotz Nachweis eindeutig schädlicher Folgen

Aha!
Können die Kriterien des Abhängigkeitssyndroms nicht erfüllt werden, liegt aber trotzdem Alkoholkonsum vor, der sich negativ auf den Körper, die Psyche und/oder das soziale Umfeld der Betroffenen auswirkt; man spricht von **Alkoholmissbrauch.**

Die Übergänge zwischen experimentierendem, gelegentlichem und gesundheitsgefährdendem Konsum bis hin zur Abhängigkeit sind meist fließend.

Es scheint für viele Menschen so, als würde der Alkoholkonsum durch seine berauschende und dämpfende Wirkung kurzfristig gewisse Lebenssituationen erträglicher machen, wobei langfristige Folgen nicht berücksichtigt werden.

Ursachen für Alkoholmissbrauch

- Die Entstehung lässt sich zumeist auf den **Zusammenhang von sozialen und psychischen Faktoren** zurückführen: Beispielsweise wird von den Betroffenen versucht, Probleme in der Familie, im Freundeskreis oder am Arbeitsplatz mithilfe von Alkoholkonsum zu bewältigen.
- Ebenso spielen die **Beziehung zu den Eltern** und Erfahrungen mit alkoholabhängigen Bezugspersonen in der Kindheit eine wichtige Rolle.
- Auch gewisse **Persönlichkeitseigenschaften** (z. B. geringes Selbstwertgefühl sowie geringe Kommunikations- und Konfliktfähigkeit) können zu der Entstehung einer Alkoholabhängigkeit beitragen.
- Eine weitere Ursache können psychische Erkrankungen wie beispielsweise **soziale Phobien** sein. Alkohol wird konsumiert, um den Ängsten entgegenzuwirken.

Soziale Phobien beschreiben ausgeprägte Ängste in sozialen Situationen. Demnach fällt es Menschen mit einer sozialen Phobie sehr schwer, Kontakt mit anderen aufzunehmen.

Alle Arten von Süchten sind von mehreren Ursachen abhängig!
Obwohl es zumeist einen speziellen Auslöser gibt, gelten je nach psychologischer Perspektive verschiedene Ansätze, die versuchen, die Entstehung des Suchtverhaltens zu erklären.

Folgen von Alkoholmissbrauch

Körperliche Folgeschäden	Psychische Folgen	Psychosoziale Folgen
■ Leber (Leberzirrhose, Fettleber, Krebs) ■ Gehirn (Gehirnzellen sterben ab) ■ Periphere Nervenschäden ■ Herz-Kreislauf-System (Bluthochdruck, Herzmuskelschäden) ■ Magen und Darm (Schleimhautentzündungen, Funktionsstörungen, Krebs) ■ Mund, Rachen (erhöhtes Krebsrisiko) ■ Bauchspeicheldrüsenentzündung	■ Starke Stimmungsschwankungen ■ Angstzustände ■ Depressionen ■ Veränderungen in der Persönlichkeit ■ Eingeschränkte Urteilsfähigkeit ■ Fortschreitendes problematisches Verhalten	■ Beziehungskonflikte ■ Probleme am Arbeitsplatz (zumeist Verlust der Arbeitsstelle) ■ Isolation der Familie ■ Rückzug von Freunden

Therapie

Die **körperliche Entgiftung** im Rahmen einer stationären Behandlung umfasst den ersten Schritt einer Therapie.

Weiters kann entweder eine ambulante Therapie oder ein mehrwöchiger stationärer Aufenthalt, beispielsweise in einer Rehaeinrichtung, erfolgen. Hierbei werden verschiedene Strategien erlernt, das Leben ohne Alkohol zu meistern. Man spricht bei diesem Schritt von der **Entwöhnung,** die sich vorrangig auf die psychische Abhängigkeit konzentriert.

Als letzter und ebenso wichtiger Schritt werden von verschiedenen Institutionen Termine für die **Nachsorge** angeboten. Diese dient als Unterstützung für die Betroffenen, ein dauerhaft abstinentes Leben führen zu können.

Aufgabenstellung – „Alkohol“

- Recherchieren Sie den Alkoholgehalt von einem halben Liter Bier und einem achtel Liter Wein.

Nikotin ist in den Blättern der **Tabakpflanze** enthalten und zählt zu den stärksten Pflanzengiften.

2.1.2 Nikotin

Wie entsteht eine Nikotinsucht? – Die Phasen des Einstiegs

1. Schritt

Vorbereitung im Kindesalter
Ausschlaggebend dafür sind die vermittelten **Einstellungen hinsichtlich des Rauchens,** die sowohl von der Familie als auch durch gesellschaftliche Einflüsse geprägt werden.

2. Schritt

Dieser Schritt umfasst den **Einstieg,** indem zumeist mit Gleichaltrigen die erste Zigarette geraucht wird. Obwohl die erste Zigarette oft mit Übelkeit, Schwindel oder Kopfschmerzen verbunden wird, rauchen trotzdem mindestens 25 Prozent der „Anfänger/innen“ weiter.

3. Schritt

Im 3. Schritt, dem **Probieren,** spielen das soziale Umfeld und Vorbilder eine wichtige Rolle. Zudem etablieren sich die subjektive Bedeutung und die Funktion des Rauchens.

4. Schritt

Fallen soziale Anreize für das Rauchen weg und wird weiterhin regelmäßig geraucht, befindet man sich im 4. Schritt zur Abhängigkeit – **reguläres Rauchen.**

5. Schritt

Letztendlich manifestieren sich gewisse Rituale des Rauchens, wobei diese nicht mehr ohne zumindest psychischer Entzugserscheinungen beendet werden können. Man befindet sich in der **Abhängigkeit.**

Was steckt in einer Zigarette?
Eine Zigarette besteht aus Tabak, Nikotin, Teer, Arsen, Aceton, Zusatzstoffen sowie Geschmacks- und Verdickungsmitteln.
Beim Anzünden einer Zigarette entstehen Benzol, Kohlenmonoxid, Stickstoffmonoxid, Blausäure und Ammoniak sowie Metalle wie Blei, Quecksilber und Chrom.
Beim Rauchen vermischen sich alle Inhaltsstoffe und bilden einen klebrigen Teer, der sich in den feinen Härchen der Lunge festsetzt und diese verklebt.

Wie wirkt Nikotin?

- Die toxischen (giftigen) Substanzen im Zigarettenrauch sind Nikotin, Kohlenstoffmonoxid (CO) und Teer. CO verdrängt Sauerstoff im Blut, während Nikotin die Belastung des Herzens steigert. Dies kann zu Gefäßerkrankungen beitragen.
- Nikotin übt eine starke Wirkung auf das **Nervensystem,** das **Herz** und verschiedene andere Körperstrukturen aus. Es hat eine stark stimulierende oder entspannende Wirkung.
- Die häufigsten **Entzugserscheinungen** sind Nervosität, Schlafstörungen, Unruhe und Reizbarkeit. Die Entzugsphase kann mehrere Monate dauern.

Nikotin kann sowohl zu einer **körperlichen** als auch zu einer **psychischen Abhängigkeit** führen.

Laut EU-Verordnung müssen auf Zigarettenpackungen Schockbilder abgedruckt werden. Die Bilder sollen abschrecken und den Zigarettenkonsum verringern.

Psychische Abhängigkeit des Rauchens

Zumeist sprechen Raucher/innen in Verbindung mit der Zigarette von Genuss, Gemütlichkeit, Auszeit und Belohnung.

Der Zusammenhang von Belohnung und Rauchen entsteht durch die **regelmäßigen Rauchrituale:** Nikotin wird im Körper aufgenommen, unser Gehirn schüttet Dopamin aus und wir fühlen uns glücklich und stressfrei. Wird für längere Zeit nicht geraucht, kann unser Körper das Hormon nicht ausschütten, was folglich zu Konzentrationsschwierigkeiten und Unruhe führen kann.

Diskutieren Sie in der Klasse über die Sinnhaftigkeit dieser Verordnung.

Zahlen und Fakten zum Thema Nikotin

- Von 1970 bis 2019 ist die Anzahl der Raucher/innen in Österreich von 22,9 % auf 24,3 % gestiegen. Österreich ist das einzige OECD-Land, in dem die Anzahl der Raucher/innen immer mehr zunimmt.
- In Europa liegt das Einstiegsalter für Raucher/innen zwischen 10 und 14 Jahren.
- Pro Jahr sterben in Europa ca. 700 000 Menschen an Krankheiten, die auf Folgen des Rauchens zurückzuführen sind.
- Die niedrigste Raucherquote vertritt aktuell Schweden mit 7 %.
- Im Jugendalter besteht ein doppelt so hohes Risiko zu rauchen, wenn beide Eltern rauchen und ein dreifach so hohes Risiko, wenn ein Geschwisterteil raucht.
- Studien zufolge animieren rauchende Filmfiguren nicht nur Jugendliche zum Rauchen, sondern vermitteln ebenso Kindern, dass Rauchen einen positiven Symbolstatus beschreibt.

Raucherquote in Europa 15- bis 16-Jährige	
Griechenland	37 %
Bulgarien	36 %
Frankreich	36 %
Ungarn	35 %
Lettland	32 %
Polen	30 %
Österreich	28 %
Spanien	28 %
EU-28	26 %
Portugal	26 %
Deutschland	25 %
Italien	24 %
Luxemburg	21 %
Belgien	19 %
Dänemark	19 %
Niederlande	19 %
Irland	19 %
Großbritannien	17 %
Finnland	20 %
Schweden	7 %

Quelle: Europäische Kommission 2017

Aufgabenstellung – „Nikotin“

- Nennen Sie Gründe, warum besonders Jugendliche gefährdet sind, zu Rauchern bzw. Raucherinnen werden.

§ Der Umgang mit illegalen Drogen ist in Österreich im **Suchtmittelgesetz** geregelt. Siehe dazu S. 142.

Psychotrope Substanzen = Substanzen, die eine Veränderung der Bewusstheit und der Psyche bewirken. Sie können betäubend (Schlafmittel), halluzinogen (LSD) oder stimulierend (Kokain) wirken.

Im ICD-10 werden folgende psychoaktive Substanzen unterschieden:
Opioide, Cannabinoide, Sedativa und Hypnotika, Kokain, Halluzinogene, Tabak und andere Stimulanzien einschließlich Koffein.

Nimmt man zwei oder mehr Substanzen ein, spricht man von **multiplem Substanzgebrauch.**

Weitere psychische Störungen, die mit erhöhtem und anhaltendem Drogenkonsum einhergehen können, sind: Angststörungen, Depressionen, Psychosen, bipolare Störungen, Borderline-Störung.

2.1.3 Illegale Drogen

Was versteht man unter Drogen?

Der umgangssprachlich verwendete Begriff **Droge** bezeichnet **illegale psychotrope Substanzen,** deren Herstellung, Weiterverbreitung und Besitz gesetzlich verboten sind. Sie sind von den legalen psychotropen Substanzen zu unterscheiden.

Legale psychoaktive Substanzen	Illegale psychoaktive Substanzen

Beispiele **Genussmittel** wie Alkohol, Tabak, Kaffee, Tee; **Arzneimittel** wie Schmerz-, Beruhigungs- und Schlafmittel	**Beispiele** Heroin, Kokain, Cannabis, LSD, Ecstasy

Ursachen für Drogensucht

Die Gründe für die Entstehung einer Drogensucht sind den Ursachen einer Alkoholabhängigkeit sehr ähnlich. Die Psychologie orientiert sich hierbei immer an **biologischen, psychologischen** und **sozialen Komponenten,** die in ihrem Zusammenwirken eine Abhängigkeit hervorrufen. Zu betonen ist, dass drogenabhängige Personen in **allen sozialen Schichten** zu finden sind und somit nicht nur Menschen aus sozial schwierigen Verhältnissen betroffen sein können.

Folgen von Drogenkonsum

Die körperlichen und psychischen Folgen von regelmäßigem Drogenkonsum sind **je nach Substanz** unterschiedlich. So können beispielsweise Kokain und Amphetamine zu Angststörungen und Depression führen sowie Ecstasy und LSD psychoseähnliche Zustände hervorrufen. In Abhängigkeit der **Dauer** des Konsums, wie auch der Art der Substanz, sind zumeist kognitive Beeinträchtigungen, wie beispielsweise verminderte Konzentrationsfähigkeit, die Folge.

Erhöhte Suizidgefahr

In Studien konnte ein Zusammenhang zwischen Drogenkonsum und erhöhten Suizidgedanken festgestellt werden, wobei Heroin am gefährlichsten sei und ebenso der Zeitpunkt des Einstiegs in den Drogenkonsum eine ausschlaggebende Rolle spiele.
Jugendliche, die bereits vor dem Konsumieren illegaler Substanzen ein auffälliges Verhalten hinsichtlich ihres Alkoholkonsums aufweisen sowie eine Nikotinsucht haben, sind die für neuronale Schäden sowie Suizidalität am höchsten gefährdete Bevölkerungsgruppe.

Therapie

Im Rahmen einer **Drogentherapie** sind vier aufeinanderfolgende Schritte von Bedeutung:

Schritte der Drogenentwöhnung	
Schritt 1: Motivation	■ Die Motivation zum Beenden des Drogenkonsums soll gestärkt und stabilisiert werden. ■ Dies kann geschehen durch Beratungsgespräche, therapeutische Einzel- und/oder Gruppengespräche.
Schritt 2: Entgiftung (des Körpers)	■ Ambulant ■ Stationär ■ Ohne Medikamente (kalter Entzug) ■ Medikamentengestützt ■ Opioid-gestützt (Substitutionstherapie)
Schritt 3: Entwöhnung (der psychischen Abhängigkeit)	Themen, die in der psychologischen Therapie im Mittelpunkt stehen: ■ Klären der Ursachen ■ Aufbau von alternativen Verhaltensstrategien ■ Stärken der Motivation ■ Reduktion von Stress ■ Verhindern von Rückfällen ■ Wiedereingliederung in das Sozial- und Arbeitsleben
Schritt 4: Stabilisierung	Sind alle drei vorherigen Schritte gut gelungen, schließt sich im besten Fall eine Stabilisierungsphase an. Das Ziel dieser soll immer die Abstinenz von Drogen sein.

Voraussetzung für den Entzug jeder Substanz ist der eigene Wille, diese nicht mehr konsumieren zu wollen, wie auch das Bewusstsein darüber, abhängig bzw. süchtig zu sein. **Motive für einen Entzug** können hierfür beispielsweise das Aufrechterhalten von Beziehungen, der Erhalt des Arbeitsplatzes oder das Wiedererlangen der eigenen Gesundheit sein.

Zahlen und Fakten zum Thema illegale Drogen

- Laut aktueller Schätzungen gibt es in Österreich zwischen 35 000 und 38 000 Personen mit risikoreichem Opioidkonsum, meist in Form von Mischkonsum mit anderen Substanzen. Mehr als die Hälfte davon befindet sich in Behandlung.
- 25 % davon sind weiblich und 9 % sind unter 25 Jahre alt.
- Etwas weniger als die Hälfte dieser Personen leben in Wien.
- Wien ist als einzige Großstadt Österreichs vom risikoreichen Drogenkonsum stark betroffen, gefolgt von den Bundesländern Kärnten, Vorarlberg und Niederösterreich.

www.sozialministerium.at, Europäischer Drogenbericht 2019

Opioide = sind halb- oder vollsynthetisch hergestellte Substanzen mit morphinähnlicher Wirkung.

- Das bekannteste halbsynthetische Opioid ist **Heroin,** das durch einen chemischen Prozess aus **Morphin** (das ist ein Bestandteil von Opium, des getrockneten Milchsaftes von Schlafmohn) hergestellt wird.
- Ein vollsynthetisches Opioid ist z. B. **Methadon,** das als Ersatzstoff in der Behandlung Heroinabhängiger verwendet wird (Substitutionsmittel).
- **Opioidhaltige Schmerzmittel** werden bei schweren Erkrankungen als Arzneimittel verordnet.
- Opioide haben ein **hohes Abhängigkeitspotenzial.**

Aufgabenstellung – „Drogen"

- Stellen Sie in Tabellenform die Drogensucht der Alkoholsucht gegenüber und führen Sie mögliche gesellschaftliche Risiken/Unterschiede an.

Drogensucht	Alkoholsucht

2.1.4 Das Tankmodell – wie Süchte entstehen und wie man ihnen entgegenwirken kann

Das Tankmodell nach Christoph Lagemann beschreibt zum einen die Dynamik und Komplexität im Rahmen der Entstehung von süchtigem Verhalten und zum anderen zeigt es Möglichkeiten auf, die den Weg in die Sucht verhindern können.

Lagemann spricht von einem **Seelentank**, der mit Dingen/Emotionen gefüllt sein sollte, die uns ermöglichen, dass es uns gut geht.

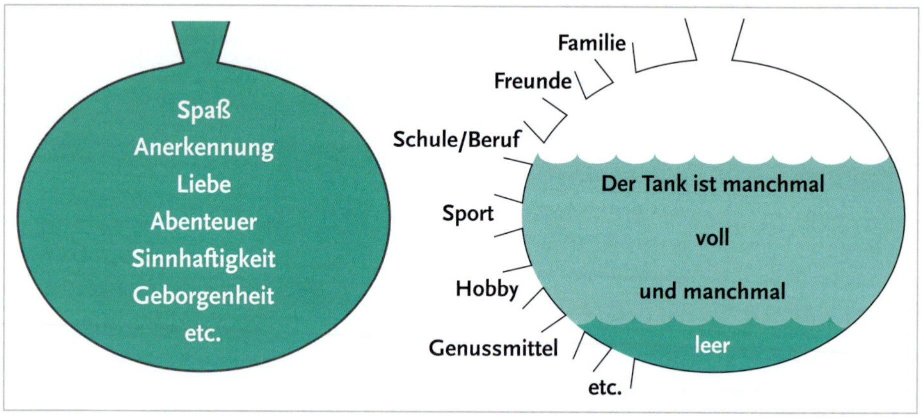

Wie in der Grafik ersichtlich, ist der Tank nicht immer gleich voll bzw. leer. **Tankstellen,** wie beispielsweise Familie und Freunde, können dazu beitragen, die Inhalte im Tank zu füllen. Demnach spielen **nicht nur äußere Faktoren,** wie die Gesellschaft und Umwelt, eine wichtige Rolle, sondern ebenso ist die **aktive persönliche Gestaltung** von großer Bedeutung.

Ist das Auftanken nicht möglich, werden oft andere Dinge und/oder Wege als Ersatz eingesetzt. Die Sucht entsteht dann, wenn die **Ersatzhandlungen** immer wieder ausgeführt und zur Gewohnheit werden.

Je mehr Tankstellen vorhanden sind, desto weniger besteht die Gefahr, den Tank nicht neu füllen zu können, wodurch das Suchtrisiko sinkt.

Aufgabenstellung – „Tankmodell“

- Zeichnen Sie Ihr persönliches Tankmodell. Wie sieht Ihr Tank derzeit aus?

2.2 Stoffungebundene Süchte

Nicht stoffgebundene Störungen bzw. eine substanzungebundene Abhängigkeit ist laut ICD-10 nicht mit der Einnahme von psychoaktiven Substanzen verbunden. Charakteristisch sind hingegen wiederholte Handlungen, die

- eine **fehlende bzw. unvernünftige Motivation** und
- **verminderte Kontrollfähigkeit** aufweisen sowie
- ein **impulsives Ausführen der Handlungen** beschreiben.

Beispiele substanzungebundener Süchte	
Pathologisches Spielen	Entspricht häufig wiederholtem episodenhaften Glücksspiel, das die Lebensführung der Betroffenen vollständig einnimmt. Durch den unkontrollierten und impulsiven Zwang zu spielen, gehen soziale, familiäre und berufliche Verpflichtungen verloren. Häufig belügen die Betroffenen ihr Umfeld und spielen trotz ersichtlicher negativer Konsequenzen, wie beispielsweise gestörte Familienbeziehungen, weiter.
Exzessive Mediennutzung	Das Verhalten geht über unproblematische, gemäßigte Nutzung hinaus und geht bei Abbruch der Mediennutzung mit dominantem Verlangen, depressiver Verstimmung, sozialer Isolation und Vernachlässigung körperlicher und sozialer Komponenten einher. Hierzu zählen: ■ Gamen (zumeist Online-Computerspiele) ■ Chatten (übertriebenes Auseinandersetzen mit der eigenen Person über Social-Media-Plattformen). ■ Internetnutzung (exzessiver Konsum von Kaufprodukten oder Online-Pornografie) ■ Handysucht (zwanghaftes Kontrollieren neuer Nachrichten; enger Zusammenhang zur Internetabhängigkeit)
Arbeitssucht	Subjektiv ist es für die Betroffenen fast unmöglich, nicht zu arbeiten bzw. nicht am Arbeitsplatz zu erscheinen. Des Weiteren entwickeln sie eine Toleranz hinsichtlich des Erreichens von angestrebten Erfolgen und wirken zu Beginn äußerst engagiert und hochmotiviert. Außerdem können mit der Zeit der Umfang und die Dauer der Arbeit nicht mehr kontrolliert werden.
Kaufzwang	Tritt vor allem in Konsumgesellschaften auf und wird verbunden mit dem unkontrollierten Zwang, Waren zu kaufen. Nicht der Besitz der Ware ist das Ziel, sondern das Kaufen selbst, wobei die Sinnlosigkeit des Kaufverhaltens den Betroffenen zumeist bewusst ist.
Exzessives Sporttreiben/Sportsucht	Ist ein relativ neues Krankheitsbild, das in jeder Sportart auftreten kann. Am häufigsten betroffen sind Läufer/innen und Triathlet/innen, Frauen zwischen 15 und 25 und Männer zwischen 30 und 50 Jahren.

Aufgabenstellung – „Stoffungebundene Süchte"

- Überlegen Sie, welche der angeführten stoffungebundenen Süchte die schwerwiegendsten negativen Folgen nach sich ziehen können.

Anders als stoffgebundene Süchte, die sich auf gesundheitliche Schäden beschränken und schon etwas länger im ICD-10 Katalog präsent sind, werden die Kriterien stofffreier Süchte bis heute immer wieder neu klassifiziert/erweitert.

Bei krankhaften Essstörungen bestimmt das Essverhalten das Leben der Betroffenen. Dieses betrifft den Tagesablauf, ihre Gefühle, ihre Beziehungen zu anderen und ihre beruflichen sowie privaten Entscheidungen.

3 Essstörungen

Eine Essstörung (F50) beschreibt **eine von der Norm abweichende Auffälligkeit des Essverhaltens,** die je nach Art mit erheblichen Gewichtsschwankungen einhergeht. Nachfolgend werden die zwei bekanntesten Essstörungen, die Magersucht und die Ess-Brech-Sucht, näher erläutert.

3.1 Anorexia nervosa (Magersucht)

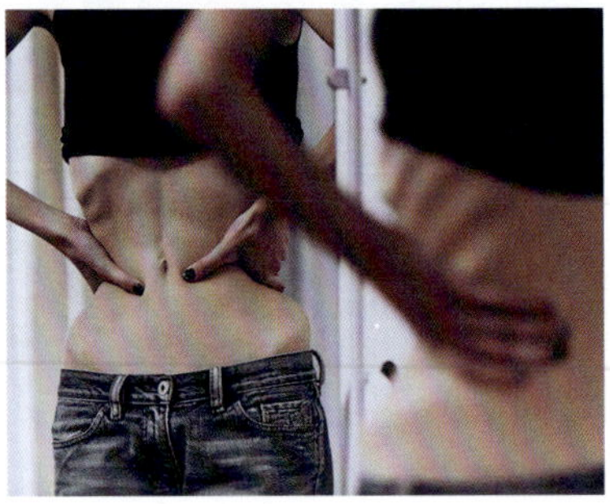

Gekennzeichnet ist diese Art der Essstörung vor allem durch eine **gestörte Körperwahrnehmung** und **Nahrungsverweigerung** aufgrund der Angst, dick zu werden.

Aha!
Anorektische Personen lehnen ihren Körper ab, setzen sich aber zugleich in ihren Handlungs- und Gedankenmustern stark mit ihm auseinander.

BMI (Body Mass Index) = Berechnungsmethode, um das Gewicht einer Person einzuordnen.

$$\text{BMI} = \frac{\text{Körpergewicht (kg)}}{(\text{Körpergröße m})^2}$$

endokrin = auf das Hormonsystem bezogen.

induzieren = einleiten, auslösen.

Disposition = Veranlagung.

Diuretika = Medikamente, die zur erhöhten Harnerzeugung beitragen (Entwässerungsmittel).

Kriterien nach ICD-10

- Das Körpergewicht liegt mindestens 15 Prozent unter dem erwarteten Gewicht oder einem BMI von 17,5 bzw. darunter
- Körperschemastörung in Form einer psychischen Störung (Betroffene halten an der Vorstellung fest, zu dick zu sein)
- **Endokrine Störungen** (entstehen durch Überschuss oder Mangel an Hormonen, z. B. bei Schilddrüsenüber- oder -unterfunktion)
- Beginn der Erkrankung während oder auch vor der Pubertät
- Gewichtsverlust ist selbst herbeigeführt durch Vermeidung von energiereicher Nahrung und beinhaltet mindestens eines der folgenden Kriterien:
  - Selbstinduziertes Erbrechen
  - Selbstinduziertes Abführen
  - Übertriebene körperliche Aktivität
  - Gebrauch von Appetitzüglern/Diuretika

3.2 Bulimia nervosa (Ess-Brech-Sucht)

Die Bulimia nervosa wird mit sehr starkem Appetit bei gleichzeitig erhöhter Nahrungsaufnahme verbunden und kommt bei Frauen häufiger vor als die Anorexia nervosa.

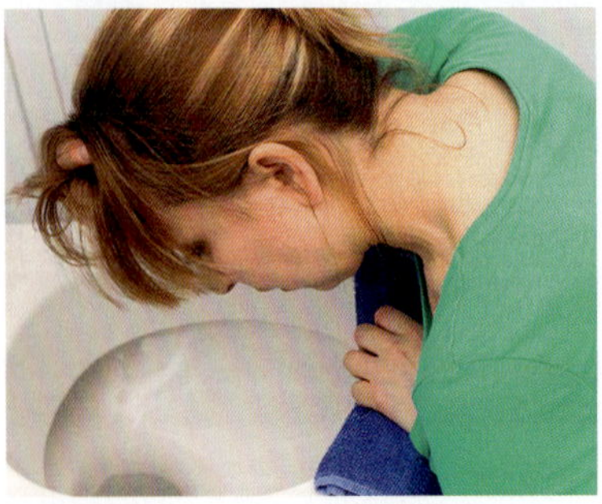

Bulimie ist eine „heimliche" Krankheit. Die Betroffenen ekeln sich nach einem Ess-Brech-Anfall vor sich selbst.

Kriterien nach ICD-10

- Andauernde Beschäftigung mit Essen und unwiderstehliche Gier nach Nahrungsmitteln
- **Essattacken** (in kürzester Zeit wird eine große Menge an Nahrung aufgenommen)
- Versuch, dem dickmachenden Effekt der Nahrung durch selbstinduziertes Erbrechen, zeitweiligen Hungerperioden sowie den Gebrauch von Abführmitteln, Appetitzüglern, Diuretika und/oder Schilddrüsenpräparaten entgegenzuwirken
- Krankhafte Angst, zu dick zu werden sowie eine scharf definierte Gewichtsgrenze, die weit unter der vom Arzt als „gesund" betrachteten Gewichtsgrenze liegt
- Häufig eine Vorgeschichte mit Anorexia nervosa

3.3 Unterscheidung und Ursachen

Unterscheidung

Anorexia nervosa	Bulimia nervosa
■ Der Erkrankungsbeginn ist oft mit belastendem Lebensereignis verbunden ■ Erkrankte Personen weisen eine erhöhte Kontrolle gegenüber ihrem Essverhalten auf.	■ Beginnt meist in der Pubertät oder im jungen Erwachsenenalter, während oder nach einer Diät sowie ebenso aufgrund eines Erlebens belastender Ereignisse. ■ Erkrankte Personen haben keine Kontrolle über ihr Essverhalten und schämen sich meist für ihren Kontrollverlust.

Zudem kann ein **Wechsel zwischen beiden Arten der Essstörungen** vorliegen, wobei der Übergang einer Bulimia nervosa zu einer Anorexia nervosa nur in der Minderheit der Fälle vorkommt.

Diskutieren Sie in der Klasse: Ist Ihr Körperbewusstsein von den Medien beeinflusst bzw. geprägt?

Folgen

Sowohl bei der Anorexia nervosa als auch bei der Bulimia nervosa zählen Müdigkeit, Schlafprobleme, verminderte Leistungs- und Konzentrationsfähigkeit, Ausbleiben der Regelblutung, Kreislaufprobleme, Elektrolytstörungen, **Anämie** sowie Osteoporose zu den häufigsten Folgen.

Anämie = Blutarmut.

Weitere Ursachen, die zur Entstehung von Essstörungen beitragen, sind:

- **Kulturelle Einflüsse,** wie beispielsweise das Körperidealbild der Frau, das auf Plakaten gezeigt oder von Models vorgelebt wird und nicht nur zur Entstehung, sondern auch zur Aufrechterhaltung einer verzerrten Körperwahrnehmung beiträgt.
- **Familiärer Einfluss,** wie spezielle Essgewohnheiten in der Familie und starke Kontrolle/Überwachung der Eltern.
- **Gestörte Mutter-Kind-Interaktion,** die eine sehr schwache Autonomie und ein schwaches Kontrollbewusstsein des Kindes nach sich zieht.
- **Genetische Dispositionen**

Studien konnten zeigen, dass verwandte Personen der Betroffenen sechsmal so häufig dieselbe Störung aufwiesen.

Therapie

Bei beiden Essstörungen ist eine **stationäre Therapie** von großer Bedeutung, sobald das Gewicht unter 30 Prozent des erwarteten Gewichts liegt. Danach ist eine langfristige ambulante psychologische Betreuung notwendig, um nicht nur die **Normalisierung des Essverhaltens** zu erzielen, sondern ebenso die **komorbiden** psychischen Störungen, wie Depressionen, Angststörungen, soziale Phobien etc., zu behandeln.

komorbide Störung = psychische Störung, die neben einer anderen primären psychischen Störung vorhanden ist.

Bei der Anorexia nervosa ist die Verbesserung der familiären Interaktion sehr wichtig. Im Rahmen der therapeutischen Maßnahmen von Bulimikerinnen können Gruppenbehandlungen von Vorteil sein.

Das **Therapieziel** beider Essstörungen liegt in der **kognitiven Umstrukturierung** sowie **Verhaltensänderung.**

Pica-Syndrom
Das Pica-Syndrom zählt zu den sonstigen Essstörungen (F50.8). Es kommt zumeist bei Menschen mit einer geistigen Behinderung, Demenz oder Entwicklungsstörungen vor.
Betroffene essen für die Gesellschaft nicht als normal angesehene Dinge, wie Erde, Papier, Kreide etc.
Da dieses Verhalten bei Kleinkindern einem Erkundungs- bzw. Erforschungsverhalten obliegt, kann es erst ab zwei Jahren diagnostiziert werden.

3.4 Binge-Eating-Störung

Gehört im ICD-10 unter die nicht näher bezeichneten Essstörungen (F50.9).

Kriterien

- Esssucht ohne Erbrechen
- Die Betroffenen zeigen mindestens zweimal pro Woche über einen Zeitraum von sechs Monaten unkontrollierte Essanfälle.
- Ohne vorheriges Hungergefühl wird so lange gegessen, bis ein belastendes Völlegefühl wahrgenommen wird.
- Frauen sind doppelt so häufig davon betroffen wie Männer.
- Menschen mit einer extremen Binge-Eating-Störung haben bis zu 14 oder mehr Essanfälle pro Woche.
- Ungeeignete Methoden, wie z.B. Diäten und Fasten, werden angestrebt, um wieder Kontrolle über das Essverhalten zu erlangen.

Nicht wenige Menschen, die nicht als erkrankt gelten, verspüren in gewissen Momenten z. B. das Bedürfnis nach übertriebener Sauberkeit oder perfekter Ordnung. Krankheitswert bekommt die Symptomatik jedoch erst dann, wenn Handeln, Denken oder die Beziehungen zu anderen Menschen negativ beeinflusst werden. So können Betroffene oft ihren Beruf nicht mehr ausüben, das Haus nur schwer verlassen, Termine nicht einhalten und/oder geraten dadurch in Konflikte mit Familienangehörigen oder Freunden.

4 Zwangsstörungen

Unter **Zwangsstörungen** versteht man **quälende Gedanken und/oder Handlungen,** die von den meisten Betroffenen als unangenehm empfunden werden, wiederkehrend auftreten und mit einem starken Leidensdruck verbunden sind.

Charakteristische Symptome von Zwangsstörungen

Zwangsgedanken/Grübelzwang

- Sind Gedanken, die wiederholt auftreten und für längere Zeit bestehen.
- Es besteht ein starker Zusammenhang zwischen Grübelzwang und Depression.

Beispiele
Zählen, Wortwiederholungen, zwanghafte Ideen, bildhafte Vorstellungen, Zwangsimpulse

Zwangshandlungen/Zwangsrituale

- Zeigen sich in Form immer gleich ablaufender Handlungen die ständig wiederholt werden.
- Meist fühlt sich die betroffene Person zu den Handlungen aufgrund von Zwangsgedanken oder Impulsen gezwungen.

Beispiele
Kontrollverhalten, Waschzwang, Ordnungszwang

Bei vielen Zwangserkrankten treten sowohl Zwangsgedanken als auch Zwangshandlungen gemeinsam auf.

Formen von Zwangsstörungen

Im Rahmen der Zwangsstörungen gibt es verschiedene Arten sowie Ausprägungen. Die am **häufigsten diagnostizierten Zwangsstörungen** sind:

- Waschzwang
- Kontrollzwang
- Ordnungszwang
- Wiederholungszwang
- Zählzwang
- Dermatophagie (Zwang, sich selbst zu beißen)
- Aggressive und religiöse Zwangsgedanken
- Sammelzwang
- Wiederholte Rückversicherung

Aha!
Die ritualisierten Handlungen vermitteln den Betroffenen **Sicherheit** und bieten ihnen zumindest vorübergehend **Schutz** vor dem für sie unerträglichen Angstgefühl.

Beispiele: Zwangsstörungen

- Personen, die unter einem **Kontrollzwang** leiden, fühlen sich dazu gezwungen, alles zu überprüfen. Hierzu zählen z.B. das Abschließen der Haustür, elektronische Geräte im Haushalt, die nicht ausgeschaltet sein könnten etc.
- Beim **Ordnungszwang** benötigen die Betroffenen stets eine Ordnung, Symmetrie oder Reihenfolge in ihrem Leben. Beliebige Gegenstände werden von den betroffenen Personen präzise genau geordnet.
- Beim **Grübelzwang** durchdenkt der/die Betroffene wieder und wieder bestimmte Begebenheiten. So kann zum Beispiel immer wieder der Gedanke aufkommen, ob man den Herd ausgeschaltet hat oder nicht. Im Gegensatz zum Kontrollzwang erfolgt aber keine Kontrolle, ob der Herd wirklich aus ist.

Ursachen und Folgen

Die **Ursachen** für die Entstehung von Zwangsstörungen können infolge verschiedener psychologischer Perspektiven unterschiedlich erklärt werden:

- So sieht beispielsweise das psychodynamische Konzept die Ursachen in der **Erziehung und Familie** verankert.
- Die Verhaltenstherapie orientiert sich an dem sogenannten **„erlernten" Zwang** (Modelllernen).
- Die biologische Auffassung erklärt die Entstehung im Rahmen einer **genetischen Disposition.**

Der menschliche Organismus versucht sich zu helfen, wobei die Kombination von genetischen, familiären und emotionalen Faktoren dann in einer Zwangsstörung münden kann.

Neben **körperlichen Folgen,** wie beispielsweise Ekzeme an den Händen aufgrund eines Waschzwangs, zählen soziale **Isolation und Rückzug** zu den häufigsten Folgen einer Zwangsstörung.

Hinsichtlich der Entstehung von Zwangsstörungen sind zu **30 Prozent** **genetische Dispositionen** (Veranlagungen) die Ursache. Dies konnte wissenschaftlichen Studien zufolge bei getrennt aufwachsenden eineiigen Zwillingen getestet werden.

Therapie

- In der Therapie von Zwangsstörungen wird eine Mischung aus **medikamentöser und psychotherapeutischer Behandlung** empfohlen.
- Das Ziel ist das **Erlernen verschiedener Strategien,** um gegen die Zwangshandlungen und Zwangsgedanken ankämpfen zu können.
- Ebenso wichtig ist das **Herausfinden der Grundursache,** die oft familiär bedingt sein kann und sich auf ein traumatisches Erlebnis zurückführen lässt.
- Am effektivsten zeigen sich **verhaltenstherapeutische Maßnahmen,** die sich vor allem auf die Kontrolle des eigenen Körpers fokussieren.

Aufgabenstellung – „Zwangsstörungen"

- Wählen Sie eine Form von Zwangsstörung. Recherchieren Sie dazu im Internet und beschreiben Sie ein Fallbeispiel.

Die häufigsten Begleiterkrankungen einer Zwangsstörung sind Depressionen, Ängste und Phobien, Sucht und Abhängigkeit, Persönlichkeitsstörungen.

Borderline (engl.) = Grenzlinie.

Obwohl schon jüngere Menschen Symptome einer Borderline-Störung aufweisen können, kann sie erst ab dem 16. Lebensjahr diagnostiziert werden und beginnt in der Pubertät bzw. im frühen Erwachsenenalter.

Fallbeispiel: Borderline-Patientin

Sarah ist 26 Jahre alt und berichtet, dass sie seit ihrem 17. Lebensjahr häufig stark ausgeprägte Stimmungsschwankungen habe. Das Leben komme ihr leer und sinnlos vor und sie fühle sich aufgefressen von Selbstzweifeln. Zudem habe sie wiederholt Suizidgedanken. Ihre Partnerschaften empfinde sie als sehr intensiv und würde aber trotz ihrer Bemühungen immer wieder enttäuscht werden. Durch Alkohol und Medikamente habe sie versucht, dieser Gefühlslage entgegenzuwirken und landete des Öfteren in der Notfallambulanz. Außerdem zeigt sie ihre Narben von Schnittverletzungen und Brandwunden am Unterarm und Bauch.

Des Weiteren gibt es verschiedene **psychotherapeutische Ansätze,** die durch unterschiedliche Maßnahmen Betroffene beim Umgang mit ihren Symptomen unterstützen. Diese lernen Sie im Kapitel „Psychotherapie“, S. 83 ff., kennen.

5 Borderline-Störung

Diese Störung zählt zu den **Persönlichkeitsstörungen** und umfasst **Probleme bei der Regulierung von Gefühlen und Impulsen,** die sich zumeist in zwischenmenschlichen Beziehungen zeigen.

Symptome einer Borderline-Störung

- Die Betroffenen haben Angst, verlassen zu werden und/oder alleine zu sein und vermeiden aufgrund dessen jede Trennung.
- Zwischenmenschliche Beziehungen, die aus einem Wechsel von extremen Gefühlslagen wie Liebe und Hass bestehen.
- Die Betroffenen erleben ihre Identität je nach gesellschaftlichem Kontext unterschiedlich. Somit haben sie kein gefestigtes Identitäts- bzw. Selbstbild.
- Sie neigen zu starken **impulsiven Handlungen,** die vor allem ihnen selbst schaden können (z.B. Drogenmissbrauch, Essanfälle, riskantes Verhalten beim Autofahren und der Sexualität, unkontrollierte Geldausgaben).
- Mehr als die Hälfte aller Betroffenen verletzt sich durch **Schneiden oder Ritzen** der Haut selbst, wobei ebenso Suizidgedanken und versuchte Suizide vorkommen.
- Betroffene Personen weisen einen **sehr instabilen Gefühlszustand** auf (z. B. Wutausbrüche, Reizbarkeit, Ängstlichkeit).
- Menschen mit einer Borderline-Störung sind oft auf andere Personen angewiesen, da sie ein ständiges Gefühl von Leere empfinden und ohne Anweisungen und somit fehlender Orientierung nicht wissen, wer sie sind (dissoziative Zustände).
- Betroffene können ihre Wut(-ausbrüche) nur schwer kontrollieren, wobei diese dann sehr heftig und unberechenbar sind.
- Bei bestimmten Belastungen kann es zu einem **Realitätsverlust** kommen, der mit psychotischen Symptomen wie beispielsweise Halluzinationen einhergeht.

Therapie

Neben einer **medikamentösen Behandlung** ist es im **psychologischen Setting** wichtig, auf die verschiedenen Symptome der Borderline-Störung einzugehen.

Aufgrund der emotional instabilen Zustände sowie dem oftmals selbstzerstörerischen Verhalten von Borderline-Patientinnen und -Patienten ist es von großer Bedeutung, die Wahrnehmung eines positiven Selbstbilds anzustreben, Strategien zur Emotionsregulation zu entwickeln und an Fähigkeiten für eine gelungene Beziehung zu anderen Personen zu arbeiten.

Dennoch sind im Rahmen dieser Persönlichkeitsstörung **Medikamente** nur in seltenen Fällen wegzudenken, da nicht nur die Selbstgefährdung, sondern ebenso die oftmals komorbiden Störungen, wie Angst und Depression, zu behandeln sind.

Aha!
Etwa 78 Prozent aller Borderline-Patientinnen und -Patienten entwickeln während ihrer Erkrankung eine **Substanzabhängigkeit.**

6 Stress

„Stress ist ein Muster spezifischer und unspezifischer psychischer und körperlicher Reaktionen eines Individuums auf interne oder externe Reize, die das Gleichgewicht stören, die Fähigkeiten zur Bewältigung beanspruchen oder überschreiten und Anpassungsleistungen verlangen."

ZIMBARDO & GERRIG, 2004

Die Psychologie geht davon aus, dass Stress nicht nur negative, sondern ebenso positive Auswirkungen auf unsere körperliche und psychische Gesundheit haben kann.

Positiver versus negativer Stress

Negativer Stress – Distress

Verschiedene Anforderungen und Belastungen überfordern den menschlichen Organismus und können somit **destruktiv** (zerstörerisch) wirken. Die Reize, die den Stress verursachen, werden als **Stressoren** bezeichnet.

Beispiel
Lisa muss derzeit viele Überstunden leisten und steckt mitten im Hausbau mit ihrem Freund. Sie fühlt sich überfordert und hat mit Müdigkeit, Konzentrationsschwäche, Unruhe, Kopfschmerzen und Appetitlosigkeit zu kämpfen.

Positiver Stress – Eustress

Werden Anforderungen nicht als Belastungen wahrgenommen bzw. überfordern uns diese nicht, kann Stress ebenso **positive Auswirkungen** auf den Körper und die Psyche haben.

Beispiel
Daniel erhält von seinem Chef die Anweisung, in kürzester Zeit ein Projekt fertigzustellen. Anstatt mit Überforderung auf den Zeitdruck zu reagieren, reagiert Daniel mit Motivation und Freude. Nachdem er das Projekt zeitgerecht fertiggestellt hat, erhält er großes Lob von seinem Chef und Daniel fühlt sich bestätigt.

RICHARD S. LAZARUS (1922–2002) war ein amerikanischer Psychologe. Er entwickelte eine Theorie zur Stressbewältigung, die als Stressmodell von Lazarus seinen Namen trägt, und leistete Beiträge zur kognitiven Wende.

Stressmodell nach Lazarus

Dieses Modell sieht Stresssituationen als komplexe **Wechselwirkungsprozesse** zwischen den **Anforderungen der Situation** und der **handelnden Person.**

Im Gegensatz zu früheren Stresstheorien ging Lazarus davon aus, dass **nicht die (objektive) Beschaffenheit** der Reize oder Situationen für die Stressreaktion von Bedeutung sind, **sondern deren (subjektive) Bewertung** durch die betroffene Person: Menschen können für einen bestimmten Stressor höchst unterschiedlich anfällig sein; was für den einen Stress bedeutet, wird von einem anderen noch nicht als Stress empfunden.

Stressmodell nach Lazarus

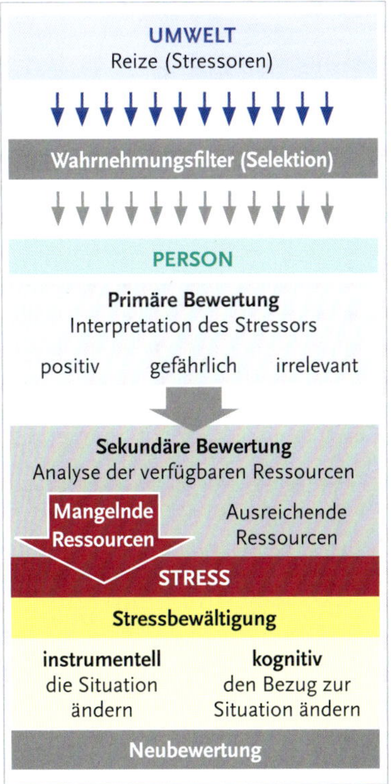

Stressbewältigung

Mithilfe verschiedener **Bewältigungsstrategien** können Stressoren zu Eustress transformiert werden. Ebenso können neue Strategien erlernt und bereits bekannte stabilisiert oder weiter verstärkt werden.

Methode der Stressbewältigung	Beschreibung
Akzeptanz	Grundvoraussetzung für den positiven Umgang mit Stressoren ist das Akzeptieren des Stresszustands.
Kommunikation	Mit vertrauten Personen über die Anforderungen/Belastungen zu sprechen kann zum einen die Akzeptanz gegenüber der Situation fördern und zum anderen zur Entwicklung neuer Bewältigungsstrategien beitragen.
Einstellung/Haltung	Da die Stresswahrnehmung hauptsächlich auf einer subjektiven Wahrnehmung basiert, kann durch entsprechenden positiven Zuspruch an sich selbst eine bessere Bewältigung hinsichtlich der Stresssituation gelingen. **Beispiel** „Ich kann und werde die Situation meistern“.
Sport und gesunde Ernährung	Stress wirkt sich zu 50 Prozent negativ auf den Körper auf. Zahlreiche Studien konnten belegen, dass sportliche Tätigkeit zu einer besseren Balance und somit einer höheren Verfügbarkeit von Ressourcen für die Bewältigung stressreicher Situationen beitragen kann. Ebenso wichtig ist eine gesunde Ernährung, damit ausreichend Energie zur Verfügung steht.
Zeitmanagement	Organisation ist vor allem beim Erzielen beruflicher Anforderungen das A und O. **Beispiel** To-To-Liste verfassen, Termine im Kalender markieren, Fixzeiten bestimmen
Entspannungstechniken	Sich von (alltäglichen) Stresssituationen besser lösen zu können, kann mithilfe der Anwendung verschiedener Entspannungstechniken sehr gut gelingen. **Beispiel** Traumreise, progressives Muskeltraining, Meditation, Gedankenstopp, autogenes Training
Psychohygiene	Nicht nur durch Entspannungstechniken kann der Körper Energie tanken. Ebenso wichtig sind verschiedene Faktoren, die im Alltag ausgeübt werden können, Spaß machen und die psychische Gesundheit fördern. Wichtig ist nur, diese Dinge bewusst auszuüben. **Beispiel** Musikhören, Tanzen, Singen, Malen, Lesen

Aufgabenstellung – „Stress“

- Welche Methode zur Stressbewältigung würden Sie am ehesten anwenden? Überlegen Sie, ob es noch andere Methoden gibt.

7 Burnout

Wie bereits im vorherigen Kapitel beschrieben, können langfristige Anforderungen und Belastungen in einer Überforderung münden. Grundsätzlich kann Burnout

- infolge von **speziellen Persönlichkeitsmerkmalen,** die in positive (z.B. Perfektionismus) und negative (z. B. geringe Belastbarkeit) Eigenschaften unterteilt werden können, und
- **speziellen Umweltbedingungen** (z. B. fehlende Unterstützung seitens der Vorgesetzten) entstehen.

Burnout (engl.) bedeutet übersetzt Ausbrennen und kann demnach als **Folge langfristiger Belastungen** gesehen werden. Die Störung entsteht zumeist infolge beruflich belastender Faktoren.

Freudenberg und North entwickelten 1992 ein Modell, das im Rahmen von zwölf aufeinanderfolgenden Stufen die **Entstehung von Burnout** aufzeigt.

12-Stufen-Modell nach Freudenberg & North

⚠ Zu beachten ist zum einen, dass die Stufen nicht zwingend von allen Betroffenen in der angeführten Reihenfolge durchlebt werden, sowie zum anderen, dass insbesondere die **letzten drei Stufen den kritischen Bereich** des Burnouts beschreiben.

1. **Stufe 1:** Der häufigste Einstiegsfaktor für Burnout ist der übertriebene Ehrgeiz, der langfristig und ohne Kontrolle zum Zwang wird, sich zu beweisen.
2. **Stufe 2:** Um diesem Zwang nachkommen zu können, kommt es zu verstärktem Einsatz, ohne einen Teil der Aufgaben abgeben zu wollen und diese so schnell wie möglich zu erfüllen.
3. **Stufe 3:** Der Zustand bzw. das Verhalten wird von den Betroffenen als normal empfunden. Da aber der verstärkte Einsatz keinen Raum für das Nachgehen eigener Bedürfnisse zulässt, werden sie vernachlässigt.
4. **Stufe 4:** Obwohl sich die Betroffenen über den aktuellen Zustand bewusst sind, verdrängen sie die eigenen Bedürfnisse und Konflikte.
5. **Stufe 5:** Auch für Angelegenheiten und Bedürfnisse außerhalb des Berufs wird keine Zeit mehr aufgewendet. Hierbei kommt es zu einer Umstrukturierung/Veränderung der bisher vertretenen Werte.
6. **Stufe 6:** Das Verleugnen der Probleme führt zur Abkapselung der Betroffenen von ihrer Umwelt.
7. **Stufe 7:** Im weiteren Verlauf ziehen sie sich vollständig zurück. Die Familie und Freunde werden als Belastung angesehen, wobei Betroffene diese Stufe zumeist als orientierungs- und hoffnungslos beschreiben.
8. **Stufe 8:** Für das Umfeld zeigt sich eine deutlich erkennbare Verhaltensänderung der Betroffenen. Sie weisen häufig eine Abwehrhaltung gegenüber Kritik auf, wirken apathisch, ziehen sich emotional vom Arbeitsgeschehen zurück und sind sehr unflexibel.
9. **Stufe 9:** Die Folgen dieser Verhaltensänderungen zeigen sich im Wahrnehmungsverlust der eigenen Person. Die Betroffenen sind depersonalisiert und sehen sich selbst als eine Maschine, die einfach funktioniert.
10. **Stufe 10:** Die Betroffenen fühlen sich nutzlos, ausgelaugt, ängstlich und empfinden nur noch **innere Leere.**
11. **Stufe 11:** Es entwickelt sich eine **Depression,** die zumeist von Suizidgedanken geprägt ist.
12. **Stufe 12:** Letztendlich kommt es zur **völligen Erschöpfung,** die mit einem körperlichen, psychischen und emotionalen Zusammenbruch einhergeht.

Therapie

Je nach Ausprägung stehen **zwei psychologisch-therapeutische Maßnahmen** im Vordergrund:

- Die erste Form bezieht sich auf das **Verhalten des Menschen** (z.B. Sozialkontakte pflegen, lernen abzuschalten, Arbeit und Freizeit voneinander trennen).
- Die zweite Form verfolgt eine **Verbesserung/Intervention der Arbeitsumgebung** (z. B. mehr Pausen einlegen, positives Feedback sowie individuelle Mitarbeitermotivation von den Vorgesetzten erhalten).

Welche Stufen können Ihres Erachtens nach in der Therapie die meisten Schwierigkeiten aufweisen?

8 Belastungen versus Ressourcen – Suchtprävention

Bei der Entstehung aller psychischer Krankheiten ist es wichtig, **Belastungen** und **Ressourcen gegenüberzustellen.** Je nach Ausprägung der verschiedenen Faktoren weist jeder Mensch eine unterschiedlich hohe/niedrige Anfälligkeit für die Entwicklung von psychischen Krankheiten auf.

Belastungen		Ressourcen	
Risikofaktoren		Schutzfaktoren	
intern	extern	intern	extern
■ (personenbezogene) Vulnerabilität	■ (umgebungsbezogene) Stressoren	■ angeborene Merkmale ■ erworbene Resilienzen	■ soziale Unterstützung

Vulnerabilität = Verletzlichkeit. Vulnerable Personen werden besonders leicht emotional verletzt.

Resilienz: Siehe dazu auch S. 97.

Auf welche unterschiedlichen Strategien würden Sie direkt in einer Krise sowie andernfalls nach der Krise zurückgreifen?

Resilienz

Die **psychische Widerstandsfähigkeit** wird in der Psychologie als **Resilienz** bezeichnet.

Vor allem in krisenhaften Situationen greifen die Betroffenen auf verschiedene **Strategien** zurück, um diese zu bewältigen. Konnten viele persönliche wie auch sozial vermittelte Ressourcen erworben werden, kann die Krisenbewältigung zwar ebenso mit psychischer Belastung einhergehen, diese endet aber zumeist nicht mit einem psychischen Krankheitsbild.

Die folgende Grafik zeigt die wichtigsten **Bausteine im Rahmen der Resilienz** auf:

Aufgabenstellungen – „Resilienz"

1. Überlegen Sie, welche Bausteine im Rahmen Ihrer Resilienz von großer Bedeutung sind.
2. Überlegen Sie sich zwei Risiko- sowie Schutzfaktoren, die sowohl intern als auch extern manifestiert sind.

KOMPETENZ-ERWERB

Ziele erreicht – „Psychische Erkrankungen“

1. Nennen Sie die Diagnosekriterien für eine Alkoholabhängigkeit.
2. Erläutern Sie verschiedene Folgen einer Alkoholabhängigkeit.
3. Erklären Sie die vier Schritte im Rahmen einer Drogenentwöhnung.
4. Beschreiben Sie das Tankmodell.
5. Nennen Sie Beispiele substanzungebundener Süchte.
6. Benennen Sie die Symptome der Bulimia nervosa. Weshalb spricht man in diesem Zusammenhang von einer Sucht. Was sind bekannte Ursachen dieser Erkrankung?
7. Erläutern Sie die unterschiedlichen Kriterien der Bulimia und Anorexia nervosa.
8. Erklären Sie, wie sich eine Zwangsstörung entwickelt.
9. Nennen Sie mögliche Ursachen einer Suchterkrankung und ordnen Sie diese entsprechend des Ursachendreiecks.
10. Da ein großer Teil der Ursachen für Drogenkonsum in der Persönlichkeit des Betroffenen selbst liegt, ist es für Eltern wichtig zu verstehen, wie sie ihr Kind schon vom Babyalter an bei der Entwicklung von Resilienz unterstützen können. Welche Verantwortung liegt hier bei den Eltern, langfristig eben auch als Drogenprävention?
11. Benennen Sie in Anlehnung an die zwölf Phasen der Entwicklung zum Burnout jene Symptome, die die Betroffenen erkennen können, um rechtzeitig der Entwicklung dieser Erschöpfung gegenzusteuern.
12. Erklären Sie die Auswirkungen von Stress auf den Organismus, nehmen Sie dabei das Stressmodell von Lazarus als Erklärungsmodell. Welche Formen von Stress-Prävention sind gefährdeten Menschen anzuraten?
13. **Fallbeispiel: Durch dick und dünn**

Die Hälfte bis zwei Drittel aller weiblichen Jugendlichen wollen abnehmen. 30 bis 45 Prozent machen gerade eine Diät, 4 bis 11 Prozent erbrechen regelmäßig und 4 bis 8 Prozent nehmen Appetitzügler. Aufgrund der Tatsache, dass immer mehr Mädchen von Magersucht betroffen sind, haben Sie ein Filmprojekt für Schulen in Auftrag gegeben, das die verschiedenen Formen von Essstörungen thematisieren soll.
Für dieses Unterrichtsvideo wurden vorab diverse Experten/Expertinnen und Therapeuten/Therapeutinnen interviewt. Die Fragen, die dabei gestellt wurden, sind im Folgenden angeführt. Nun liegt es an Ihnen, die Antworten der Befragten zusammenzufassen.

a) Geben Sie einen Überblick über die verschiedenen Formen von Esstörungen und zeigen Sie die jeweils typischen Symtpome auf.
Informieren Sie, welche Risikogruppen besonders betroffen sind und schildern Sie mögliche Warnzeichen für Essstörungen.

b) Woran können Jugendliche den Beginn einer Sucht erkennen? Beschreiben Sie die wesentlichen Merkmale der Sucht und gehen Sie anschließend auf das sogenannte Ursachendreieck ein.

c) In der Abbildung ist ein Plakat einer Modefirma zu sehen, das die magersüchtige Französin Isabelle Caro zeigt. Interpretieren Sie die Bedeutung und Absicht der Kampagne und argumentieren Sie, ob man eine Essstörung auch als Sucht bezeichnen kann.

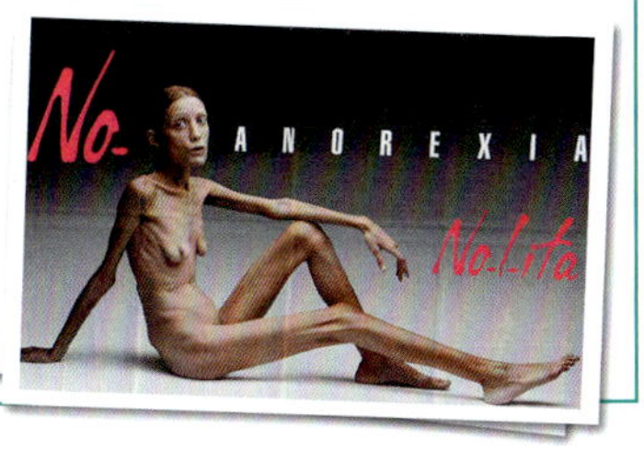

Psychologie des alten Menschen

Das „Phänomen des Alterns" gibt es nicht

Altern ist ein Vorgang, der nicht auf einen bestimmten Lebensabschnitt beschränkt ist.
Er beginnt ab der Geburt und verläuft bei verschiedenen Menschen in einem unterschiedlichen Tempo.
Der Alterungsprozess ist sehr komplex und wird von unterschiedlichen Faktoren beeinflusst. Dazu zählen Lebensbedingungen, Umweltfaktoren, genetische Veranlagung, Lebensschicksale und persönliche Lebensgewohnheiten. So können etwa gesunde Ernährung, regelmäßige Bewegung oder Nichtrauchen dazu beitragen, Gesundheit, Wohlbefinden und körperliche Leistungsfähigkeit möglichst lange zu erhalten.

In Österreich kann von einer **Alterung der Bevölkerung** gesprochen werden, d.h., die Geburtenrate ist unter die Sterberate gesunken und immer mehr alte Menschen werden Teil unserer Gesellschaft.

Nicht nur hygienische Maßnahmen, sondern auch verbesserte Lebens- und Arbeitsbedingungen sind Gründe für den Anstieg der Lebenserwartung der Österreicherinnen und Österreicher. Diesen Aspekten zufolge werden Ihnen im folgenden Kapitel die wichtigsten Inhalte hinsichtlich der Psychologie des alten Menschen nähergebracht.

KOMPETENZ-ERWERB

Meine Ziele

Nach Bearbeitung dieses Kapitels kann ich

- die vier Formen des Alterns beschreiben;
- verschiedene Modelle des Alterungsprozesses erklären;
- den Teilbereich Gerontopsychiatrie definieren;
- die wichtigsten Punkte der Demenzerkrankung sowie therapeutische Maßnahmen erläutern.

1 Formen des Alterns

Definition des Alterns

Menschen können das gleiche Alter aufweisen, unterscheiden sich aber hinsichtlich ihrer körperlichen und kognitiven Leistungsfähigkeiten. Demnach können in der Psychologie folgende Begriffe des Alterns voneinander differenziert werden:

- **Biologisches Altern** kann anhand des körperlichen Entwicklungszustandes gemessen werden, d. h. wie alt eine Person aufgrund ihres aktuellen Gesundheitszustandes erscheint.
- **Chronologisches Altern** bezieht sich nur auf die Zeitangabe (die Anzahl der Jahre, die eine Person gelebt hat) und kann somit nichts über das biologische Altern, d.h. den körperlichen Alterszustand, aussagen.
- **Das psychologische Altern** lässt sich nach dem geistigen Funktionsgrad sowie der Orientierungsfähigkeit im Lebensraum einschätzen.

Wie wird Alter periodisiert?

35–65 Jahre
Mittleres Erwachsenenalter

↓

65–80 Jahre
Höheres Erwachsenenalter

↓

Ab 80 Jahren
Hohes Alter

Vier Formen des Alterns

Normales Altern

- Orientiert sich an den typischen und durchschnittlichen Entwicklungsverläufen aller Überlebenden der jeweiligen Altersgruppe.
- Kann nur ohne chronische Krankheit stattfinden.
- Kommt bei einer Minderheit der über 95-Jährigen vor.

Pathologisches Altern

- Geht mit Krankheiten wie z.B. Diabetes, Alzheimer-Demenz und Erkrankungen des Herz-Kreislauf-Systems einher.
- Abgrenzung zu normalem Altern ist sehr schwierig.

Differentielles Altern

- Verschiedene Personen altern in unterschiedlicher Weise.
- Großer Unterschied hinsichtlich kognitiver Leistungsfähigkeit vom jungen zum hohen Erwachsenenalter.

Erfolgreiches Altern

Wird mithilfe objektiver Faktoren und subjektiver Kriterien erfasst.

Wie wird erfolgreiches Altern bewertet?

Objektive Faktoren (z.B. Gesundheit und Langlebigkeit) sowie subjektive Indikatoren (z.B. Wohlbefinden und Lebenszufriedenheit) stellen Kriterien für die Einschätzung erfolgreichen Alterns dar. Wichtig ist im Rahmen des erfolgreichen Alterns, die Wert- und Zielorientierung der alternden Person zu berücksichtigen.

Berücksichtigung von individuellen Wert- und Zielorientierungen		Objektive Lebensbedingungen	
		positiv	**negativ**
Subjektive Lebensbewertung	**positiv**	Die Glücklichen	Paradox des subjektiven Wohlbefindens
	negativ	Dilemma der Unzufriedenheit	Die Benachteiligten

Beispiele zum erfolgreichen Altern

- Anna Huber bewertet ihr Leben subjektiv als positiv. Ebenso können ihre objektiven Lebensbedingungen als positiv beurteilt werden. Somit kann Anna der Kategorie der „Glücklichen" zugeteilt werden.
- Karl Herzog hingegen bewertet zwar sein Leben als positiv, objektiv gesehen sind aber seine Lebensbedingungen negativ einzustufen. Daraus folgt ein Paradox des subjektiven Wohlbefindens, da die beiden Beurteilungen widersprüchlich sind.

Aufgabenstellung – „Erfolgreiches Altern"

- Überlegen Sie sich entsprechend der Grafik des erfolgreichen Alterns ein eigenes Beispiel.

2 Modelle des Alterns

PAUL B. BALTES (1939–2006) war ein deutscher Psychologe und zählt bis heute zu den bekanntesten Gerontologen weltweit. Hinsichtlich des erfolgreichen Alterns spielt sein SOK-Modell in der Psychologie eine wichtige Rolle.

Das **SOK-Modell** der Entwicklungsregulation bezieht sich auf das **erfolgreiche Altern,** welches immer von **objektiven und subjektiven Kriterien der Lebenszufriedenheit** bestimmt wird.

PAUL BALTES hat sein SOK-Modell am **Beispiel des Pianisten Arthur Rubinstein erklärt:** „Der spielte im Alter weniger Stücke (Selektion), übte sie besonders gründlich (Optimierung) und verlangsamte sein Tempo vor schnellen Passagen so, dass die nachfolgenden Läufe im Kontrast besonders schnell wirkten (Kompensation)."

Das SOK-Modell	
Selektion	▪ Es werden geeignete Ziele ausgewählt, die über die gesamte Lebensspanne wirken. Das heißt, wenn frühere Leistungen nicht mehr erreicht werden können, kann durch die Reduktion gewisser Bereiche die Leistung für eine reduzierte Anzahl ausreichen. ▪ Es muss nicht zwingend weniger Leistung in einem Bereich erbracht werden, sondern es kann ebenso ein neuer Bereich gewählt werden.
Optimierung	▪ Damit die Leistungsfähigkeit erhalten bleibt, findet eine Optimierung statt. ▪ Diese kann beispielsweise infolge von gezieltem oder regelmäßigem Training gewisser Tätigkeiten vollzogen werden. Somit kann auch während des Alterns eine persönliche Weiterentwicklung stattfinden.
Kompensation	▪ Anders als bei der Selektion wird bei dieser Stufe versucht, die vorhandenen Defizite zu kompensieren. ▪ Die angewandten Hilfsmittel können die Defizite entweder reduzieren oder ganz beheben, sodass die gleiche Leistung erbracht werden kann.

Aha!
Alle drei Prozesse wirken nicht nur im höheren Alter, sondern über die gesamte Lebensspanne zusammen. Ziel ist zum einen die **Maximierung von Gewinnen** und zum anderen die **gleichzeitige Minimierung von Verlusten.**

Das kritisierte **Defizitmodell** geht davon aus, dass altersbedingte Defizite weder vermieden noch behoben werden können.

Das Defizitmodell

Bei diesem Modell stehen die **vermeintlichen Schwächen** von Menschen im Mittelpunkt. Es geht davon aus, dass alternde Menschen konstant an Leistungsfähigkeit verlieren und damit einhergehend sowohl **physische als auch kognitive Defizite** aufweisen.

Alte Menschen können weiterhin an neuen Aufgaben geistig wachsen, wenn sie sich entsprechend mit der Umwelt auseinandersetzen.

Kritik am Modell

Kritiker/innen zeigten, dass das Leistungspotenzial lediglich langsamer wird, aber trotzdem gleich bleiben kann. Obwohl sich die Leistungsfähigkeit im Kindes- und Jugendalter (erste Phase) entwickelt, im frühen Erwachsenenalter (zweite Phase) ihren Höhepunkt findet und danach (dritte Phase) wieder sinkt, kann von keiner einheitlichen Qualität geistiger Fähigkeiten in allen Lebensphasen gesprochen werden. Demnach konnten sie die Theorie des Defizitmodells widerlegen.

Grund hierfür liefern Forschungen zu **flüssiger und kristalliner Intelligenz:**

- **Junge Erwachsene** verfügen über mehr flüssige Intelligenz, das heißt, sie können schnell neue Aufgaben und Problemsituationen lösen.
- Bei **älteren Menschen nimmt die kristalline Intelligenz zu,** die auf Erfahrungs- und Allgemeinwissen sowie Sprachverständnis basiert.

Ist immer wieder eine Auseinandersetzung mit der Umwelt vorhanden, kann die kristalline Intelligenz weiterhin wachsen und die vorhandenen Defizite im Rahmen der flüssigen Intelligenz kompensieren.

Die Aktivitätstheorie

Da sich im höheren Alter das Funktionsniveau verschiedener Bereiche verändert und ebenso andere Rollen eingenommen werden, kann dies mit einer **Einschränkung des Aktivitätsradius** einhergehen, der sich negativ auf den **Selbstwert** auswirken kann. Demnach besagt die Aktivitätstheorie, dass durch die aktive Teilnahme am gesellschaftlichen Leben dieser Entwicklung entgegengewirkt werden kann.

Ein **zufriedenstellendes Leben** kann erreicht werden, wenn ältere Menschen

- aktiv Einfluss auf ihr soziales Umfeld haben,
- ihre Leistungsfähigkeit dadurch erhalten bleibt und
- sie gesellschaftsbedingte nutzvolle Funktionen übernehmen können.

Die Aktivitätstheorie nimmt an, dass erfolgreiches Altern von aktiver Teilnahme und dem Gefühl, gebraucht zu werden, bestimmt wird.

Eine aktive Beziehung zwischen den Generationen ist eine Bereicherung für alle Beteiligten.

Die Disengagement-Theorie

Anders als die Aktivitätstheorie besagt die Disengagement-Theorie, dass sich Menschen im hohen Alter von **gesellschaftlichen Aufgaben und Verpflichtungen zurückziehen,** damit der Wunsch nach Ruhe und Zufriedenheit erfüllt werden kann. Laut dieser Theorie würde die Auseinandersetzung mit dem Tod nur dann gelingen, wenn keine aktive Teilnahme am Leben stattfinde.

Kritiker/innen meinen aber, dass dieser Prozess schnell zur **Isolation** älterer Menschen führen kann, die erhebliche negative Folgen nach sich zieht.

Die **Disengagement-Theorie** besagt, dass die Reduktion sozialer Kontakte mit zunehmender Freiheit und somit dem Ziel des erfolgreichen Alterns verbunden ist.

Aha!
Beide Theorien – die Aktivitätstheorie und die Disengagement-Theorie – sind je nach Rolle, Situation und Persönlichkeit der älteren Menschen verschieden und können sich demzufolge unterschiedlich auswirken.

Das Kompetenzmodell

Dieses Altersmodell versucht keinen Vergleich zu den Leistungen jüngerer Personen zu schaffen, sondern orientiert sich an **Entwicklungschancen und Möglichkeiten** älterer Menschen.

Jeder Mensch besitzt gewisse Fähigkeiten zu geistiger und körperlicher Entwicklung, die durch wiederholte Ausübung verschiedener Tätigkeiten (z.B. Gymnastik, Gedächtnisübungen etc.) trainiert werden können. Der soziale Rückzug kann durch Beschäftigung, Aufgaben und Verantwortung in der Gesellschaft vermieden werden.

Studien belegen, dass eine aktive und anregungsreiche Lebensgestaltung im Alter einen positiven Einfluss auf die intellektuellen Leistungen hat.

Aha!
Laut **Kompetenzmodell** können ältere Menschen bewusst auswählen, in welche Lebensbereiche sie ihre Energie investieren. Art und Umfang ihrer Aktivität richten sich nach der körperlichen und geistigen Verfassung.

Die häufigsten **Todesursachen** in den **OECD-Staaten** stellen Herz-Kreislauf-Erkrankungen dar. Neueren Studien zufolge konnten geschlechtsspezifische Unterschiede hinsichtlich der Todesursachen festgestellt werden. Diese umfassen bei den Männern Lungenkrebs und bei den Frauen demenzinduzierte Todesfälle.

3 Gerontopsychiatrie

Die Gerontopsychiatrie beschreibt einen Teilbereich der Psychiatrie. Sie setzt sich mit Menschen **ab dem 60. Lebensjahr** und deren **psychischen Erkrankungen** auseinander, wobei jene Krankheiten im Zentrum stehen, die erst in späteren Lebensphasen auftreten.

Demenz

Die Demenz zählt zu den Hauptkrankheitsbildern in der Gerontopsychiatrie. Grundsätzlich beschreibt sie den **erworbenen und längerfristig anhaltenden Abbau intellektueller Leistungen bei Erhaltung sensorischer und motorischer Fertigkeiten.** Die Ursachen variieren je nach Form der Demenz.

Aha!
Störungen aufgrund einer Demenzerkrankung können sich in folgenden Bereichen zeigen: **Sprache, Denken, Orientierung, Auffassung, Rechnen, Gedächtnis, Lernfähigkeit, Urteilsvermögen.**

Formen der Demenz nach ICD-10	
Demenz bei Alzheimer-Krankheit	▪ Ist die am häufigsten diagnostizierte Form von Demenz. ▪ Tritt bei 60 bis 80 Prozent aller Personen mit Demenz auf. ▪ Entwickelt sich zumeist ab dem 65. Lebensjahr.
Vaskuläre Demenz	▪ Ist die zweithäufigste Form der Demenz. ▪ Entsteht aufgrund von Gefäßveränderungen. ▪ Häufigste Ursache sind Schlaganfälle.
Lewy-Körperchen-Demenz	▪ Tritt zumeist gemeinsam mit einer Parkinson-Störung auf. ▪ Optische und akustische Halluzinationen treten als Symptome schon sehr früh im Krankheitsverlauf auf.
Frontotemporale Demenz	▪ Entsteht vor dem 60. Lebensjahr. ▪ Gedächtnisleistung ist eher weniger betroffen. ▪ Durch Veränderungen der Persönlichkeit und des Sozialverhaltens erkennbar.

Aha!
Da sich die meisten Betroffenen in einem höheren Alter befinden, kann die Diagnose durch verschiedene körperliche Erkrankungen erschwert werden. Es ist wichtig, eine psychische Störung von normalen Altersveränderungen, die mit körperlichen und/oder geistigen Veränderungen einhergehen können, zu unterscheiden.

Zahlen & Statistiken zu Demenz

Demenzfälle nehmen weltweit zu

Geschätzte Anzahl der Demenzkranken (in Millionen)

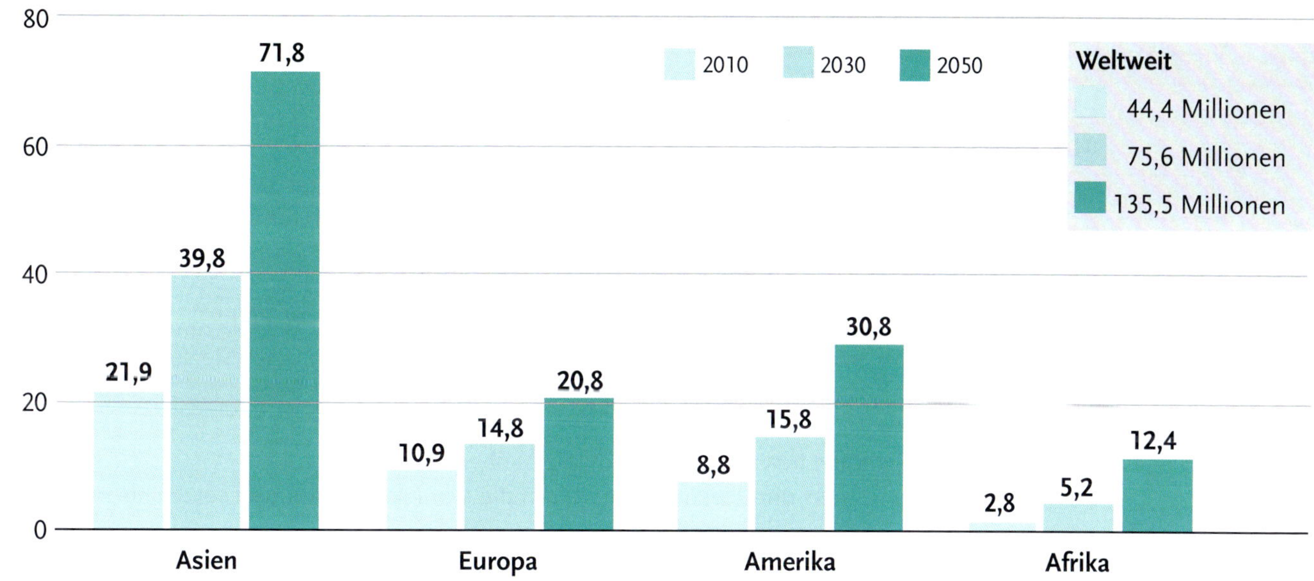

Quelle: Alzheimer's Disease International (ADI) 2019

- Ca. 100 000 Betroffene in Österreich
- Schätzungen zufolge wird die Zahl bis zum Jahr 2050 auf 230 000 Betroffene ansteigen.
- Für die Versorgung von Demenzerkrankten wird in Österreich jährlich etwa eine Milliarde Euro ausgegeben, wobei 75 Prozent nicht-medizinische Kosten abdecken.
- Täglich 900 neue Demenzerkrankungen in Österreich, Deutschland und der Schweiz
- Betroffen sind mit 68 Prozent großteils Frauen.

Therapeutische Maßnahmen

Auch wenn Demenzerkrankungen nicht heilbar sind, können neben der medikamentösen Behandlung ebenso therapeutische Maßnahmen von Vorteil sein, wie:

- Verhaltenstherapie
- Kognitives Training
- Ergotherapie
- Autobiografische Arbeit
- Musiktherapie

Therapeutische Maßnahmen bei Demenzerkrankungen sind hilfreich bei der Bewältigung der Folgen.

Umgang mit älteren Menschen

Im Umgang mit älteren Menschen ist es von großer Bedeutung, sich mit den jeweiligen Lebensumständen, Krankheiten und individuellen Bedürfnissen der Betroffenen vertraut zu machen.

Nicht nur im therapeutischen Setting, sondern auch im familiären Kontext sind folgende **Faktoren hinsichtlich eines wertvollen Umgangs** mit älteren Menschen wünschenswert:

- Respekt
- Nötige Hilfestellung
- Einfühlungsvermögen
- Akzeptanz gegenüber ihrem Verhalten
- Geduld

Aha!
Das Ziel aller Therapien liegt darin, den betroffenen Personen so lange wie möglich ein eigenständiges und selbstbestimmtes Leben zu ermöglichen.

Tipps für den Umgang mit Demenzkranken

Veränderungen vermeiden
Routinen und strukturierte Tagesabläufe geben dem Patienten/der Patientin im Alltag Sicherheit.

Überfordern Sie den Patienten/die Patientin nicht
Es ist wichtig, den Patienten/die Patientin in Alltagsroutinen einzubauen, kleine Aufgaben zu geben, um den Selbstwert zu fördern.

Verzichten Sie auf logisches Argumentieren
Diskussionen führen zu nichts, Nachgeben und die Gefühlswelt des Erkrankten zu akzeptieren ist das wichtigste Verhalten, das Sie selbst an den Tag legen können.

Ruhe bewahren und geduldig bleiben
Stress und Hektik verunsichern die erkrankte Person und setzen sie nur noch mehr unter Druck.

Bleiben Sie wertschätzend
Obwohl an Demenz erkrankte Menschen sich mitunter wie „Kinder benehmen", denken Sie immer daran: sie haben eine lange Biografie hinter sich und sind erwachsene Menschen.

Sprache anpassen
Sprechen Sie möglichst in kurzen, einfachen Sätzen.

Das Wohlbefinden des Patienten/der Patientin im Auge behalten
Animieren Sie, aber befehlen Sie nicht! Sorgen Sie für eine gesunde Ernährung, die Einnahme von Medikamenten, ausreichende Flüssigkeitszufuhr und regelmäßige Arztbesuche.

www.demenz-portal.at

Ziele erreicht – „Psychologie des alten Menschen"

KOMPETENZ-ERWERB

1. Kennzeichnen Sie die vier Formen des Alterns.
2. Beschreiben Sie das SOK-Modell mit den dazugehörigen Phasen.
3. Erläutern Sie weitere Modelle des Alterns.
4. Definieren Sie den Begriff „Gerontopsychiatrie".
5. Nennen Sie Kriterien für den richtigen Umgang mit älteren Menschen. Welche sind Ihrer Meinung am wichtigsten?
6. Führen Sie an, welche Belastungen Ihrer Meinung nach für Angehörige von Demenzpatienten und -patientinnen entstehen können. Welche Strategien würden Sie den Angehörigen diesbezüglich vorschlagen?

Gewalt in der Familie

Die Gewalt in der Familie, auch als häusliche Gewalt bezeichnet, kann in unterschiedlichen Formen auftreten, die zumeist gravierende Auswirkungen haben.

In diesem Kapitel werden Ihnen neben den verschiedenen Formen und Ursachen von Gewalt wichtige Informationen hinsichtlich der Gewalt an Frauen und gegenüber Kindern nähergebracht. Zudem werden Sie wichtige psychologisch-therapeutische Maßnahmen gegen Gewalt kennenlernen.

Heute spricht man auch von „Gewalt im sozialen Nahraum", weil die Gewalt nicht immer unmittelbar in der Familie vorkommt, sondern in den Beziehungen im Sozialraum der Betroffenen.

Meine Ziele

KOMPETENZ-ERWERB

Nach Bearbeitung dieses Kapitels kann ich

- physische und psychische Gewalt voneinander unterscheiden sowie auch andere Arten von Gewalt nennen;
- die Ursachen von Gewalt anhand verschiedener Ansätze erklären;
- therapeutische Ansätze sowie präventive Strategien für Frauen und Kinder, die gewaltsamen Erfahrungen ausgesetzt waren, beschreiben;
- zu den Themen Gewalt an Frauen und gegenüber Kindern Stellung nehmen.

1 Formen von Gewalt

Aha!
Jede Gewaltform stellt eine körperliche und/oder seelische Verletzung des Menschen dar und richtet sich gegen Menschenrechte und Grundfreiheiten.

Personale Gewalt – Strukturelle Gewalt

<table>
<tr><th colspan="2">Personale Gewalt
Geht von einzelnen Täterinnen/Tätern aus und richtet sich gegen Personen und/oder Sachwerte</th><th rowspan="2">Strukturelle Gewalt
Kann keinen konkreten Täterinnen/Tätern zugeschrieben werden, sondern ist die Folge von gesellschaftlichen Bedingungen</th></tr>
<tr><th>Physische Gewalt</th><th>Psychische Gewalt</th></tr>
<tr><td>Beispiele
▪ Absichtliche Verletzung
▪ Freiheitsberaubung
▪ Sexueller Missbrauch
▪ Vergewaltigung
▪ Sachbeschädigung
▪ Diebstahl
▪ Vandalismus</td><td>Beispiele
▪ Beleidigungen
▪ Beschimpfungen
▪ Erniedrigungen
▪ Drohungen
▪ Diskriminierung
▪ Ausgrenzung
▪ Einschüchterung</td><td>Beispiele
▪ Ungleiche Verteilung von Einkommen
▪ Ungleiche Bildungschancen
▪ Ausgrenzung von Personengruppen
▪ Wohlstandsgefälle zwischen der Ersten und der Dritten Welt</td></tr>
</table>

Weitere Formen von Gewalt

- **Soziale Gewalt** (z.B. starke Kontrolle von Kontakten zu anderen, Überprüfung des Handys, der E-Mails etc.)
- **Sexualisierte Gewalt** (z.B. Vergewaltigung)
- **Stalking/Cyber-Stalking** (z.B. Nachstellen, Beobachten, Verfolgen einer Person)
- **Mobbing** (z. B: Bloßstellen einer Person im Internet)

Instrumentelle Gewalt – Expressive Gewalt

Instrumentelle Gewalt meint ein aggressives Verhalten, das die Gewalt als Instrument zur Problemlösung heranzieht, indem beispielsweise bei einem Streit ein Gegenstand zerstört wird. Das gewalttätige Verhalten wird **bewusst geplant,** damit ein bestimmtes Ziel verfolgt werden kann und ist somit **zweckgerichtet.**

Expressive Gewalt wird angewandt, um sich beispielsweise durch Tabubrüche eine erhöhte Aufmerksamkeit zu sichern. Sie entsteht zumeist **ungeplant,** als Reaktion auf Frustration oder Provokation und wird von den Emotionen bestimmt. Die angebliche Einzigartigkeit des Täters/der Täterin soll infolge der expressiven Gewalt unterstrichen werden und dient somit der **Selbstdarstellung.**

Aufgabenstellungen – „Formen von Gewalt"

1. Definieren Sie physische und psychische Gewalt mit eigenen Worten.
2. Wählen Sie eine Form von psychischer Gewalt aus (z. B. Mobbing):
   a) Entwickeln Sie ein Fallbeispiel.
   b) Nennen Sie mögliche Motive der Täter/innen.
   c) Recherchieren Sie, wie die Opfer sich wehren können.
   d) Welche rechtlichen Folgen gibt es für die Täter/innen?

2 Ursachen von Gewalt

Je nach Erklärungsmodell liegen der Entstehung von Gewalt verschiedene Ursachen zugrunde. Nachstehend werden Ihnen die wichtigsten Ansätze näher erläutert:

Erklärungsansätze		Kritik
Personenzentrierte Theorie		
Psychopathologischer Ansatz	Die Ursache liegt in den individuellen Eigenschaften der Täter/innen, wie Persönlichkeitsstörungen, Intelligenzdefizite und charakterliche Auffälligkeiten.	▪ Gewalt in der Familie kann nicht nur auf Persönlichkeitseigenschaften zurückgeführt werden. ▪ Die Täter/innen werden aufgrund dieser Theorie von ihrer Schuld freigesprochen. ▪ Zumeist wird die Verantwortung den Opfern zugeschrieben.
Sozialpsychologische Theorien		
Soziale Lerntheorie	Aufgrund von Erfahrungen in der Kindheit neigen Täter/innen dazu, Gewalt gegenüber anderen anzuwenden. Nach dieser Theorie basiert die Ursache auf erlerntem Verhalten.	Kann nur durch beobachtbares Verhalten erklärt werden.
Stresstheorie	Gewalthandlungen sind umso wahrscheinlicher, desto mehr stressbedingte Situationen und Ereignisse in einer Familie herrschen.	▪ Studien zufolge sind Frauen häufiger Stress ausgesetzt als Männer, wenden aber weniger Gewalt an. ▪ Objektive Stressfaktoren können nicht einheitlich als Ursache für gewalttätige Handlungen gelten.
Soziokulturelle und soziostrukturelle Theorien		
Ressourcentheoretischer Ansatz	Gewalt wird angewandt, um bestimmte Ziele zu verfolgen, beispielsweise um bestimmte Rollen aufrechtzuerhalten oder eine übergeordnete Position zu verdeutlichen.	Wird vor allem von Feministinnen in Frage gestellt, da die Abhängigkeit von Frauen diesbezüglich einen Risikofaktor darstellt.
Systemtheoretischer Ansatz	Die Familie wird als System betrachtet, das sich von der Umwelt differenziert. Wichtig ist, wie innerhalb sowie außerhalb des Systems auf die Gewalt reagiert wird.	Fehlende empirische Nachweise
Feministischer und patriarchatskritischer Ansatz	Die Ursache liegt in den ungleichen Geschlechterverhältnissen zwischen Mann und Frau.	Gesellschaftlicher Wandel sowie zunehmende Gleichstellung zwischen den Geschlechtern wird nicht berücksichtigt.

Psychopathologie ist die Wissenschaft und Lehre von der krankhaften Veränderung des Seelenlebens und ist ein weiteres Teilgebiet der klinischen Psychologie und Psychiatrie.

Patriarchat = Gesellschaftsordnung, bei der der Mann eine bevorzugte Stellung im Staat und in der Familie innehat.

3 Gewalt an Frauen

Gemeinsam mit der Agentur Draftfcb Partners hat der Verein Wiener Frauenhäuser die Werbekampagne „Wenn der Partner die Kontrolle übernimmt“ kreiert und betroffene Frauen in den Mittelpunkt gestellt.

Zahlen zur Gewalt an Frauen und Mädchen in Österreich

- Jede fünfte Frau – also 20 Prozent der Frauen – ist ab ihrem 15. Lebensjahr körperlicher und/oder sexueller Gewalt ausgesetzt.
- Jede 3. Frau wird ab dem 15. Lebensjahr sexuell belästigt.
- 2018 wurden 8 076 Betretungsverbote der Polizei verhängt.
- Jede 7. Frau ist ab dem 15. Lebensjahr von Stalking betroffen.
- Rund 84 Prozent der Opfer häuslicher Gewalt sind Frauen, wobei 91 Prozent der Täter männlich sind.
- 2018 gab es laut polizeilicher Kriminalstatistik 41 Morde an Frauen.

Quelle: AÖF, Autonome Österreichische Frauenhäuser

Auslöser von Gewalt

Den meisten Gewalttaten gegen Frauen gehen **Konflikte** voraus, die das Alltagsleben betreffen:

- Besitzansprüche des Mannes
- Eifersucht
- Anspruch auf Dominanz
- Macht und Kontrollverhalten
- Erwartungen bzw. Uneinigkeit bezüglich der Hausarbeit und finanzieller Ressourcen
- Sexuelle Ansprüche
- Meinungsverschiedenheiten über die Erziehung und Betreuung von Kindern

Statistiken zufolge spielen soziale Schicht, Bildungsstand, Einkommen, Alter und kultureller Hintergrund bei der Gewalt an Frauen keine Rolle. Jede Frau – ob in einer Ehe, Lebensgemeinschaft oder gleichgeschlechtlichen Partnerschaft – kann gleichermaßen von häuslicher Gewalt betroffen sein.

Frauenhäuser

- Das **erste Frauenhaus wurde 1971 in London** gegründet. Ziel war es schon in den 1970er- und 1980er-Jahren, Frauen, die häuslicher Gewalt ausgeliefert waren, Schutz und Unterstützung zu gewährleisten.
- In den darauffolgenden Jahren wurden weitere Frauenhäuser in Deutschland und den Niederlanden errichtet.
- Am **1. November 1978** eröffnete das **erste Wiener Frauenhaus,** das in kürzester Zeit überfüllt war. Bis 2013 fanden dort ca. 14 000 Frauen und 13 500 Kinder Schutz.
- Insgesamt gibt es heute 30 Frauenhäuser in Österreich.

Wussten Sie, dass ...
43 Prozent aller Frauen in Frauenhäusern zu ihrem gewalttätigen Partner zurückkehren?

Ambivalenz = Zustand psychischer Zerrissenheit; Zwiespältigkeit.

Therapie

In den verschiedenen Einrichtungen kann der **Zusammenarbeit mit Therapeutinnen und Therapeuten** eine hohe Bedeutung zugeschrieben werden. Da die Frauen paradoxerweise in vielen Fällen zu ihrem Partner zurückwollen, ist im therapeutischen Setting die **Zeit** die wichtigste Komponente.

Das Umfeld der Betroffenen kann den Wunsch bzw. die Ambivalenz dieser zumeist nicht verstehen. Somit besteht die Aufgabe der Therapeutin/des Therapeuten darin, dies zu respektieren, die Frauen aber Stück für Stück immer mehr zu stärken und bestmöglich zu unterstützen. Das Ziel liegt darin, keine Schritte gegen den Willen der Frauen zu unternehmen, sondern gemeinsam Strategien zu entwickeln, die Sicherheit liefern und Selbstkontrolle ermöglichen.

Anti-Gewalt-Training für Männer

Das Anti-Gewalt-Training ist für Männer, die bereits gewalttätige Handlungen ausgeübt haben und/oder dafür gefährdet sind, gemacht. Der richtige Umgang mit Gefühlen sowie das Erlernen neuer Strategien zur Konfliktlösung stehen hierbei im Zentrum. Die Gruppen bestehen aus sechs bis zwölf Personen und werden von erfahrenen Therapeuten geleitet.

Des Weiteren umfasst das Training folgende Programmpunkte:

- Ursachen von Gewalt verstehen zu lernen
- Aggression und Gewalt voneinander unterscheiden zu können
- Frühwarnsignale zu erkennen
- Ärger/Wut wahrzunehmen und verarbeiten zu können
- Grenzen zu setzen und lernen, sich ohne Gewalt zu verteidigen

Seit 1999 führt die Wiener Interventionsstelle gemeinsam mit der Männerberatung Wien das **Anti-Gewalt-Training** durch. Es handelt sich dabei um das einzige Täterprogramm in Österreich, das nach internationalen Standards konzipiert ist.

Aufgabenstellung – „Gewalt an Frauen“

- Versuchen Sie eine Erklärung zu finden, warum sich viele Frauen von ihrem Partner, der ihnen gegenüber gewalttätig ist, nicht trennen können.

4 Gewalt gegenüber Kindern

Kinder erfahren weltweit und in allen sozialen Schichten Gewalt in unterschiedlichen Formen. Am häufigsten wird sie nach wie vor als „Erziehungsmittel“ eingesetzt und in Form von **psychischer und physischer Form** ausgeübt.

Formen von Gewalt	
Vernachlässigung	Die Kinder werden von den Eltern/Betreuungspersonen unzureichend ernährt, gepflegt, gefördert, beaufsichtigt, gesundheitlich versorgt und/oder vor Gefahren beschützt.
Körperliche Misshandlung	Die Kinder werden durch gewaltsame Handlungen, wie z. B. Schläge, Stöße, Schütteln und/oder Verbrennungen, körperlich verletzt.
Sexueller Missbrauch	■ Die Kinder werden in eine sexuelle Handlung miteinbezogen, für die sie entwicklungsmäßig noch nicht reif sind. ■ Es werden soziale und rechtliche gesellschaftliche Normen/Gesetze verletzt.

Gewaltverbot in der Erziehung
Seit 1989 ist in Österreich Gewalt in der Erziehung verboten, 2011 wurde das Gewaltverbot sogar in den Verfassungsrang gehoben. Durch das Gesetz ist es Eltern untersagt, jegliche Gewalt als Erziehungsmittel anzuwenden und dem Kind körperliche oder seelische Leiden zuzufügen, was Artikel 19 der Kinderrechtskonvention entspricht.
In der Realität sieht es leider anders aus: Noch immer wissen Studien zufolge 30 Prozent der Eltern über das Gewaltverbot in der Erziehung nicht Bescheid; die Hälfte gibt zu, ihre Kinder mit „leichten, körperlichen Strafen“ wie Ohrfeigen zu erziehen. Weltweit haben lediglich 39 Länder alle Formen der Gewalt gegen Kinder verboten.

www.ecpat.at

Intervention

Hinsichtlich der therapeutischen Maßnahmen stellt **umfangreiches Wissen über Gewalt gegenüber Kindern** seitens des Therapeuten/der Therapeutin eine große Voraussetzung für eine gelungene Therapie dar.

Bei schwerem Verdacht bzw. bestätigtem sexuellen Kindesmissbrauch wird in Österreich so schnell als möglich das **Jugendamt** eingeschaltet, damit der Kontakt zum/zur Täterin unterbrochen werden kann. (Siehe dazu Kap. „2 Kinder- und Jugendhilfe", S.158)

Dennoch ist bei nicht so schwerwiegendem Verdacht die **Strategie des „Nicht-Hinsehens"** der Gesellschaft allzu bekannt. Da empirische Daten zu therapeutischen Maßnahmen wie auch hinsichtlich der Dunkelziffer von Kindesmissbrauch aufgrund ethnischer und moralischer Gegebenheiten nur schwierig zu finden sind, kann diesem Dilemma bis heute nur schwer entgegengewirkt werden.

Prävention

Verschiedene Einrichtungen und Jugendämter fokussieren sich vorrangig auf **präventive Maßnahmen,** die sowohl auf Täter/innen als auch auf Opfer abgestimmt sind:

Maßnahme	Beschreibung
Opferorientierte Prävention	Sie setzt bereits im Kindergarten an. ■ Im Kontext verschiedener Aufgaben sollen Kinder lernen, sich selbst besser wahrzunehmen und vor allem normalen von sexuellem Körperkontakt zu unterscheiden. ■ Ein weiterer Punkt des Konzepts liegt darin, Kindern beizubringen, sich an vertraute Erwachsene zu wenden, damit jegliche Vorfälle, die ohne Einwilligung des Kindes passieren, sofort gemeldet werden können.
Täterorientierte Prävention	■ Dabei liegt der Fokus zum einen auf männlichen Opfern, die bereits sexuelle Gewalterfahrungen durchlebten und zum anderen auf jugendlichen Tätern. ■ Bei beiden Gruppen ist eine präventive Behandlung insofern von großer Bedeutung, als dass ihre Erfahrungen nicht an jemand anderem wiederholt werden bzw. das bereits getätigte Verhalten verfestigt wird.

Die **individuelle Prävention,** die bei den Kindern und Jugendlichen sowie deren Betreuungspersonen durch Sensibilisierung und Wissensvermittlung beginnt, ist ein wichtiger Schritt zur Verhinderung von sexuellen Übergriffen.

Ziele erreicht – „Gewalt in der Familie"

KOMPETENZ-ERWERB

1. Erläutern Sie verschiedene Formen von Gewalt.
2. Beschreiben Sie die Ursachen zur Entstehung von Gewalt nach einem der drei angeführten Erklärungsansätze.
3. Kennzeichnen Sie therapeutische Maßnahmen sowie die Programmpunkte des Anti-Gewalt-Trainings.
4. Benennen Sie die Formen der Kindesmisshandlung.
5. Erklären Sie den Unterschied zwischen täter- und opferorientierter Prävention.

Krisen und deren Verarbeitung

Der Begriff Krise bezeichnet eine schwierige und belastende Lebenssituation.

Jeder Mensch durchlebt während seines Lebens verschiedene Krisen, z. B. infolge einer Trennung, einer schweren Erkrankung, des Arbeitsplatzverlustes oder eines Todesfalls. Krisen sind ein unvermeidbarer Bestandteil unseres Lebens.

Wie geht man mit Krisen um?
Lebenskrisen und unangenehme Veränderungen werfen uns oftmals aus der Bahn. Wir wissen nicht, wie wir mit der Veränderung umgehen sollen. Gleichzeitig können Lebenskrisen aber auch eine Chance sein.

Wie Krisen entstehen und welche Arten einer Krise voneinander unterschieden werden können, wird Ihnen in diesem Kapitel nähergebracht.

Meine Ziele

KOMPETENZ-ERWERB

Nach Bearbeitung dieses Kapitels kann ich

- die Arten, die Entstehung sowie den Verlauf einer Krise erläutern;
- den Begriff Coping definieren;
- verschiedene Copingstrategien anhand von Fallbeispielen anwenden;
- das BELLA-Konzept nach Sonneck beschreiben;
- das Krisen-Modell von Schuchardt erklären.

1 Arten und Entstehung von Krisen

„Wenn alles gegen dich zu sein scheint, dann erinnere dich, dass ein Flugzeug nur gegen den Wind abhebt und nicht mit dem Wind."

HENRY FORD (1863–1947)

Was versteht man unter einer Krise?

Eine Krise kann allgemein dadurch beschrieben werden, dass eine Person in einer problematischen Situation keine passende Lösung entwickeln kann, um diese zu bewältigen.

Charakteristische Merkmale einer Krise

- Eine Krise ist ein Zustand psychischer Belastung, der sich von der normalen Befindlichkeit stark unterscheidet.
- Krisen entstehen überraschend/akut und können mit Verlusten verbunden sein, die bisherige Ziele und Werte infrage stellen.
- Gefühle wie Angst und Hilflosigkeit werden ausgelöst und eine schnelle Entscheidung wird erwartet.
- Gewohnte Verhaltensweisen müssen aufgegeben und zumeist durch unpassende Verhaltensmuster ersetzt werden.
- Die Krise und die damit einhergehende veränderte Situation verlangt nach einer Lösung, die mit den bisher erworbenen Strategien nicht erreicht werden kann.

⚠ Jede Krise stellt ein **zeitlich befristetes Ereignis** dar und kann mit einer **akuten Überforderung** der Betroffenen verbunden werden.

Zwei Arten von Krisen können voneinander unterschieden werden:

Veränderungskrise (Caplan, 1964)	Traumatische Krise (Cullberg, 1978)
Tritt vorhersehbar auf, wenn entwicklungsbedingt größere Veränderungen anstehen und diese für die Betroffenen übermäßig schwierig erscheinen und Angst auslösen.	Entsteht aufgrund von plötzlichen und unvorhergesehenen Schicksalsschlägen.
Beispiele: Pubertät, Verlassen des Elternhauses, Heirat, Geburt eines Kindes, Ablösung der Kinder, Pensionierung	**Beispiele:** Krankheit, Gewalt, Tod eines nahestehenden Menschen, Trennung, Missbrauch, Naturkatastrophen

Krisenverlauf

CAPLAN und CULLBERG beschreiben eine Krise wie folgt:

„als den Verlust des seelischen Gleichgewichts, den ein Mensch verspürt, wenn er mit Ereignissen und Lebensumständen konfrontiert wird, die er im Augenblick nicht bewältigen kann, weil sie von der Art und dem Ausmaß her seine durch frühere Erfahrungen erworbenen Fähigkeiten und erprobten Hilfsmittel zur Erreichung wichtiger Lebensziele oder zur Bewältigung seiner Lebenssituation überfordern."

Die beiden nachstehenden Grafiken stellen **zwei verschiedene Modelle des Krisenverlaufs** dar, wobei die erste Grafik mit Veränderungskrisen und die zweite mit traumatischen Krisen verbunden werden kann.

Krisenverlauf nach Caplan (Veränderungskrisen)

Phase 1
Konfrontation mit dem Ereignis

Phase 2
Die Lösung misslingt und das Gefühl des Versagens entsteht.

Phase 3
Die Mobilisierung aller Bewältigungsstrategien führt zu:

Lösung/Bewältigung	Rückzug und Resignation

Phase 4
Vollbild der Krise
(Innere Lähmung tritt auf und/oder kopflose Aktivitäten werden ausgeführt)

GERALD CAPLAN (*1938)

Wird bei der **dritten Phase** der Weg des Rückzugs mit Resignation gewählt, kann von einer **Chronifizierungsgefahr** ausgegangen werden; d. h., die Verhaltensweisen manifestieren (verfestigen) sich und die Betroffenen können diese nur schwer ablegen.

Krisenverlauf nach Cullberg (traumatische Krisen)

Phase 1
Schockphase
(Betäubender Zustand oder überschießende Aktivitäten)

Phase 2
Reaktionsphase
(Konfrontation mit der Realität sowie der Versuch, sie zu integrieren)

Phase 3
Bearbeitungsphase
(Träume und Vergangenheit sollen gelöst werden)

Phase 4
Neuorientierung
(Wiederherstellung des Selbstwertgefühls und sozialer Beziehungen)

JOHAN CULLBERG (1934–2022)

Nach Cullbergs Modell können in der **zweiten Phase** (Reaktionsphase) ebenso folgende Gefahren auftreten:

- Chronifizierung
- Neurotisierung (= Entstehung von Neurosen)
- Fixierung

2 Coping

Was heißt Coping?
Coping kann in der Psychologie als die Gesamtheit aller Bemühungen und Anstrengungen eines Menschen verstanden werden, eine belastende oder überfordernde Situation zu bewältigen.

Coping (engl. „to cope") = „zurechtkommen" oder „mit etwas fertig werden".

Beim Coping handelt es sich nicht um eine erfolgreich angewandte Bewältigungsstrategie, sondern um die **Bemühungen der Person, selbst** mit der entsprechenden Situation klarzukommen.

Siehe dazu Stressmodell von Lazarus, „6 Stress", S. 57.

Verschiedene Ansätze von Coping

Problemorientiertes Coping

Die betroffene Person versucht, durch direkte Handlungen oder auch das Unterlassen von Handlungen, die kritische Situation zu überwinden oder sich an die Gegebenheiten anzupassen.

- **Internales Coping:** Bewältigung durch Veränderung des Menschen selbst oder seines Verhaltens.
- **Externales Coping:** Bewältigung durch Veränderung der Umgebung/der anderen.

Bewältigungsstrategien
Arbeitsstrategie ändern, neue Kompetenzen erwerben, sich mit dem/der Konfliktpartner/in aussprechen, einen Experten/eine Expertin zuhilfe ziehen

Beispiel
Bei Termindruck wird versucht, die Ursachen zu beseitigen, also unwichtigere Termine werden gestrichen oder Aufgaben abgegeben.

Emotionsorientiertes Coping

Die betroffene Person versucht, hauptsächlich die emotionale Befindlichkeit zu verbessern. Die positive Regulierung der Emotionen steht hier im Vordergrund:

- Ein positive Selbstwert,
- die Stabilisierung des emotionalen Gleichgewichts und/oder
- die Weiterführung zwischenmenschlicher Beziehungen
- sollen wiederhergestellt bzw. erreicht werden.

Bewältigungsstrategien
Entspannungsübungen, Ablenkung, Neudefinition der Stresssituation

Beispiel
Bei Termindruck wird statt „Ich habe drei Tage lang nichts gemacht und nur noch vier Tage Zeit" gedacht: „Ich habe noch vier Tage, in denen ich noch viel erreichen kann".

Coping nach Lazarus

Neben seinem Stressmodell setzt sich LAZARUS mit dem Thema Coping auseinander. In seiner Theorie nennt er zum einen emotionsorientierte Strategien sowie zum anderen verschiedene Faktoren, welche die jeweilige Coping-Reaktion des Menschen beeinflussen.

Aufgaben/Strategien des Coping

- Schädliche Umweltbedingungen sollen reduziert sowie die Aussicht auf Verbesserung/Erholung ermöglicht werden.
- Die negativen Ereignisse/Umstände sollen ertragbar werden bzw. soll sich der Organismus an sie anpassen.
- Die Aufrechterhaltung eines positiven Selbstbilds soll gegeben sein.
- Die Sicherung eines emotionalen Gleichgewichts soll gewährleistet werden.
- Die (positiven) Beziehungen zu anderen Menschen sollen fortgesetzt werden können.

Beeinflussende Faktoren/Coping-Reaktionen

- Allgemeiner Gesundheitszustand
- Ausmaß der psychischen und physischen Gesundheit
- Der jeweilige Bereich, von dem die Anforderungen ausgehen bzw. der von diesen betroffen ist
- Zeitfaktor
- Frühere Erfolge/Misserfolge bei bereits erlebten ähnlichen Anforderungen
- Grad der subjektiven Bedeutsamkeit, d. h. das Ausmaß, in dem das Ereignis sowie dessen Bewältigung für die Person selbst von Bedeutung sind

Copingstrategien im Überblick

Die Psychoanalytikerin und Professorin für Psychologie, Inge Seiffge-Krenke, entwickelte 1995 einen **Ansatz für Copingstrategien,** der sich – anders als Lazarus Idee, problemorientiertes von emotionsorientiertem Coping zu unterscheiden – in **drei Dimensionen** untergliedern lässt.

Coping-Strategien von Jugendlichen zur Problembewältigung

Aktives Coping (problemgerichtetes rationales Handeln)	Internales Coping (Arbeit an der inneren Einstellung zum Problem)	Rückzug (Vermeidung der Problembewältigung)
▪ Ich suche Informationen in unterschiedlichen Medien (Internet, Zeitungen, Büchern). ▪ Ich versuche mit der betroffenen Person zu sprechen. ▪ Ich versuche, das Problem mithilfe von Freunden zu lösen. ▪ Ich diskutiere das Problem mit meinen Eltern oder anderen Erwachsenen. ▪ Ich versuche, Hilfe und Trost von Personen zu bekommen, die in einer ähnlichen Situation sind.	▪ Ich akzeptiere meine Grenzen. ▪ Ich mache Kompromisse. ▪ Ich denke über das Problem nach und versuche, verschiedene Lösungen zu finden. ▪ Ich versuche, mich auf das schlimmste Szenario vorzubereiten.	▪ Ich tue so, als ob alles in Ordnung wäre. ▪ Ich versuche, nicht an das Problem zu denken. ▪ Ich ziehe mich zurück, da ich der Meinung bin, dass ich nichts ändern kann. ▪ Ich versuche, das Problem mit Alkohol und Drogen zu „vergessen.“

Inge Seiffge-Krenke (*1948)

Ursprünglich wurde der dreidimensionale Ansatz vor allem im Umgang mit Jugendlichen und Stress verwendet. Er findet aber bis heute ebenso bei Erwachsenen in verschiedenen kritischen Lebenslagen hohen Zuspruch.

Zu den **positiven Copingstrategien** gehören solche, die eine Bewältigung des Problems im positiven Sinne ermöglichen, z. B. professionelle Beratung, Sport etc.

Durch **negative Copingstrategien** werden die Probleme zwar zu lösen versucht, jedoch durch ein anderes neues ersetzt (kompensiert), z. B. Alkohol, Drogen, Nägelkauen etc.

Aufgabenstellungen – „Coping“

1. Überlegen Sie sich jeweils ein Beispiel für das problemorientierte und das emotionsorientierte Coping.

2. Sie haben erfahren, dass Ihr bester Freund/Ihre beste Freundin ein Geheimnis, das Sie ihm/ihr anvertraut haben, ausgeplaudert hat. Wie würden Sie direkt in dieser Situation handeln? Wie würden Sie nach der Situation handeln? Denken Sie an die Coping-Strategien von Seiffge-Krenke: Welche Strategien würden Sie anwenden?

GERNOT SONNECK (*1942) ist ein österreichischer Arzt und Psychotherapeut und war Vorstandsvorsitzender des Kriseninterventionszentrums in Wien.

3 BELLA-Konzept

Das BELLA-Konzept von GERNOT SONNECK stellt einen **Ablaufplan für das Vorgehen in einer Krisenintervention** dar. Allgemein kann von einer Krisenintervention gesprochen werden, wenn eine kurzfristige Einflussnahme von außen herrscht. Sie wird dann eingesetzt, wenn eine Situation für die Betroffenen oder das soziale System bedrohlich wird.

Aha!
In der psychologischen und psychotherapeutischen Behandlung ist eines der wichtigsten Kriterien, den Patienten/die Patientin sowie seine/ihre Aussagen nicht zu bewerten!

Das **Ziel einer Krisenintervention** besteht darin, langfristigen Folgen vorzubeugen, indem Stabilität wiedererlangt wird. Am häufigsten wird sie im Umgang mit suizidgefährdeten Personen eingesetzt.

BELLA-Konzept nach Sonneck (1997)

	Worauf sollte ich achten?
B **Beziehung aufbauen**	■ Die betroffene Person so akzeptieren, wie sie ist ■ Signalisieren, dass ich mit ihr/ihm sprechen möchte ■ Wertfrei argumentieren ■ Nicht argumentierend diskutieren ■ Mir meiner eigenen Gefühle bewusst sein
E **Erfassen der Situation**	**Fragen stellen über:** ■ Ereignisse, Situation ■ Physisches Empfinden (z.B. Schlaf, Schmerzen) ■ Psychisches Empfinden (z.B. Gefühle, Denkfähigkeit, Selbstwert) ■ Frühere ähnliche Ereignisse/Zustände ■ Derzeitige Fähigkeiten und Möglichkeiten, die Situation zu bewältigen (z.B. Aktivität, soziale Integration) ■ Gefahren bezüglich der Gesundheit, des Lebens und/oder der betroffenen Person selbst
L **Linderung von Symptomen**	■ Dabei helfen, die aktuellen Signale als Warnsignale des Körpers zu realisieren ■ Ermutigen, Gefühle zuzulassen ■ Probleme klar definieren ■ Ängste bei den Lösungswegen diskutieren ■ Stresszustände mit passenden Strategien/Methoden abbauen
L **Leute einbeziehen, die unterstützen**	■ Soziale Ressourcen, die für die Bewältigung der Krise/Situation förderlich sind, aktivieren ■ Den Umgang mit den entsprechenden zwischenmenschlichen Beziehungen und Personen fördern
A **Ansatz zur Problembewältigung finden**	■ An bisherigen Lösungsstrategien anknüpfen ■ Hilfestellung bei wichtigen Entscheidungen bieten ■ Das Problem noch genauer definieren und den Fokus auf das Wesentliche lenken ■ Konkreten Handlungsplan erstellen

Welchem Schritt des BELLA-Konzepts von Sonneck schreiben Sie für sich persönlich die höchste Bedeutung zu?

4 Modell nach Schuchardt

Die deutsche Professorin für Bildungsforschung und Erwachsenenbildung ERIKA SCHUCHARDT entwickelte 1985 ein Modell, das den **Verlauf von seelischen Krisen** darstellt.

Das Modell besteht aus drei Stadien mit insgesamt acht Phasen:

- Im **Eingangsstadium** (Phasen 1–2) ist es für die Betroffenen wichtig, sich vor den starken und zumeist negativen Gefühlen zu schützen. Sie sollen lernen, sich ihrer Gefühle bewusst zu werden, diese als „normal" zu bewerten und infolgedessen zu akzeptieren. Somit spielen in diesem Stadium Entlastung und Ruhe eine wichtige Rolle, damit
- im **Durchgangsstadium** (Phasen 3–5) die intensiven Gefühle wahrgenommen und der Verlust (von einer Person oder einer Fähigkeit) anerkannt werden können.
- Das **Zielstadium** (Phasen 6–8) fokussiert anschließend nur noch die Gegenwart und Zukunft.

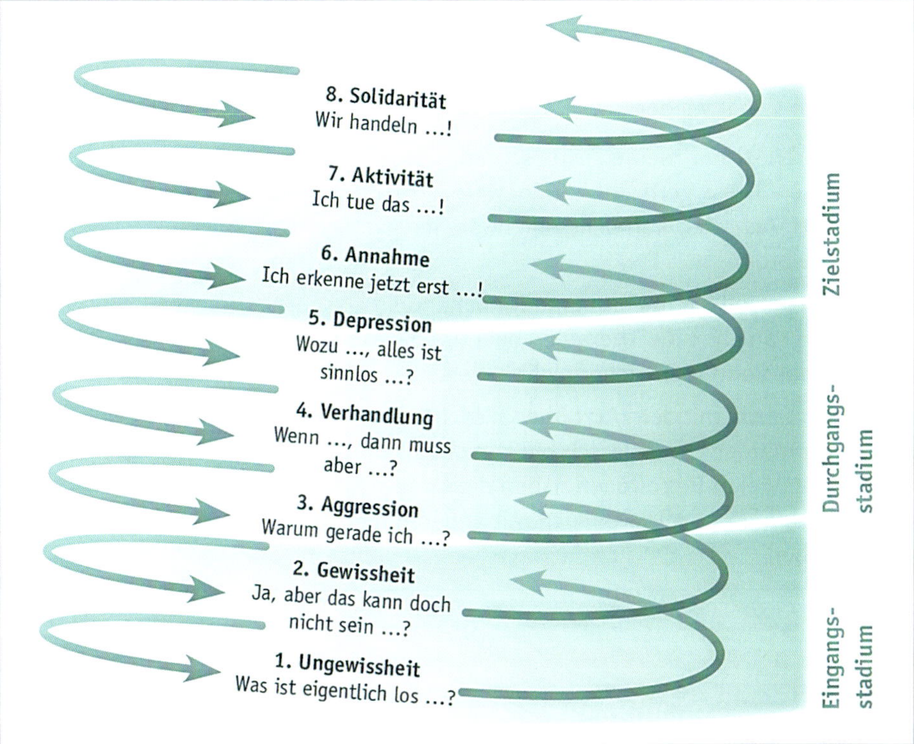

Aha!

Durch dieses Modell können ebenso

- Auf- und Abstiege,
- blockierende und widersprüchliche Erfahrungen während einzelner Etappen der Krisenbewältigung,
- eine mögliche Unabgeschlossenheit einer Phase oder auch
- Überlagerungen von Phasen sowie
- unterschiedliche Geschwindigkeiten des Phasendurchlaufs

aufgezeigt werden.

ERIKA SCHUCHARDT (* 1940), beschreibt nach der Analyse von über 2 000 von ihr recherchierten Lebensgeschichten einen Phasenverlauf des individuellen Krisenverarbeitungsprozesses. Hinsichtlich der seelischen Krisen orientierte sie sich bei ihren Untersuchungen an Behinderungen und schweren Krankheiten.

Das Modell nach SCHUCHARDT wird heute vor allem im Kontext von Trauer- und Krisenbewältigung eingesetzt und ist bekannt unter der Bezeichnung **„Krisenspirale oder Trauerspirale"**.

Warum denken Sie, dass Schuchardt die Phasen sechs bis acht dem Zielstadium III zuordnet?

Aufgabenstellung – „Modell nach Schuchardt“

- Ordnen Sie folgende Äußerungen den einzelnen Stufen zu:

Äußerung	Stufe
a) Ich habe Krebs.	
b) Wenn ich damals nur besser auf meine Ernährung geachtet hätte, hätte ich heute keinen Krebs.	
c) Wenn ich gesund werde, spende ich 1.000 Euro an die Krebshilfe.	
d) Vielleicht haben die im Labor meine Daten verwechselt und alles ist nur ein Irrtum.	
e) Das kann doch nicht wahr sein.	
f) Irgendetwas stimmt nicht: Ich bin ständig müde. Aber das gibt sich sicher wieder.	
g) Daran ist nur meine Firma schuld. Wenn die mir dort nicht so einen Stress gemacht hätten, wäre ich schon viel früher zum Arzt. Ach was, wahrscheinlich wäre ich gar nicht erst so krankt geworden.	
h) Wieso soll ich mich überhaupt behandeln lassen? Wahrscheinlich sprechen die Therapien bei mir sowieso nicht an. Meinen Krebs kann man sicher nicht heilen.	
i) Ich werde mit dem Arzt über alles sprechen und dann starten wir mit der Therapie. Ich bin ja nicht allein mit meiner Krankheit. Vielen Betroffenen haben die Ärzte schon geholfen. Vielleicht hilft es mir, wenn ich mit anderen rede, die auch Krebs haben.	

Ziele erreicht – „Krisen und deren Verarbeitung“

KOMPETENZ-ERWERB

1. Beschreiben Sie die charakteristischen Merkmale, die eine Krise beschreiben.
2. Stellen Sie den Krisenverlauf nach Caplan jenem nach Cullberg gegenüber.
3. Führen Sie verschiedene Beispiele zu den drei Copingstrategien nach Seiffge-Krenke an.
4. Kennzeichnen Sie die acht Phasen des Modells nach Schuchardt.
5. Beschreiben Sie das BELLA-System und in diesem Zusammenhang die Arten von Krisen. Was sollten auch Laien bedenken, wenn sie Krisenintervention vor Ort betreiben?
6. Diskutieren Sie in der Klasse, welche Gefahren beim Einsatz negativer Copingstrategien entstehen können.
7. Führen Sie an, welche Gefahren beim Einsatz negativer Copingstrategien entstehen. Erklären Sie in diesem Zusammenhang auch den Begriff der Resilienz und die Entstehung von hoher Resilienz. Beenden Sie Ihre Ausführungen mit der Erklärung, wo Prävention im Umgang mit Stress ansetzen kann.

Psychotherapie

Leiden Menschen unter seelischen Problemen, ist eine Psychotherapie von großem Nutzen. Studien belegen, dass das Reden mit einer Vertrauensperson die Situation zumeist verbessern kann, wohingegen das Nicht-darüber-sprechen negative Auswirkungen nach sich ziehen kann.

In diesem Kapitel lernen Sie vier wichtige psychotherapeutische Schulen sowie ihre Techniken und Methoden kennen.

Die **Psychotherapie** umfasst verschiedene therapeutische Verfahren zur Behandlung von seelischen Erkrankungen. Eine Psychotherapie hilft nicht nur bei psychischen Störungen, sondern auch bei körperlichen Beschwerden, die von der Psyche beeinflusst werden. Im Zentrum einer Psychotherapie stehen Gespräche zwischen Therapeut/in und Patient/in.

Meine Ziele

KOMPETENZERWERB

Nach Bearbeitung dieses Kapitels kann ich
- die Entstehung und die wichtigsten Inhalte der Psychotherapie beschreiben;
- die Unterschiede der tiefenpsychologischen Psychologie erklären;
- die Grundsätze der verhaltenstherapeutischen Richtungen nennen;
- die Ziele der humanistischen Richtungen erläutern;
- die Kriterien der systemischen Richtungen nennen.

Das Wort **Psychotherapie** kommt aus dem Griechischen und setzt sich zusammen aus „psyche" (Seele) und „therapeia" (Behandlung).

1 Psychotherapeutische Schulen

Die Psychotherapie umfasst gezielte professionelle Behandlungen von psychischen oder psychisch bedingten körperlichen Störungen mithilfe von psychologischen Mitteln. Wie in der Therapie vorgegangen wird und welche Methoden verwendet werden, hängt von jeweiligen **psychotherapeutischen Schulen** ab.

Es können vier Richtungen unterschieden werden:

Tiefenpsychologische Richtungen	Verhaltenstherapeutische Richtungen	Humanistische Richtungen	Systemische Richtungen
Grundannahme ist, dass unter der Oberfläche des Bewusstseins unbewusste Prozesse in der Psyche ablaufen, die eine erhebliche Wirkung auf das individuelle Erleben und Verhalten und die Entwicklung der Persönlichkeit haben.	Gehen davon aus, dass alles Verhalten erlernt ist und auch wieder verlernt werden kann.	Betrachten den Menschen als Ganzes. Gehen davon aus, dass der Mensch eine angeborene Selbstverwirklichungstendenz besitzt, die unter günstigen Umständen für eine Weiterentwicklung und Reife der Persönlichkeit sorgt.	Das Individuum wird nicht isoliert gesehen, sondern als Teil eines Beziehungssystems. Alle Teile eines Systems stehen wechselseitig in Beziehung und beeinflussen einander gegenseitig.

2 Tiefenpsychologische Richtungen

Es sind drei tiefenpsychologische Theorien voneinander zu unterscheiden:

- die **Psychoanalyse** von SIGMUND FREUD,
- die **Individualpsychologie** von ALFRED ADLER und
- die **analytische Psychologie** von CARL GUSTAV JUNG.

2.1 Sigmund Freud

SIGMUND FREUD (1856–1939); fast ein halbes Jahrhundert lang wohnte und arbeitete Freud in Wien, im Haus Berggasse 19 (heute ein Museum). Er musste 1938 nach dem „Anschluss" Österreichs an Nazideutschland nach London emigrieren, wo er sein letztes Lebensjahr verbrachte.

Der Neurologe und Psychiater SIGMUND FREUD gilt mit seiner Form der **Psychoanalyse** als Begründer der Psychotherapie. 1895 beschäftigte er sich gemeinsam mit dem Arzt JOSEPH BREUER mit Studien über die Hysterie. FREUD, der zuvor nur die Hypnose als Behandlungsart kennengelernt hatte, wandte sich bei seinem bekannten Fall der Anna O. von dieser Methode ab und entwickelte eine neue Technik – die **freie Assoziation.**

Bei dieser Art der Behandlung war es seiner Patientin erlaubt, ihre Gedanken frei laufen zu lassen. FREUD war der Meinung, dass es nur mit der Technik der freien Assoziation möglich sei, an das Unbewusste zu gelangen, welches eben diese Reaktionen einer Hysterie auslösen würde.

Mit der **Erkenntnis des Unbewussten** konzentrierte sich FREUD auf die **Traumdeutung.** Er ging davon aus, dass all das Unbewusste auf sexuellen Phantasien beruhen würde, die sich gegen gesellschaftliche Normen stellen. Somit sprach er von einem Konflikt zwischen den Wünschen einer Person und den Verboten anderer.

Bei seiner **Theorie der Psychoanalyse** verweist FREUD auf **drei wichtige Instanzen,** welche die menschliche Psyche definieren:

- Das **„Es"** liegt vollständig im Unbewussten. Es umfasst alle angeborenen Triebe (z. B. Nahrungstrieb, Sexualtrieb) sowie verdrängte Erlebnisse, Wünsche, Denkweisen etc. Es folgt dem **Lustprinzip,** d. h., es drängt auf unmittelbare Bedürfnisbefriedigung ohne rationale Prüfung und ohne Rücksichtnahme auf die Grenzen der Umwelt, auf ethische Normen u. a. m.
- Das **„Ich"** (das Bewusste) handelt nach dem **Realitätsprinzip.** Es stimmt die Triebe des „Es" auf die aktuelle Situation der Außenwelt (Realität) ab, wägt zwischen Bedürfnissen und Folgen der Handlungen ab, sucht Lösungen und trifft Entscheidungen.
- Das **„Über-Ich"** hingegen ist zwar nicht bewusst, aber dem Bewussten zugänglich und kann als die Stimme des Gewissens beschrieben werden. Es stellt das ideale Selbstbild dar.

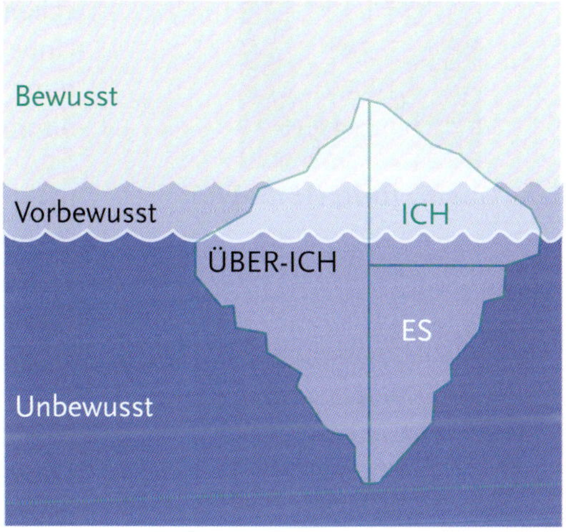

Mindestens zwei Instanzen befinden sich nach FREUD ständig im Streit: Das „Es" fordert anderes als das „Über-Ich". Das „Ich" versucht Anforderungen der beiden anderen mit den Möglichkeiten der Realität in Einklang zu bringen. Wenn zu großes **Ungleichgewicht** herrscht, kommt es zu **seelischen Konflikten** (Scham-, Schuld-Minderwertigkeitsgefühl etc.).

ADLER und JUNG waren Schüler FREUDS. Nach Auffassungsunterschieden entwickelten die beiden eigene Theorien für die Psychotherapie.

Aha!
Die Psychoanalyse prägte viele weitere psychotherapeutische Richtungen und findet bis heute großen Zuspruch.

2.2 Alfred Adler

Der österreichische Arzt und Psychotherapeut ALFRED ADLER entwickelte im Jahr 1907 seine eigene Theorie – die **Individualpsychologie.** Der Name der Theorie lässt sich auf Adlers Idee zurückführen, die besagt, dass jeder Mensch in seiner Praxis mit seinen psychischen und physischen Erfahrungen als **unwiederholbar-einmaliges (individuelles) Ganzes** gesehen werden kann.

ALFRED ADLER (1870–1937); nachdem die Beziehung zu Freud im Jahr 1912 endgültig auseinanderbrach, gründete er eine Gesellschaft mit dem späteren Namen „Österreichischer Verein für Individualpsychologie". 1920 wurde ADLER zum Direktor der ersten Klinik für Kinderpsychologie ernannt.

Hinsichtlich der Persönlichkeitsentwicklung meinte ADLER ebenso wie FREUD, dass diese ihren Ursprung in der frühen Kindheit findet und unterschied darauf aufbauend **vier Persönlichkeitstypen:**

- der Herrschende
- der Vermeidende
- der Selbstsüchtige
- der Sozial-Nützliche

ADLER führte den Begriff der **Organminderwertigkeit** ein, die besagt, dass durch die mangelhafte Ausbildung von Organen/Organsystemen das Individuum vor eine Aufgabe gestellt wird: die Kompensation. Wenn diese misslingt, kann die Entstehung einer Neurose die Folge sein.

Aha!
ADLER konnte zeigen, dass die Individualität der Menschen wie auch ihre Lebensgeschichten immer berücksichtigt werden sollten und setzte somit bis heute eines der wichtigsten Kriterien in der psychotherapeutischen Behandlung.

CARL GUSTAV JUNG (1875–1961)

„Ich erachte es für die vornehmste Aufgabe der Psychotherapie in unserer Gegenwart, unentwegt dem Ziel der Entwicklung des Einzelnen zu dienen."
CARL GUSTAV JUNG

C.G. JUNG entwickelte verschiedene **Archetypen.** Diese bezeichnen die bei allen Menschen vorhandenen Wirkfaktoren des Unbewussten, welche das menschliche Verhalten und Bewusstsein beeinflussen und können sozusagen als Schlüssel zum Unbewussten gesehen werden.

2.3 Carl Gustav Jung

Der Schweizer Psychiater CARL GUSTAV JUNG entwickelte die Theorie zur **analytischen Psychologie,** die sich zwar ähnlich wie die Freudsche Psychoanalyse auf das Unbewusste konzentrierte, aber trotzdem von ihr unterscheidet. Er war der Meinung, dass das Unbewusste einen größeren Einfluss auf die menschliche Psyche nimmt als das Bewusste.

JUNG beschreibt **vier psychische Grundfunktionen:** Empfinden, Denken, Fühlen und Intuition. In jedem Menschen ist die eine oder andere dieser Funktionen besonders ausgeprägt. Wenn jemand beispielsweise impulsiv ist, ist das gemäß JUNG darauf zurückzuführen, dass die Funktionen Intuition und Empfinden stärker sind als die des Fühlens und des Denkens.

Des Weiteren unterschied er **zwei grundlegende Persönlichkeitstypen – die Extraversion** und die **Introversion.** Introvertierte Menschen sind laut JUNG diejenigen, die es vorziehen, sich „in sich selbst zurückzuziehen" und ihre Aufmerksamkeit und Bemühungen darauf zu richten, ihr eigenes mentales Leben zu erkunden. Andererseits ist die extravertierte Persönlichkeit dadurch gekennzeichnet, dass sie ein größeres Interesse daran zeigt, was in jedem Moment auf der Außenseite geschieht.

Aha!
Anders als FREUD und ADLER ging JUNG davon aus, dass die Persönlichkeitsentwicklung ein Leben lang vollzogen wird und dieser Prozess das Streben nach Selbstverwirklichung beinhaltet.

Unterschiede der tiefenpsychologischen Theorien

	Freud	Adler	Jung
Ansatz	**Psychoanalyse** Befasst sich mit der Persönlichkeitsentwicklung eines Menschen	**Individualpsychologie** Hebt die Ganzheitlichkeit und Einzigartigkeit eines Menschen hervor	**Analytische Psychologie** Versteht die Psyche als Komplex gegensätzlicher Kräfte
Ursachen für eine psychische Störung	■ Über- oder Unterbefriedigung der Triebe ■ Traumatisches Erlebnis ■ Überforderung von Abwehrmechanismen ■ Verhinderung der Weiterentwicklung in den psychosexuellen Phasen des Kindes	■ Ergebnis von Fehlern im Lebensstil ■ Vernachlässigung/ Zurückweisung ■ Nichtkompensierte soziale und psychologische Minderwertigkeitsgefühle, die aus biologischer Unvollkommenheit resultieren	■ Zu einseitige Entwicklung
Therapie	Versucht, langfristig verdrängte Erinnerungen zu rekonstruieren und aufzuarbeiten. Man geht davon aus, dass aktuelle Probleme mit verdrängten Problemen aus der Kindheit zusammenhängen. ■ Traumdeutung ■ Freie Assoziation	■ Traumdeutung ■ Korrektur der Fehler im Lebensstil	■ Traumanalyse ■ Wortassoziation ■ Malerei

3 Verhaltenstherapeutische Richtungen

Die Vertreter der Verhaltenstherapie konzentrieren sich nicht auf die inneren Prozesse, sondern auf jene **Verhaltensweisen,**

- die auch von **außen erkennbar** sind und
- vor allem auf **gegenwärtigen Erfahrungen** beruhen.

Die Verhaltenstherapie basiert auf der Annahme, dass unpassende oder problematische **Verhaltensweisen erlernt** wurden und durch entsprechende therapeutische Maßnahmen auch wieder **verlernt** werden können.

Aha!
Das **Ziel jeder (Verhaltens-)therapie** besteht darin:

- die Symptome einer psychischen Störung zu lindern,
- die Handlungsfähigkeiten der Patientinnen/Patienten zu erweitern sowie
- eine verbesserte Selbstregulation zu erreichen.

Die verhaltenstherapeutischen Richtungen orientieren sich am **Black-Box-Modell** nach WATSON (siehe dazu S. 9).

Verhaltenstherapeutische Verfahren werden oft als **„Hilfe zur Selbsthilfe"** für die Patientinnen und Patienten bezeichnet.

Verhaltenstherapeutische Techniken

Die therapeutischen Vorgehensweisen umfassen verschiedene Verfahren, bei denen mit unterschiedlichen **Lern- und Verhaltensprinzipien** die Ziele erreicht werden sollen. Nachstehend werden die am meisten verwendeten verhaltenstherapeutischen Techniken vorgestellt:

Technik	Beschreibung	Ziel/Häufig angewandte Methoden
Konfrontations-therapie	▪ Sie kann ebenso als Reizüberflutung oder Exposition bezeichnet werden. ▪ Wird am meisten im Rahmen von Zwangs- und Angststörungen verwendet. ▪ Die Patientinnen/Patienten werden gezielt mit einer Situation konfrontiert, vor der sie Angst haben. ▪ Durch die Konfrontation soll der Patient/die Patientin zu der Erkenntnis zu gelangen, dass die Situation auch ohne Angst bewältigt werden kann.	Die Angst wird verlernt. **Methode:** Systematische Desensibilisierung
Operante Techniken	▪ Basieren darauf, dass entweder durch Verstärkung oder Bestrafung gezielt ein Verhalten erzeugt wird. ▪ Somit können angenehme Reize hinzugeführt oder unangenehme Reize weggenommen werden.	Neues Verhalten wird gelernt. **Methode:** Biofeedback
Kognitive Therapien	▪ Orientieren sich an der Tatsache, dass Menschen die Informationen interpretieren und infolgedessen transformieren (umgestalten). ▪ Verhaltensprobleme können demnach aufgrund von falschen Fehlschlüssen oder Fehlinterpretationen entstehen. ▪ Durch verschiedene Modelle wird dieser Prozess neu erlernt.	Kognitive Strukturen werden umgeformt. **Methode:** Kognitive Therapie der Depression nach AARON T. BECK

Biofeedback-Gerät

Beispiele für verhaltenstherapeutische Techniken

Systematische Desensibilisierung

Eine sehr häufig angewandte Methode der Konfrontationstherapie ist die systematische Desensibilisierung:

- Die Patientin/Der Patient wird gebeten, sich die angstauslösende Situation vorzustellen.
- Danach soll gemeinsam mit dem Therapeuten/der Therapeutin eine Liste erstellt werden, die eine sogenannte Reizhierarchie darstellt.
- Die Stärke des Angstgefühls zu der jeweiligen Situation wird aufsteigend dokumentiert.
- Danach werden Schritt für Schritt die verschiedenen Stufen der Hierarchie gemeinsam durchgegangen und aufgearbeitet.
- Sollte während einer Stufe zu viel Angst bei der Patientin/beim Patienten auftreten, wird die Übung abgebrochen und stattdessen eine Entspannungseinheit eingeführt.

Sie wird vor allem im Kontext spezifischer Phobien angewandt.

Biofeedback

Im Rahmen der **operanten Techniken** wird des Öfteren die Methode des Biofeedbacks genutzt. Mithilfe von technischen und elektronischen Mitteln können sowohl biologische als auch körpereigene Vorgänge gemessen und beobachtet werden.

Beispielsweise kann durch das Abspielen verschiedener Töne und durch das Messen der Hirnströme oder Herzfrequenz erkannt werden, welche Vorgänge nicht in Balance sind bzw. welche Reize auf den Körper problematisch wirken. Diese Methode wird oft bei Schmerzsyndromen oder Panikstörungen angewandt.

Aaron Temkin Beck (1921–2021) war ein US-amerikanischer Psychiater und Psychotherapeut. Er gilt als Vater der kognitiven Verhaltenstherapie.

Kognitive Therapie der Depression nach Aaron T. Beck

Das Modell beinhaltet vier Schritte:

1. Unpassende automatische Gedanken identifizieren (z. B. durch Rollenspiele)
2. Verzerrte Wahrnehmung sowie fehlerhafte Denkweisen und Einstellungen identifizieren (z. B. durch Realitätsvergleiche)
3. Alternative/passende Denkgewohnheiten und Kognitionen erarbeiten (z. B. durch Neubenennen verschiedener Aspekte)
4. Alternative/passende Denkgewohnheiten und Kognitionen im Alltag anwenden.

Eine kognitive Verhaltenstherapie wird unter anderem zur Behandlung von Depressionen, Angst- und Zwangsstörungen sowie Suchterkrankungen eingesetzt. Sie kommt aber auch bei körperlichen Erkrankungen wie chronischen Schmerzen, Tinnitus und Rheuma infrage: Sie kann helfen, mit den Beschwerden besser zurechtzukommen.

Aha!

Eine Verhaltenstherapie erfordert viel **Eigeninitiative.** Sie kann nur erfolgreich sein, wenn man in den Sitzungen aktiv und offen mit den Therapeuten spricht und auch zwischen den Sitzungen an den eigenen Problemen arbeitet.

Gerade bei schweren psychischen Erkrankungen, etwa einer ausgeprägten Depression oder Angststörung, kann dies viel Kraft erfordern. Manchmal werden daher zunächst Medikamente eingesetzt, um die stärksten Symptome kurzfristig zu lindern und dadurch eine Psychotherapie erst zu ermöglichen.

4 Humanistische Richtungen

In der Humanistischen Psychotherapieform stehen die **Selbstverwirklichung** und die wachsende **Fähigkeit der Selbstverantwortung** im Mittelpunkt. Das Grundprinzip besteht darin, selbstregulative Prozesse auf verschiedenen Ebenen zu unterstützen. Die Ebenen umfassen **Emotionen, Kognition** und den **Körper** sowie deren **Interaktion.**

Da der Mensch in der humanistischen Auffassung als sinnsuchendes Wesen angesehen wird, werden in der Therapie die **Sinn-, Wert- und Zielvorstellungen** der Patientinnen und Patienten hinterfragt.

Psychische Störungen werden im Rahmen der humanistischen Psychotherapie als **multiple Entfremdungen** betrachtet, wie z. B. die Entfremdung der Körperwahrnehmung, der eigenen Gefühle, des Selbstwerts, der eigenen Fähigkeiten etc.

Der Mensch ist laut der Humanistischen Psychotherapieform dazu fähig, Störungen mithilfe der eigenen Kräfte zu überwinden.

Die Ziele der Therapieform umfassen:
- Das Erreichen der persönlichen Vorstellungen
- Die Förderung der Selbstregulationsfähigkeit
- Die Befreiung von unpassenden Strukturen (Störungen)
- Die Unterstützung zur Entwicklung und Entfaltung von Ressourcen
- Das Nachgehen von Resilienz- und Wachstumsfähigkeiten

Durch Atemübungen kann die Körperwahrnehmung gestärkt werden.

Ursachen von psychischen Störungen

Hinsichtlich der Ursachen von psychischen Störungen können drei wichtige Aspekte genannt werden:
- **Traumata,**
- **existenzielle Mängel** (d. h. Fehlen von lebensnotwendigen Ressourcen) und
- **pathogene Beziehungskonstellationen.**

pathogen = krankheitserregend/ krankheitserzeugend.

Beispiel
Pathogene Beziehungskonstellationen können entstehen, wenn folgende Beziehungsmuster verinnerlicht werden:
- **Deprivation** – wenn jemandem etwas Notwendiges vorenthalten wird
- **Invasion** – wenn schützende Intimitätsgrenzen gewaltsam durchbrochen werden
- **Repression** – wenn vitale Lebensimpulse unterdrückt werden

Techniken der Humanistischen Psychotherapie

Techniken	Beschreibung/Beispiele
Verbale Techniken	Der Inhalt des Gesprächs wird hinterfragt und es kommt gelegentlich zu einer Konfrontation mit einer gewissen Thematik.
Darstellende Techniken	Z. B. Rollenspiele, die alleine oder in der Gruppe gemacht werden können.
Körperorientierte Techniken	Eine positive Körperwahrnehmung, die z.B. durch eine Atemübung erzielt werden kann.
Imaginative Techniken	Z. B. Phantasiereisen
Kreative Medien	Z. B. Malen oder Arbeit mit Instrumenten

Rollenspiele sind eine Technik, die in der der Humanistischen Psychotherapie angewandt werden.

Die meistbekannten und bis heute oft angewandten Methoden der Humanistischen Psychotherapie
- Existenzanalyse und Logotherapie
- Gestalttheoretische Psychotherapie
- Gestalttherapie
- Integrative Therapie
- Personenzentrierte/Klientenzentrierte Psychotherapie
- Psychodrama

5 Systemische Richtungen

Die Systemische Richtung befasst sich hauptsächlich mit **Störungen im Kontext familiärer Beziehungen und ähnlicher Systeme:**
- Vertreter/innen dieser Form der Psychotherapie sehen die Menschen eingebettet in ein soziales Gefüge (ein System), das sie beeinflusst, aber ebenso von ihnen beeinflusst und geformt werden kann.
- Störungen können entstehen, wenn **Probleme innerhalb dieser Strukturen** stattfinden. Diese können beispielsweise im Rahmen von Krisen in der Partnerschaft, einer belastenden Eltern-Kind-Beziehung, aber auch im System am Arbeitsplatz auftreten.

Aufstellungsarbeit

Die Personen übernehmen verschiedene Rollen und werden so aufgestellt, wie sie aus Sicht des Aufstellers dem gewählten Thema entsprechen. Durch die Empfindungen der aufgestellten Person kann ein Verständnis für mögliche Lösungen entstehen. Durch Veränderungen in der Aufstellung können Lösungen auch ausprobiert bzw. erarbeitet werden.

Veränderungen im System

Entsprechend dieser Theorie kann ein verändertes Verhalten verschiedener Personen gleichzeitig auch deren System verändern. Außerdem kann davon ausgegangen werden, dass Störungen nur infolge eines nicht-funktionierenden Systems entstehen und aufrechterhalten werden können.

Aha!
Das **Ziel dieser Therapieform** ist somit, die Kommunikation und den Umgang zwischen den verschiedenen Systemmitgliedern (zumeist Familienmitgliedern) positiv zu fördern, um der Störung entgegenzuwirken. Zudem fokussiert sich die Therapie auf Lösungsmöglichkeiten, die ein verändertes Verhalten nach sich ziehen sollen.

Systemische Familientherapie

Eine wichtige Methode der systemischen Richtungen beschreibt die Systemische Familientherapie. Im Rahmen von mehreren Sitzungen kann mit der Person selbst, ihrer Familie und/oder außenstehenden Personen gearbeitet werden.

Dabei setzt sie sich mit folgenden Aspekten auseinander:
- Probleme in der Familie identifizieren
- Lösungen herausfiltern
- Eigene Handlungskompetenzen fördern
- Eine gelungene Problembewältigung erzielen

Verschiedene Techniken

- Ein wichtiger Bestandteil sind spezielle **Fragetechniken.** Sie umfassen zum einen **zirkuläre** und zum anderen **konstruktive Fragen. Zirkuläre Fragetechniken** ermöglichen es den Patientinnen und Patienten, die Perspektive zu wechseln und somit einen neuen Blickwinkel einzunehmen. Alte Denkmuster können so aufgebrochen und neue Lösungen, Ideen und Ansätze entwickelt werden.
- Neben den Fragetechniken können weitere Methoden angewandt werden, wie beispielsweise Abschlussinterventionen, Beobachtungsaufgaben, Rituale oder **Aufstellungsarbeiten.**

zirkuläre Fragen = Patientinnen/Patienten werden nicht zu ihrer eigenen Einstellung und ihren Handlungen befragt, sondern zu denen anderer Personen, die in ihrem Umfeld sind. Z. B.: „Was denken Sie, würde Ihre Mutter dazu sagen?“ oder „Wie würde Ihre Partnerin wohl auf diese Veränderung reagieren?“

Aufstellungsarbeit = Darstellung von Beziehungen als Standbild aus Personen im Raum.

Ziele erreicht – „Psychotherapie“

KOMPETENZ-ERWERB

1. Erläutern Sie den Begriff „Psychotherapie“ und geben Sie einen kurzen Überblick über ihre Entstehung.
2. Beschreiben Sie die Psychoanalyse.
3. Nennen Sie die Unterschiede der tiefenpsychologischen Psychologie nach FREUD, ADLER und JUNG.
4. Beschreiben Sie die jeweiligen Grundannahmen der vier psychotherapeutischen Richtungen.
5. Beschreiben Sie das Eisbergmodell des Bewusstseins nach FREUD.
6. Erklären Sie die verhaltenstherapeutischen Techniken.
7. Charakterisieren Sie die Ziele und Techniken der Humanistischen Richtungen.
8. Erklären Sie das Konzept der Systemischen Familientherapie.
9. Beurteilen Sie eine der Behandlungsmethoden mit ihren Zielen anhand eines eigenen Beispiels.
10. „Sie haben nun einige psychotherapeutische Richtungen kennengelernt. Überlegen Sie sich ein Fallbeispiel und erklären Sie, wie dieses in den jeweiligen Richtungen erklärt werden kann.

Psychosomatik

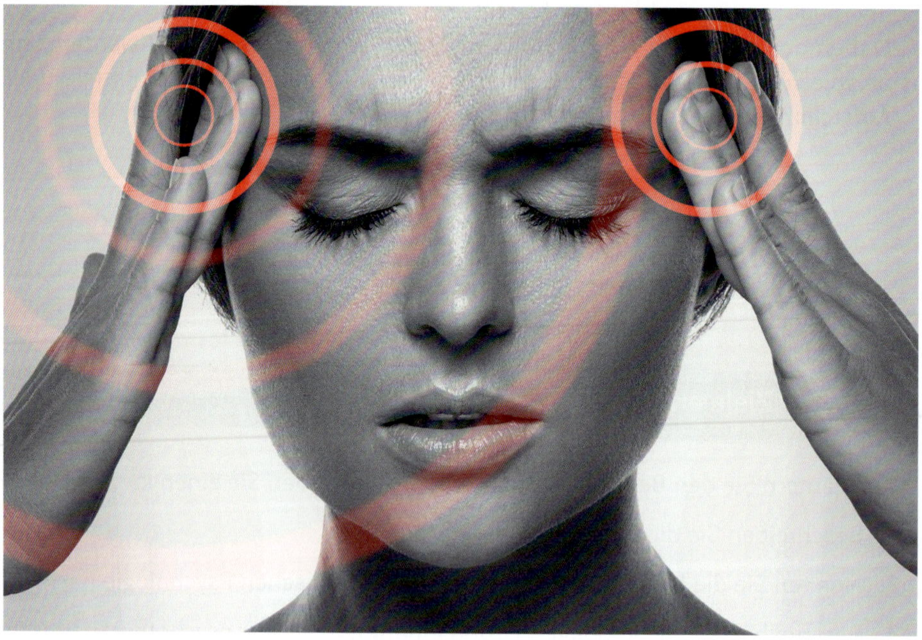

Die Psychosomatik beschreibt die wechselseitige Beziehung zwischen psychologischen und körperlichen Faktoren. Der Begriff stammt aus dem Altgriechischen und setzt sich aus den beiden Wörtern „psyche“ (Seele) und „soma“ (Körper/Leib) zusammen.

„Kopfschmerzen, Muskelverspannungen, Bauchweh“, die psychosomatische Medizin verbindet diese – für viele Menschen alltäglichen – körperlichen Symptome mit psychischen Ursachen. Genauso kann es aber durch körperliche Beschwerden zu einer psychischen Belastung kommen. Somit spricht man in der Psychosomatik von einer **Wechselwirkung zwischen Körper und Seele.**

Nach einer kurzen geschichtlichen Einführung werden Sie in diesem Kapitel unter anderem verschiedene Krankheitsgruppen der Psychosomatik sowie deren Behandlungsmöglichkeiten kennenlernen.

KOMPETENZ-ERWERB

Meine Ziele

Nach Bearbeitung dieses Kapitels kann ich
- über die Geschichte der Psychosomatik berichten;
- verschiedene Krankheitsgruppen/-bilder klassifizieren;
- unterschiedliche Behandlungsmöglichkeiten beschreiben;
- die beiden Begriffe Resilienz und Salutogenese in ihrem Zusammenhang erklären.

1 Einführung und Geschichte

Die Annahme, dass die Psyche und der Körper als voneinander getrennt gesehen werden, lässt sich unter anderem auf den sogenannten **Dualismus** zurückführen. Dieser wird über das 17. Jahrhundert hinaus von Philosophen wie René Descartes und John Locke geprägt. Das wissenschaftliche Interesse für das wechselseitige Zusammenspiel von Körper und Geist wird am Anfang des 20. Jahrhunderts größer, indem Sigmund Freud von der Tatsache ausgeht, dass psychische Konflikte körperliche Symptome auslösen können.

Aha!
Die moderne Psychosomatik entfernt sich vom strikten Dualismus und wendet sich dem **holistischen Denken** zu. Der Mensch wird hierbei als komplexes **Zusammenspiel von Körper, Geist, Gefühlen und dessen Umfeld** betrachtet.

Der Einfluss von seelischen Faktoren auf körperliche Krankheiten zeigt sich übrigens auch in unzähligen Redewendungen der Alltagssprache:

„Das Herz schlägt mir bis zum Hals."
„Mir bleibt die Luft weg."
„Ich habe die Nase voll."
„Etwas geht mir an die Nieren."

Holismus (griech. holos.: ganz, völlig) = das Ganze.

Was sind psychosomatische Erkrankungen?

Unter psychosomatischen Krankheiten werden jene Erkrankungen verstanden, bei denen der **Einfluss der Psyche für die Entstehung** wesentlich ist. So können sich beispielsweise emotionale Konflikte auf den Körper auswirken, wie auch umgekehrt eine schwere körperliche Erkrankung Einfluss auf die Psyche haben kann. Ein wichtiges Merkmal aller **somatoformen** Störungsbilder ist, dass Betroffene über einzelne oder mehrere körperliche Symptome klagen.

Nennen Sie ein Beispiel für eine psychosomatische Krankheit.

Somatoforme Störungen = körperliche Beschwerden, die sich nicht oder nicht hinreichend auf eine organische Erkrankung zurückführen lassen.

2 Krankheitsgruppen/-bilder

Um die wechselseitigen Bedingungen von Körper, Geist und dem sozialen Umfeld einer Person beschreiben zu können, eignet sich das **bio-psycho-soziale Krankheitsmodell** nach George Engel.

Dieses besagt, dass sich **biologische, psychologische und soziale Komponenten unterschiedlich auf Menschen auswirken** können, sodass manche Personen unter bestimmten Umständen eine Störung entwickeln können, andere aber nicht. Genetische Veranlagungen sowie Einflüsse aus der Umwelt können somit zur Krankheitsentstehung wie auch zur Gesundheitsförderung beitragen.

George Libman Engel (1913–1999) war ein US-amerikanischer Internist und Psychiater.

Gliederung nach Organsystemen und Fachgebieten

Psychosomatische Krankheiten können in unserem Körper in unterschiedlichen Systemen auftreten. Diese werden folgenden **medizinischen Fachgebieten** zugeteilt:

- Unterer und oberer Verdauungstrakt
- Herz-Kreislauf-System
- Psychosomatik des Essverhaltens
- Hormonsystem (endokrines System)
- Bewegungsapparat
- Atmungssystem (Respirationstrakt)
- Urogenitalsystem
- Zentrales Nervensystem
- Hautsystem

Klassifikation nach Krankheitsgruppen

Franz Alexander (1891–1964, er gilt als Vater der psychoanalytischen Psychosomatik und Mitbegründer der psychoanalytischen Kriminologie) unterteilt die psychosomatischen Erkrankungen in vier Gruppen, die sich hinsichtlich der Entstehung und Symptomatik unterscheiden.

Einteilung psychosomatischer Erkrankungen nach Franz Alexander

Störung	Beschreibung	Beispiele
Befindlichkeitsstörungen	■ Beschreiben die Entwicklung von vorwiegend psychosozial verursachten körperlichen Symptomen. ■ Vegetative Beeinträchtigungen sind nicht feststellbar. ■ Wahrnehmung sowie Reaktion auf Erlebnisse können verändert sein und zu unterschiedlichen körperlichen Symptomen führen, d. h., sie entsprechen körperlichen Symptomen ohne körperliche Ursachen.	Taubheit, Blindheit, Kopfschmerzen, Bauchschmerzen
Funktionelle (somatoforme) Störungen	■ Zeigen sich häufig durch die Entwicklung körperlicher Auffälligkeiten aufgrund dysfunktionaler vegetativer Funktionen. ■ Die Symptome können wiederholt ausgelöst werden und sich in Form einer Erkrankung zeigen.	Spannungskopfschmerzen, Schlafstörungen, Atemstörungen, Magen-Darm-Störungen
Körperliche Krankheiten mit psychosozialen Aspekten	■ Sind auf einen Organschaden zurückführbar. ■ Psychosoziale Anteile und mögliche Entwicklungsschäden spielen bei der Entstehung sowie bei Krankheitsschüben eine wesentliche Rolle. ■ Es wird oft nur auf das körperliche Symptom reagiert, obwohl eine Behandlung im Sinne des bio-psycho-sozialen Modells ratsam wäre.	Asthma bronchiale, Diabetes mellitus
Somatopsychische Krankheiten	■ Beschreiben jene psychischen Phänomene, die aufgrund einer vorliegenden körperlichen Erkrankung oder eines Unfalls/einer Operation auftreten.	Depressionen, Angstsymptome aufgrund eines Herzinfarkts, chronische Erkrankungen

Hans Morschitzky (*1952)

Wenn die Seele durch den Körper spricht

Nach dem österreichischen Psychologen und Psychotherapeuten Hans Morschitzky können mehrere Faktoren, die psychische Folgeerscheinungen nach sich ziehen, genannt werden:

- Tatsächliche (subjektive) Lebensbedrohung
- Angst vor dem Tod
- Unveränderbarkeit oder Fortschreiten einer Erkrankung
- Verminderte körperliche und geistige Leistungsfähigkeit
- Einschränkung von Sozialbeziehungen und sozialen Rollen
- Abhängigkeit von Ärzten, anderen Menschen oder technischen Hilfsmitteln
- Chronische Schmerzen
- Abwertung durch die Umwelt

Aha!
Etwa 10 Prozent aller Kinder haben psychosomatische Beschwerden.

3 Behandlungsmöglichkeiten

Im Wesentlichen sind nicht nur bei der Behandlung von psychosomatischen Krankheiten, sondern auch bei anderen psychischen Krankheitsbildern folgende **drei Ansatzpunkte** gemeinsam mit den Patientinnen und Patienten zu erarbeiten:

1. **Therapie der erkrankten Organe:** Das Zusammenspiel medizinischer, physiologischer und psychologischer Maßnahmen ist immer zu berücksichtigen.
2. **Behandlung des psychosozialen Umfelds:** Ebenso ist es wichtig, das psychosoziale Umfeld, wie Partnerschaften, Familienmitglieder und berufliches Umfeld, miteinzubeziehen.
3. **Umgestaltung des Körperbilds/der Körperwahrnehmung:** Die Beziehung zum eigenen Körper soll dahingehend umgeformt werden, dass die Patientinnen und Patienten dazu fähig sind, andere Denkmuster zu erzeugen.

Die **häufigsten Behandlungsdiagnosen** für ambulante Richtlinien der Psychotherapie sind mit 82 Prozent neurotische, belastungs- und somatoforme Störungen.

Neben diesen Aspekten sind weitere Methoden von Bedeutung:

Methode	Beschreibung
Erarbeiten realistischer Therapieziele	Das Ziel „Ich möchte wieder sein wie vor der Krankheit!“ ist oft nicht möglich. Das Ziel „Ich möchte lernen, trotz meiner Schmerzen mein Leben qualitativ gut zu gestalten!“ ist hingegen sinnvoll.
Psychoedukation	Durch eine Auseinandersetzung mit den einzelnen Aspekten der eigenen Krankheit soll der Patient/die Patientin zum „mündigen Patienten“ bzw. zur „mündigen Patientin“ werden, der bzw. die seine bzw. ihre Behandlung aktiv mitgestaltet.
Bewusste Wahrnehmung der Symptome	Selbstbeobachtungsbögen und Symptomtagebücher sind ein Weg, um die Zusammenhänge zwischen den aktuellen Symptomen und Gefühlen, Denk- und Verhaltensmustern sowie den psychosozialen Lebensbedingungen zu erkennen.
Kognitive Therapien	Die Art und Weise, wie der Mensch körperliche Symptome im Denken beurteilt, beeinflusst die Form, wie die Symptome auftreten. So kann beispielsweise die Angst, einen zu hohen Blutdruck zu haben, den Blutdruck tatsächlich steigen lassen. Das Ergebnis bestätigt dann die Angst. Kognitive Therapien sollen helfen, psychophysiologische Zusammenhänge zu verstehen und Einstellungen zu erarbeiten, die der Gesundheit zuträglich sind.
Körpertherapie	Hier liegt der Schwerpunkt darauf, den eigenen Körper und seine Signale möglichst optimal wahrzunehmen und auch zu kontrollieren.
Stressmanagement	Es gilt Strategien zu erarbeiten, die helfen, Stress zu bewältigen und Überforderung zu vermeiden.

Das Führen eines Symptomtagebuches erhöht die bewusste Wahrnehmung.

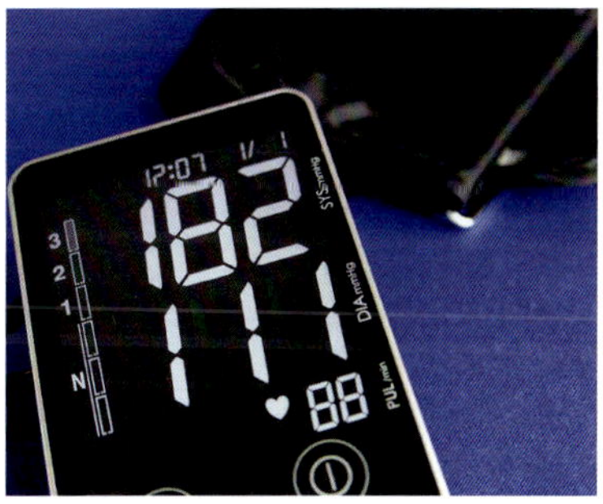

Die Angst vor einem zu hohen Blutdruck kann ihn weiter steigen lassen.

Entspannungstechniken	Durch autogenes Training, progressive Muskelentspannung, Biofeedback, Atemtechniken und andere Formen der Entspannung kann gelernt werden, den Körper optimal zu entspannen und somit Energie zu gewinnen.
Umgang mit Gefühlen	Innere Blockaden können gelöst werden, wenn man lernt, seine eigenen Gefühle bewusst wahrzunehmen und auch auszudrücken.
Traumatherapie	Traumata (beispielsweise sexueller Missbrauch) führen in vielen Fällen zu psychosomatischen Erkrankungen. Eine spezielle Traumatherapie ermöglicht die Auseinandersetzung und Verarbeitung des Leidensweges und hilft, den inneren Druck zu mildern.
Selbstsicherheitstraining	Mangelnde Selbstsicherheit kann zu Konflikten führen, die Stress verursachen. Ein Selbstsicherheitstraining hilft, sich in diesen Konflikten zu behaupten. Auch ein durch Krankheit angeschlagenes Selbstbewusstsein kann so wieder aufgebaut werden.
Familientherapie	Die Beseitigung familiärer Probleme als Stressoren kann der Gesundheit zuträglich sein.
Soziales Training	Die Teilnahme am gesellschaftlichen Leben, der Aufbau eines Freundeskreises oder eines sozialen Netzes sind gesundheitsfördernde Faktoren. Im Rahmen der Psychotherapie kann analysiert werden, wo diesbezüglich Ressourcen vorhanden sind und wie sie genutzt werden können.
Berufliche Rehabilitation	Darunter fallen Maßnahmen, die die berufliche Leistungsfähigkeit erhöhen und eine berufliche Tätigkeit ermöglichen.
Rückfallprophylaxe	Es gilt, Richtlinien für eine gesunde Lebensführung zu erarbeiten und Maßnahmen zu setzen, wenn alte (krank machende) Lebensmuster wieder auftreten.

Ein soziales Netz ist gesundheitsfördernd.

Der psychosomatische Heilungsprozess kann laut Hans Morschitzky vier Phasen durchlaufen:

1. Phase

Das Bewusstsein für biopsychosoziale Zusammenhänge wird sensibilisiert.

2. Phase

Energiequellen finden, welche die Betroffenen dazu ermutigen, die bisherigen Lebensumstände zu verändern.

3. Phase

Die Umsetzung der neuen Lebensumstände/-einstellungen.

4. Phase

Die Suche nach Möglichkeiten, die zur Verbesserung der Lebensqualität beitragen.

4 Resilienz und Salutogenese

Bis zu den 1990er-Jahren beschäftigte sich die Forschung vorwiegend mit **Fragen zur Krankheit.** Zum einen mit der Ursache sowie welche Faktoren zur Entstehung bestimmter Krankheiten beitragen können und zum anderen, wie diese folglich wieder geheilt werden können. Die Frage nach der Gesundheit wurde bis dahin weitgehend ignoriert.

Die Entwicklungspsychologie setzte sich erstmals mit Fragen der Gesundheit und den damit einhergehenden Begriffen **Resilienz** und **Salutogenese** auseinander.

Resilienz: Siehe dazu auch S. 60.

Resilienz

Resilienz kann als **Widerstandskraft** bezeichnet werden, die Personen oder einem sozialen System (z.B. Familie) ermöglicht, belastende und schwierige Lebenssituationen zu bewältigen. Dies kann geschehen, indem personale und sozial vermittelte Ressourcen genutzt werden.

Nach Rutter (1990) beinhaltet die Resilienz zum einen die Widerstandskraft gegen die Zerstörung der eigenen Identität. Zum anderen weist er darauf hin, dass es möglich ist, auch unter anderen Umständen ein positives Leben aufzubauen.

Salutogenese

Salutogenese beschreibt den Gegensatz zur **Pathogenese** und befasst sich demnach mit der **Entstehung von Gesundheit.**

Pathogenese = untersucht die Entstehung von Krankheit (Krankheitsforschung).

Begründet wurde der Begriff von Aaron Antonovsky, der die Gesundheit nicht als Zustand, sondern als **individuellen Entwicklungs- und Erhaltungsprozess** versteht. In seinem Modell führt er an, dass Gesundheit und Krankheit nicht getrennt voneinander zu betrachten sind. Viel mehr spricht er von einem fließenden Übergang, da er der Meinung ist, dass jeder Mensch sowohl **gesunde als auch kranke Aspekte** besitzt. Antonovsky geht wie Rutter davon aus, dass Ressourcen zur Erhaltung bzw. Verbesserung der Gesundheit beitragen können.

Aaron Antonovsky (1923–1994) war ein israelisch-amerikanischer Soziologie und gilt als Vater der Salutogenese.

Aha!
Beide Begriffe legen den Fokus auf jene Faktoren, die mit der körperlichen und seelischen Gesundheit von Menschen in Verbindung stehen und dazu beitragen, dass trotz schwieriger und belastender Situationen die seelische Gesundheit erhalten bleiben kann.

Bestimmende Faktoren für das Ausmaß an Resilienz und Salutogenese

Die folgenden Faktoren stehen immer in **Wechselwirkung** zueinander, beeinflussen sich somit gegenseitig und bestimmen das Ausmaß an Resilienz und Salutogenese:

- **Individuelle Faktoren** (Genetik, körperliche Gesundheit, Lebensgeschichte, Alter Persönlichkeit)
- **Soziales Umfeld** (Familie, Kultur, Gesellschaft)
- **Allgemeine Umweltfaktoren** (Wohlstand, Sicherheit)
- **Wichtige Lebensereignisse** (Verlust einer Person, Scheidung)

Überlegen Sie, welche Faktoren negative Auswirkungen auf Resilienz und Salutogenese haben könnten.

Erstellen Sie jeweils eine Fragestellung, die im Kontext von Krankheitsprävention bzw. Gesundheitsförderung von Bedeutung sein könnte.

Überblick Krankheit versus Gesundheit

Krankheit	Gesundheit
↓	↓
pathogene Faktoren	**salutogene Faktoren**
↓	↓
Risikofaktoren	**Schutzfaktoren** (Ressourcen und Resilienz)
↓	↓
Krankheitsprävention	**Gesundheitsförderung**
■ beschreibt alle Eingriffshandlungen, die das Eintreten oder Ausbreiten einer Krankheit vermeiden wollen ■ basiert auf einer pathogenen Handlungslogik	■ beschreibt alle Eingriffshandlungen, die individuelle Fähigkeiten der Lebensbewältigung stärken wollen ■ basiert auf einer salutogenen Handlungslogik

Ziele erreicht – „Psychosomatik“

KOMPETENZ-ERWERB

1. Erläutern Sie im Zusammenhang mit der Psychosomatik moderne Erklärungsmodelle.
2. Beschreiben Sie die wesentlichen Aspekte bei der Behandlung von psychosomatischen Erkrankungen.
3. Benennen Sie einige mögliche Behandlungsformen.
4. Begründen Sie, inwieweit eine stabile Partnerschaft die Salutogenese fördern kann.
5. Beschreiben Sie die Begriffe Resilienz und Salutogenese.
6. Erklären Sie die Einteilung psychosomatischer Erkrankungen nach FRANZ ALEXANDER.

Sanitätsrecht

Die Bereiche Recht und Gesundheit sind eng miteinander verbunden. Jede Entwicklung im Gesundheits- und Sozialbereich erfordert auch eine entsprechende gesetzliche Regelung bzw. die Änderung bestehender Vorschriften.

Das Sanitätsrecht (lat. sanitas: Gesundheit) enthält alle Rechtsvorschriften, die auf dem Gebiet des Gesundheitswesens erlassen werden.

Behördenaufbau und Kompetenzverteilung im Gesundheitswesen

Wussten Sie, dass ...
... die erste zentrale staatliche Gesundheitsverwaltung in Österreich auf Kaiserin Maria Theresia (1740–1780) zurückgeht? Unter ihrer Regierungszeit wurde die „Sanitäts-Hofdeputation" eingerichtet mit den Aufgaben

- der Seuchenbekämpfung,
- der Totenbeschau,
- des Bestattungswesens und
- der Bekämpfung der Kurpfuscherei.

Die behördliche Organisation im Sanitätsbereich, die übrigens noch heute gilt, wurde mit dem **Reichssanitätsgesetz** 1870 geschaffen.

Die Sicherung der Gesundheitsversorgung ist eine wesentliche öffentliche Aufgabe. Die diesbezügliche Verantwortung ist in Österreich auf den Bund und die Länder aufgeteilt.

Durch gemeinsame Grundsätze, Strategien, Vorgaben und Instrumente soll eine bundesweit gleichwertige Gesundheitsversorgung mit hoher Qualität gewährleistet werden.

KOMPETENZERWERB

Meine Ziele

Nach Bearbeitung dieses Kapitels kann ich

- die zwei Säulen des Sanitätsrechts benennen;
- den Behördenaufbau im Gesundheitssystem beschreiben;
- erklären, wo bzw. wie man sich über Rechtsvorschriften informieren kann.

1 Die Säulen des Sanitätsrechts

Kernaufgabe des Gesundheitsrechts ist es nicht nur, den Kranken eine bedarfsgerechte medizinische Behandlung zukommen zu lassen, sondern vielmehr, bereits **präventiv tätig** zu sein.

Zweisäulensystem des Sanitätsrechts – wichtigste Regelungsbereiche

Kranke heilen	Gesunde schützen
▪ Einrichtungen auf dem Gebiet des Gesundheitswesens (Krankenanstalten, Apotheken, Alten- und Pflegeheime, Kuranstalten, Rettungswesen etc.) ▪ Gesundheitspersonal ▪ Arzneimittel und Medizinprodukte	▪ Lebensmittelwesen ▪ Veterinärwesen ▪ Umgang mit gefährlichen Stoffen (z. B. Strahlenschutz) ▪ Gesundheitsvorsorge (z. B. Impfwesen) ▪ Ansteckende Erkrankungen (Epidemien, Tuberkulose, Geschlechtserkrankungen, AIDS, Impfwesen etc.) ▪ Leichen- und Bestattungswesen

Zwischen den beiden Säulen gibt es natürlich Berührungspunkte und Überschneidungen.

Präventiv = vorbeugend. Der **Präventivschutz** wird vom Staat z. B. durch die Überwachung von Lebensmitteln, die strengen Zulassungsvorschriften für Medizinprodukte und Arzneimittel, die aktive und passive Bekämpfung von epidemischen Krankheiten durch Schutzimpfungen oder über die Vorschriften im Umgang mit (gesundheits-)gefährlichen Arbeitsstoffen gewährleistet.

Da es sich dabei um öffentliche Aufgaben handelt, ist das Gesundheitswesen **Teil des Verwaltungsrechts.**

2 Kompetenzverteilung im Gesundheits- bzw. Pflegewesen

In der österreichischen Bundesverfassung ist klar geregelt, wer (Bund oder Bundesländer) zuständig ist, Gesetze zu erlassen, und wer zuständig ist, diese Gesetze zu vollziehen, also anzuwenden, damit es nicht zu Überschneidungen und Konflikten kommt. Die Hauptaufgaben sind dem Bund zugeteilt.

§ Art. 10 B-VG regelt, dass das Gesundheitswesen in Gesetzgebung und Vollziehung Bundessache ist.

Zuständigkeiten für die Gesetzgebung

Bund	Bundesländer

▪ Grundsatzgesetze von Krankenanstalten und Kuranstalten
▪ Gesundheitswesen, z. B.
  ▸ Arzneimittelwesen
  ▸ sanitätspolizeiliche Gesetze
  ▸ Gesundheitspersonal
▪ Sozialversicherungswesen
▪ Pflegegeldwesen
▪ Heimvertragsrecht
▪ Heimaufenthaltsgesetz
▪ Ernährungswesen
▪ Apothekenwesen
	▪ Ausführungsgesetz von Krankenanstalten
	ausgenommen:
	▪ Leichen- und Bestattungswesen
	▪ Rettungswesen
	▪ Gemeindesanitätsdienst
	▪ Sozialwesen
	▪ Betreuungseinrichtungen
	▪ Sozialbetreuungsberufe

Vollziehung durch Gesundheitsbehörden und Ämter

- **Bundesminister/in für Gesundheit** als oberste Behörde für allgemeine Gesundheitspolitik und Gesundheitsschutz
- Unterstützt durch den **obersten Sanitätsrat** (setzt sich aus Experten und Expertinnen aus dem Gesundheitsbereich zusammen, die beraten und Empfehlungen sowie Gutachten abgeben – ebenso wie der Landessanitätsrat)

- **Oberste Sanitätsbehörde** ist die jeweilige **Landesregierung** bzw. der **Landeshauptmann/die Landeshauptfrau** (unterstützt durch den Landessanitätsrat)
- **Sanitätsabteilung beim Amt der Landesregierung** (geleitet vom/von der Landessanitätsdirektor/in)
- **Bezirksverwaltungsbehörde:** Bezirkshauptmannschaft bzw. Magistrat (in Statutarstädten), Gesundheitsämter, unterstützt durch Amtsärzte/-ärztinnen
- **Gemeinden:** Bürgermeister/in, unterstützt durch Gemeindearzt/-ärztin bzw. Sprengelarzt/-ärztin (für mehrere Gemeinden zuständig) = „örtliche Gesundheitspolizei"

3 Akteure im Gesundheits- bzw. Pflegewesen

Eine effiziente Gesundheitsvorsorge funktioniert nur dadurch, dass verschiedenste Akteure (Handelnde) mitwirken, die planen, forschen, ausbilden, behandeln, prüfen, organisieren, verwalten oder auch kontrollieren.

GESUNDHEIT.GV.AT
Öffentliches Gesundheitsportal Österreichs

Mit dem **Gesundheitsportal** stellt die GÖG umfassende qualitätsgesicherte Informationen zu Gesundheitsfragen zur Verfügung.

Bundesgesundheitsagentur und Gesundheit Österreich GmbH

2013 einigten sich der Bund, die Bundesländer und die Sozialversicherung auf ein „Miteinander in Form eines partnerschaftlichen Zielsteuerungssystems" zur Planung, Organisation und Finanzierung der österreichischen Gesundheitsversorgung. Die Arbeiten werden größtenteils von

- der **Bundesgesundheitsagentur (BGA)** und
- der **Gesundheit Österreich GmbH (GÖG)** erledigt.

Die Broschüre „Das österreichische Gesundheitssystem" finden Sie unter dem Link: www.trauner.at/gesundheitssystem

Der Österreichische Strukturplan Gesundheit (ÖSG)

Der ÖSG ist ein gemeinsamer Rahmenplan für die Partner des Zielsteuerungssystems, also Bund, Länder, Gemeinden sowie die Sozialversicherung. Mit dem ÖSG wird sichergestellt, dass Gesundheitsversorgung in Österreich ausgewogen verteilt und gut erreichbar ist und in vergleichbarer Qualität auf hohem Niveau angeboten wird.

Der Öffentliche Gesundheitsdienst (ÖGD)

Der ÖGD ist ein wichtiger Teilbereich des österreichischen Gesundheitssystems und wird manchmal auch als dessen **„dritte Säule"** bezeichnet. Er wirkt in den verschiedensten Bereichen der Gesundheitsversorgung, vor allem bei Planungen im Gesundheitswesen.

Gebietskörperschaften = Bund, Bundesländer und Gemeinden. Sie sind jeweils für ein bestimmtes Gebiet des Staates zuständig.

Sozialversicherungsträger: Diese haben die Aufgabe, die Sozialversicherung zu vollziehen.

Weitere wichtige Akteure

- Gebietskörperschaften (z. B. Zuständigkeit der Länder für den Krankenhaussektor)
- Sozialversicherungsträger (z. B. Zuständigkeit der Krankenkassen für den niedergelassenen Bereich)
- Gesetzliche Berufsvereinigungen und Interessenvertretungen (z. B. Ärztekammer, Apothekerkammer etc.)

- Öffentliche und private Gesundheitseinrichtungen (z. B. Apotheken, Rettungseinheiten, mobile Dienste, Krankenanstalten etc.)
- Gesundheitspersonal

Wer kontrolliert das Gesundheits- bzw. Pflegewesen?

Damit der Qualitätsstandard eingehalten wird und Missstände aufgedeckt werden, bedarf es einer funktionierenden Kontrolle. Das Kontrollsystem ist vielschichtig und die Überprüfung wird von verschiedensten Einrichtungen wahrgenommen. Die wichtigsten sind:

Rechnungshof, Gerichte, Volksanwaltschaft, OPCAT, Aufsichtsbehörden, Patientenvertretung, Pflegevertretung

OPCAT = Optional Protocol to the Convention against Torture and other Cruel, Inhuman or Degrading Treatment or Punishment; Zielsetzung des OPCAT ist die Verhütung von Folter und anderer grausamer, unmenschlicher oder erniedrigender Behandlung oder Strafe. Dies soll durch ein System regelmäßiger Besuche durch unabhängige internationale und nationale Institutionen an allen Orten, an denen Personen die Freiheit entzogen ist, gewährleistet werden.

4 Zugang zum Recht – Wo kann ich mich über ein Rechtsthema informieren?

Um sich über ein Rechtsthema umfassend zu informieren, gibt es mehrere Möglichkeiten:

- Im **Rechtsinformationssystem des Bundes – RIS** (www.ris.bka.gv.at) findet man u. a. den gesamten geltenden österreichischen Gesetzesbestand einschließlich der Entscheidungen der Höchstgerichte. Nur das RIS garantiert eine kostenlose und authentische, verbindliche Rechtsquelle.
- **Gesetzesausgaben, Literatur**
- **Institutionen bzw. Experten/Expertinnen:** juristische Berufsgruppen, Gesundheitsbehörden (z. B. Sanitätsabteilungen oder Gesundheitsämter) und Interessenvertretungen (z. B. Österreichischer Gesundheits- und Krankenpflegeverband).

Unwissenheit schützt nicht vor Strafe!

§ 2 ABGB (Allgemeines bürgerliches Gesetzbuch) lautet:

„Sobald ein Gesetz gehörig kund gemacht worden ist, kann sich niemand damit entschuldigen, dass ihm dasselbe nicht bekannt geworden sey."

Nein, hier sind keine Rechtschreibfehler passiert. Diese Bestimmung ist seit 1811 in Kraft und gilt auch heute noch!

Es liegt grundsätzlich in der Verantwortung der/des PA/PFA, das Berufsrecht umfassend zu kennen und sich über Neuerungen stets auf dem Laufenden zu halten.

Beispiel: Wie liest man einen Paragrafen?

§ 83 (4)

1. ...

a. ...

Die angegebenen Zahlen in der Klammer sind Absätze,
1. ist die Ziffer, a. ist eine litera (= Buchstabe).

Man spricht „Paragraf 83, Absatz 4, Ziffer 1, litera a".

Ziele erreicht – „Behördenaufbau und Kompetenzverteilung im ...

KOMPETENZ-ERWERB

1. Beschreiben Sie die zwei Säulen des Sanitätsrechts.
2. Geben Sie einen Überblick über die Behördenstruktur im Gesundheitswesen.
3. Informieren Sie sich über das Rettungswesen in Ihrer Gemeinde.
4. Erklären Sie, wie man Gesetze (im Gesundheitswesen) im Internet sucht und findet.
5. Diskutieren Sie, ob Ihrer Meinung nach im Gesundheitswesen zu viele Regelungen bestehen oder nicht.

Berufsgruppen des Gesundheitswesens

Personal im Gesundheitswesen
In den österreichischen Krankenanstalten waren Ende 2018 insgesamt 93 567 Arbeitskräfte als nicht-ärztliches Fachpersonal tätig, darunter 60 575 Personen in der Dienstsparte gehobene Dienste für Gesundheits- und Krankenpflege, 16 080 Personen arbeiteten in gehobenen medizinisch-technischen Diensten und Fachdiensten sowie als Masseurinnen und Masseure. 15 408 Personen waren in der Pflegehilfe, als Sanitäterin/Sanitäter und als medizinische Assistenz tätig. Zusätzlich waren 1 504 Hebammen beschäftigt. Des Weiteren waren 25 079 Ärzte und Ärztinnen in den österreichischen Krankenanstalten tätig.
Quelle: Statistik Austria

In den österreichischen Gesundheitseinrichtungen arbeiten Tausende Spezialistinnen und Spezialisten in den verschiedensten Gesundheitsberufen. Sie alle haben eine meist mehrjährige und fundierte Ausbildung und bilden sich regelmäßig fort.

Verschiedene Gesetze und Verordnungen regeln Ausbildung und Berufsausübung und sichern die Qualität der erbrachten Gesundheitsdienstleistungen.

KOMPETENZ-ERWERB

Meine Ziele

Nach Bearbeitung dieses Kapitels kann ich
- die einzelnen Berufsgruppen des Gesundheitswesens nennen;
- ihren Tätigkeitsbereich beschreiben sowie
- ihre Anforderungen und Pflichten erläutern.

1 Übersicht über die Berufsgruppen

Arzt/Ärztin	■ Arzt/Ärztin für Allgemeinmedizin ■ Facharzt/Fachärztin ■ Zahnarzt/Zahnärztin
Gesundheits- und Krankenpflegedienste (GuKG)	**Gehobener Dienst für Gesundheits- und Krankenpflege** ■ Diplomierte/r Gesundheits- und Krankenpfleger/in (DGKP) **Pflegeassistenzberufe** ■ Pflegeassistent/in ■ Pflegefachassistent/in
Gehobene medizinisch-technische Dienste (MTD)	■ Physiotherapeut/in ■ Biomedizinische/r Analytiker/in ■ Radiologietechnologe/-technologin ■ Diätologe/Diätologin ■ Ergotherapeut/in ■ Logopäde/Logopädin ■ Orthoptist/in
Sonstige Berufe	■ Klinische und Gesundheitspsychologen/-psychologinnen ■ Psychotherapeuten/Psychotherapeutinnen ■ Musiktherapeuten/-therapeutinnen ■ Apotheker/in ■ Medizinphysiker/in ■ Hebamme ■ Kardiologietechnologin/-technologe ■ Medizinische Assistenzberufe ■ Medizinische Masseure und Heilmasseure ■ Sanitäter/in ■ Zahnärztliche Assistenz

Gesundheitsberuferegister (GBR)

Seit 1. Juli 2018 ist für Angehörige der Gesundheits- und Krankenpflegeberufe sowie der gehobenen medizinisch-technischen Dienste (MTD) die Registrierung im **Gesundheitsberuferegister** Voraussetzung für die Berufsausübung.

Vielleicht kennen Sie eine Person, die einen Pflegeberuf oder einen gehobenen medizinisch-technischen Dienst ausübt. Steigen Sie mit dem Link www.trauner.at/gesundheitsberuferegister in das Gesundheitsberuferegister ein und versuchen Sie, diese Person zu „finden".

Welche Vorteile bringt das Register?

- **Mehr Anerkennung:** Nur wer die entsprechenden Qualifikationen hat, wird registriert und erhält einen offiziellen Berufsausweis.
- **Vorteil bei Arbeitgeberwechsel:** Das Vorlegen von Nachweisen ist nicht mehr notwendig. Zukünftige Arbeitgeber/innen können auf die im Register ausgewiesene Qualifikation und Eignung vertrauen.
- **Höhere Mobilität:** Mit dem Register wird ein europäischer Standard erreicht und erleichtert die Berufsausübung und den Arbeitsplatzwechsel in ganz Europa.
- **Mehr Sicherheit:** Alle Patientinnen und Patienten können online die Ausbildungen, Arbeitsschwerpunkte und Zusatzqualifikationen einsehen. Das erhöht die Qualitätssicherheit und die Wahlmöglichkeiten für Patientinnen und Patienten.
- **Versorgung:** Die statistischen Auswertungen der Informationen helfen bei der Bedarfsplanung und beim Erkennen von Versorgungslücken.

§ **Rechtsgrundlage:**
Ärztegesetz (ÄrzteG)

2 Arzt/Ärztin

2.1 Berufsbild

§ 2 (2) ÄrzteG:
„Die Ausübung des ärztlichen Berufes umfasst jede auf medizinisch-wissenschaftlichen Erkenntnissen begründete Tätigkeit, die unmittelbar am Menschen oder mittelbar für den Menschen ausgeführt wird ..."

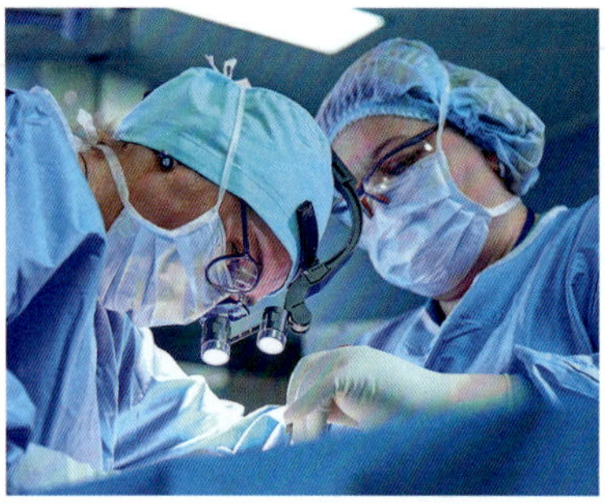

Folgende ärztliche Tätigkeiten sind im Ärztegesetz u. a. angeführt:

- Untersuchung auf Vorliegen oder Nichtvorliegen von körperlichen und psychischen Krankheiten oder Störungen
- Beurteilung des Gesundheitszustandes unter Verwendung medizinisch-diagnostischer Hilfsmittel
- Behandlung von Krankheitszuständen
- Operative Eingriffe einschließlich der Entnahme oder Infusion von Blut
- Vorbeugung von Erkrankungen
- Geburtshilfe sowie Maßnahmen der medizinischen Fortpflanzungshilfe
- Verschreibung von Heilmitteln, Heilbehelfen und medizinisch-diagnostischen Hilfsmitteln
- Vornahme von Leichenöffnungen (Obduktionen)

2.2 Erfordernisse für die Ausübung des Arztberufes

Allgemeine Erfordernisse

- Handlungsfähigkeit
- Vertrauenswürdigkeit
- Gesundheitliche Eignung
- Ausreichende Kenntnisse der deutschen Sprache
- Rechtmäßiger Aufenthalt im gesamten Bundesgebiet, mit dem das Recht auf Ausübung einer selbstständigen oder unselbstständigen Erwerbstätigkeit verbunden ist

Besondere Erfordernisse

Neben den allgemeinen Erfordernissen werden als besondere Erfordernisse u. a.

- ein an einer Universität in Österreich erworbenes **Doktorat der gesamten Heilkunde** oder ein gleichwertiger, im Ausland erworbener und in Österreich als Doktorat der gesamten Heilkunde nostrifizierter akademischer Grad verlangt.
- Weiters erforderlich ist die **Eintragung** in die **Ärzteliste,** die von der österreichischen Ärztekammer geführt wird. Die Eintragung erfolgt in jenem Bundesland, in dem die ärztliche Tätigkeit aufgenommen werden soll.

Nostrifizierung = Anerkennung eines an einer anerkannten ausländischen Bildungseinrichtung erworbenen Studienabschlusses.

Art der Berufsausübung

Die Berufsausübung kann sowohl im Rahmen eines Dienstverhältnisses als auch freiberuflich erfolgen. Freiberuflich tätige Ärzte und Ärztinnen können auch in Ordinations- und Apparategemeinschaften oder Gruppenpraxen tätig werden.

(Ausbildungs-)Erfordernisse

<table>
<tr><th>Arzt/Ärztin für Allgemeinmedizin</th><th>Facharzt/Fachärztin</th><th>Turnusarzt/Turnusärztin</th></tr>
<tr><td colspan="3">Erfüllung der allgemeinen Erfordernisse</td></tr>
<tr><td colspan="3">Basisausbildung</td></tr>
<tr><td colspan="3">Das besondere Erfordernis eines erworbenen Doktorats der gesamten Heilkunde</td></tr>
<tr><td colspan="2">■ Erfolgreiche Absolvierung einer mindestens neunmonatigen praktischen Ausbildung zur Vermittlung klinischer Basiskompetenzen in chirurgischen und konservativen Fachgebieten (sog. common trunk)</td><td rowspan="2">■ Turnusärzte/-ärztinnen befinden sich in Ausbildung zum Arzt/zur Ärztin für Allgemeinmedizin bzw. zum Facharzt/zur Fachärztin.</td></tr>
<tr><td>■ Zumindest 33 Monate praktische Ausbildung in anerkannten Ausbildungsstätten (aktuell: 36 Monate)
■ Mit Erfolg abgelegte Ausbildung und Prüfung zum Arzt/zur Ärztin für Allgemeinmedizin</td><td>■ Zumindest 63 Monate praktische Ausbildung in einem Sonderfach in anerkannten Ausbildungsstätten, sofern die Ausbildungsverordnung nichts anderes bestimmt
■ Mit Erfolg abgelegte Ausbildung und Facharztprüfung</td></tr>
<tr><td colspan="3">Berufsausübung</td></tr>
<tr><td>■ Ist zur selbstständigen Berufsausübung auf dem Gebiet der Allgemeinmedizin berechtigt.
■ Die Berufsausübung kann sowohl im Rahmen eines Dienstverhältnisses als auch freiberuflich erfolgen.</td><td>■ Ist zur selbstständigen Berufsausübung auf einem Teilgebiet der Heilkunde (Sonderfach) berechtigt.
■ Die Berufsausübung kann sowohl im Rahmen eines Dienstverhältnisses als auch freiberuflich erfolgen.</td><td>■ Ist lediglich zur unselbstständigen Ausübung der ärztlichen Tätigkeiten unter Anleitung und Aufsicht der ausbildenden Ärzte/Ärztinnen berechtigt.</td></tr>
</table>

Zahnarzt/Zahnärztin

Die Ausbildung findet zur Gänze an einer Universität für Zahnmedizin statt. Die Absolventen und Absolventinnen sind (sofort danach) zur selbstständigen Berufsausübung der Zahnmedizin berechtigt.

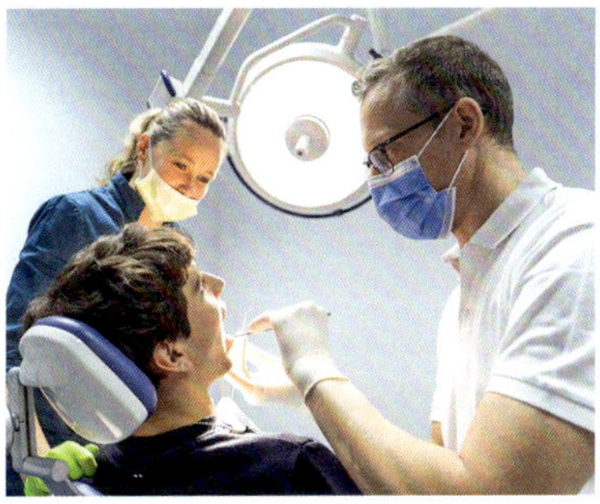

Nach Abschluss des Studiums für Zahnmedizin können Absolventinnen und Absolventen als selbstständige Zahnärzte/Zahnärztinnen arbeiten.

2.3 Besondere Formen der ärztlichen Berufsausübung

Amtsarzt/Amtsärztin: Vollzieht behördliche Aufgaben und ist bei den Sanitätsbehörden tätig. Voraussetzung ist neben der Erfüllung der allgemeinen und besonderen Berufsausübungsvoraussetzungen die Ablegung einer sogenannten **Physikatsprüfung** (staatsärztliche Prüfung).

Arbeitsmediziner/in: Übt eine ärztliche Tätigkeit im Sinne des Arbeitnehmer/innen-Schutzgesetzes aus und wird auch als **Betriebsarzt/-ärztin** bezeichnet.

Notarzt/Notärztin: Übt eine ärztliche Tätigkeit im Rahmen organisierter Notarztdienste (Notarztwagen bzw. Notarzthubschrauber) aus.

Gemeindearzt/Gemeindeärztin: Ist für die fachliche Beratung der Gemeindeorgane bei jenen Aufgaben, die diese auf dem Gebiet des Gesundheitswesens zu erfüllen haben, sowie für die Durchführung der Sanitätsdienste in der Gemeinde (z. B. Mutterberatung, Totenbeschau) zuständig. Die rechtliche Grundlage bilden das Gemeindesanitätsdienstgesetz und der Vertrag mit der jeweiligen Gemeinde.

§ Im Ärztegesetz wird unterschieden zwischen Ärzten für Allgemeinmedizin, Fachärzten und Turnusärzten.

Leistung Erster Hilfe
Ärzte, die an Bord eines Flugzeuges mit einem medizinischen Notfall konfrontiert werden, sind grundsätzlich zur Hilfeleistung verpflichtet. Für den Fall einer Haftung haben die meisten europäischen Fluglinien eine Haftpflichtversicherung für Ärzte, die Erste Hilfe leisten, abgeschlossen.
www.infofueraerzte.at

2.4 Berufspflichten

Berufssitz

- Ärzte und Ärztinnen, die freiberuflich tätig sind, dürfen **maximal zwei Berufssitze** im Bundesgebiet haben.
- Die freiberufliche Ausübung ohne bestimmten Berufssitz **(Wanderpraxis)** ist verboten.

Leistung von Erster Hilfe

- Im Falle drohender Lebensgefahr dürfen Ärzte und Ärztinnen die **Erste Hilfe nicht verweigern.**
- Diese Verpflichtung besteht unabhängig davon, ob sie sich im Dienst oder in der Freizeit befinden.

Gewissenhaftigkeit

- Ärzte und Ärztinnen sind verpflichtet, jeden von ihnen in ärztliche Beratung oder Behandlung übernommenen Gesunden und Kranken **ohne Unterschied der Person gewissenhaft zu betreuen.**
- Jeder Arzt/Jede Ärztin ist gesetzlich verpflichtet, sich laufend im Rahmen anerkannter **Fortbildungsprogramme** weiterzubilden. Primäres Ziel dieser Fortbildungsmaßnahmen ist die Erhaltung der Fähigkeit zur Berufsausübung. Die zu absolvierenden Fortbildungen sind in einer eigenen Verordnung geregelt.

Jeder Patient/Jede Patientin hat das Recht, gewissenhaft beraten bzw. behandelt zu werden.

Persönliche Berufsausübung

- Alle Ärzte und Ärztinnen müssen ihren Beruf **persönlich** und **unmittelbar,** allenfalls in Zusammenarbeit mit anderen Ärzten/Ärztinnen ausüben.
- Im Einzelfall können **ärztliche Tätigkeiten** an Laien (z. B. persönliche Assistentinnen/Assistenten/24-h-Pflege) und Angehörige anderer Gesundheitsberufe oder in Ausbildung zu einem Gesundheitsberuf stehende Personen (z. B. Turnusärzte/-ärztinnen) **übertragen werden,** sofern diese vom Tätigkeitsbereich des entsprechenden Gesundheitsberufes umfasst sind. Der Arzt/die Ärztin trägt die Verantwortung für die Anordnung.

Behandlungsrücktritt

- Beabsichtigt ein Arzt/eine Ärztin von einer **Behandlung zurückzutreten,** so hat diese/r den Rücktritt der kranken Person oder den für die Pflege verantwortlichen Personen **rechtzeitig mitzuteilen.**
- Werden in dringenden Fällen gleichzeitig mehrere Ärzte gerufen, so übernimmt, wenn die kranke Person selbst keine Entscheidung trifft und kein Einvernehmen erzielt wird, der/die **ersteintreffende Arzt/Ärztin die Behandlung.**

Über jede Beratung oder Behandlung von Patienten und Patientinnen müssen Aufzeichnungen geführt werden.

Dokumentation

Jeder Arzt/Jede Ärztin ist verpflichtet, Aufzeichnungen über jede zur Beratung oder Behandlung übernommene Person zu führen. Die Aufzeichnungen sind für mindestens **zehn Jahre** aufzubewahren (max. 30 Jahre: Ablauf der Schadenersatzpflicht).

Zu dokumentieren sind insbesondere: der Zustand der Person bei Übernahme der Beratung oder Behandlung, die Vorgeschichte der Erkrankung, die Diagnose, der Krankheitsverlauf sowie Art und Umfang der beratenden, diagnostischen oder therapeutischen Leistungen einschließlich der Anwendung von Arzneien.

Aha!
Ärzte sind verpflichtet, Patienten **Einsicht in die Dokumentationen** zu gewähren oder die Herstellung von Kopien zu ermöglichen.

Die erste Kopie ist kostenlos, weitere können gegen Kostenersatz ausgestellt werden.

Provisionsverbot

Ärzte/Ärztinnen dürfen keine Vergütungen für die Zuweisung von Kranken an sie oder durch sie an einen anderen versprechen, geben oder sich zusichern lassen. Rechtsgeschäfte, die gegen dieses Verbot verstoßen, sind nicht gültig.

Für Ärzte und Ärztinnen gilt das Provisionsverbot.

Werbebeschränkung

Laut **§53 der VO der Österreichischen Ärztekammer** haben sich Ärzte/Ärztinnen jeder unsachlichen, unwahren oder das Standesansehen beeinträchtigenden Informationen im Zusammenhang mit der Ausübung ihres Berufes zu enthalten.

Verschwiegenheit

Ärzte und Ärztinnen und ihre Hilfspersonen sind zur Verschwiegenheit über alle ihnen in Ausübung ihres Berufes anvertrauten oder bekannt gewordenen Geheimnisse verpflichtet. Eine Ausnahme bildet u. a. die Anzeigepflicht.

Anzeigepflichtig sind folgende Straftatbestände

- Tod, schwere Körperverletzung und Vergewaltigung
- Misshandeln, Quälen, Vernachlässigung und sexueller Missbrauch von Kindern, Jugendlichen und von wehrlosen Volljährigen

Näheres zur Verschwiegenheitspflicht siehe S. 124.

Voraussetzungen

- **Begründeter Verdacht** (es braucht konkrete Anhaltspunkte, die über bloße Vermutungen und Gerüchte hinausgehen, z. B. durch Gespräche, Beobachtungen).
- Umstände müssen in **Ausübung des Berufs** bekannt geworden sein (also nicht im Privatbereich).
- Nach Interessenabwägung muss mehr für als gegen die Anzeige sprechen.

Beispiel für eine Ausnahme der Verschwiegenheitspflicht
Ist ein Patient wegen Alkoholmissbrauchs als Risikofall einzustufen, uneinsichtig und wenig kooperativ, Führerscheinbesitzer und noch nebenberuflicher Rettungswagenfahrer, darf der Arzt/die Ärztin die Bezirkshauptmannschaft verständigen.

Anzeige

- Die Anzeige hat an die **Kriminalpolizei** oder die **Staatsanwaltschaft** zu erfolgen.
- Es besteht aber auch die Möglichkeit (jedoch keine Pflicht), die Verdachtslage dem **Dienstgeber** zu melden, wenn durch diesen die Anzeige erfolgt. Unterlässt der Dienstgeber die Anzeige, müssen Sie selbst Anzeige erstatten.
- Dauert die Gewalt an, ist Anzeige – i. d. R. unverzüglich – zu erstatten.

Hygiene

Alle Ärzte/Ärztinnen sind dazu verpflichtet, dafür zu sorgen, dass ihre Ordinationsräume den hygienischen Anforderungen entsprechen.

Vorratshaltung

Auch Ärzte und Ärztinnen, die keine Hausapotheke führen, sind verpflichtet, jene Arzneimittel vorrätig zu halten, die nach der Art ihrer Praxis für die **Erste-Hilfe-Leistung** in dringenden Fällen notwendig sind.

Arzneimittel für die Erste-Hilfe-Leistung müssen in der Ordination vorrätig gehalten werden.

ÖSTERREICHISCHE ÄRZTEKAMMER
www.aerztekammer.at

Pflichtmitgliedschaft: Alle Ärztinnen und Ärzte, die ihren Beruf im Bereich eines Bundeslandes ausüben, sind von Gesetzes wegen Mitglieder der jeweiligen Landesärztekammer.

2.5 Gesetzliche Interessenvertretung – Ärztekammer

Zur Vertretung der gemeinsamen Interessen aller in Österreich tätigen Ärzte/Ärztinnen ist die **Österreichische Ärztekammer** eingerichtet. Zusätzlich gibt es in jedem Bundesland eine Ärztekammer. Es handelt sich dabei um Körperschaften des öffentlichen Rechts. Es besteht **Pflichtmitgliedschaft.**

Aufgaben der Ärztekammern
- Sie schließen **Verträge mit den Sozialversicherungsträgern** ab.
- Sie regeln und überwachen die beruflichen Pflichten ihrer Mitglieder gemäß der Berufsordnung. Werden die beruflichen Pflichten verletzt, verhängt die zuständige Ärztekammer Sanktionen.
- Sie sind außerdem für **Weiter- und Fortbildungen** sowie die Vertretung und Förderung der Berufsinteressen der Ärzteschaft verantwortlich.

Aufgabenstellungen – „Arzt/Ärztin“

1. Beschreiben Sie den Ausbildungsweg von Fachärzten und Allgemeinmedizinern.
2. Geben Sie einen Überblick über die ärztlichen Berufspflichten.
3. Erläutern Sie die Struktur und die Aufgabenbereiche der Ärztekammer(n).
4. Begründen Sie, warum (und in welchen Fällen) die Dokumentation für Ärztinnen/Ärzte bedeutend sein kann.

3 Gesundheits- und Krankenpflegedienste

3.1 Gehobener Dienst für Gesundheits- und Krankenpflege – Diplomierte/r Gesundheits- und Krankenpfleger/in (DGKP)

§ **Rechtsgrundlage:** Gesundheits- und Krankenpflegegesetz (GuKG)

3.1.1 Berufsbild

Diplomierte Gesundheits- und Krankenpfleger/innen sind in vielen Bereichen des Gesundheitswesens tätig, wie z. B. in der Pflege, Diagnose, Therapie und Rehabilitation sowie in der Gesundheitsförderung und Prävention.

Der Berufsstand wurde 2016 neu geregelt; davor gab es jahrelange Diskussionen auf Bundes- und Landesebene. Mit dieser großen Novelle wurde auch der althergebrachte Begriff „Krankenschwester“ abgelöst.

3.1.2 Kompetenzbereiche

Pflegerische Kernkompetenzen	Kompetenz bei Notfällen	Kompetenzen bei medizinischer Diagnostik und Therapie
Weiterverordnung von Medizinprodukten	Kompetenzen im multiprofessionellen Versorgungsteam	Spezialisierungen

Pflegerische Kernkompetenzen

Im Gesetz sind 17 Punkte beispielhaft angeführt, z. B.:

- die **eigenverantwortliche Erhebung des Pflegebedarfes,**
- die **Beurteilung der Pflegeabhängigkeit,**
- die Diagnostik, Planung, Organisation, Durchführung, Kontrolle und Evaluation aller pflegerischen Maßnahmen **(Pflegeprozess)** in allen Versorgungsformen und Versorgungsstufen,
- die Prävention, Gesundheitsförderung und Gesundheitsberatung im Rahmen der Pflege sowie weiters:
- Mitwirkung an fachspezifischen Forschungsprojekten **(Pflegeforschung)**,
- Erstellung von **Pflegegutachten** und
- psychosoziale Betreuung in der Gesundheits- und Krankenpflege.

Eigenverantwortlichkeit bedeutet einerseits fachliche Weisungsfreiheit und andererseits wird auch zum Ausdruck gebracht, dass diese Berufsgruppe für den Schaden, den sie infolge nicht fachgemäßer Pflege verursacht hat, selbst haftet.

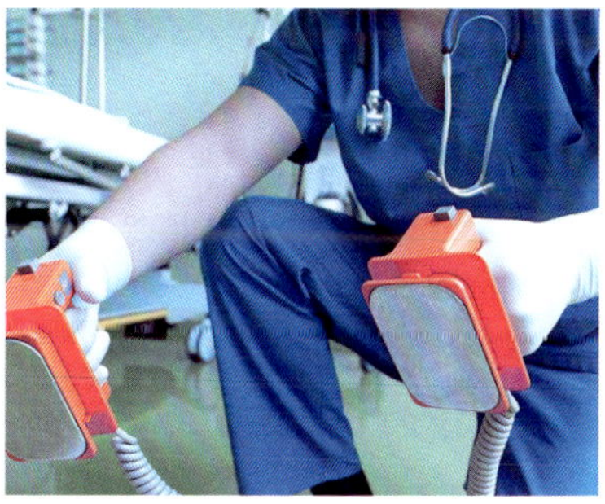

Kompetenz bei Notfällen

Diese umfasst:

- das Erkennen und Einschätzen von Notfällen,
- das Setzen entsprechender Maßnahmen und
- die eigenverantwortliche Durchführung **lebensrettender Sofortmaßnahmen** (v. a. Herzdruckmassage und Beatmung, Durchführung der Defibrillation sowie die Verabreichung von Sauerstoff) solange und soweit ein Arzt/eine Ärztin nicht zur Verfügung steht; die unverzügliche Verständigung eines Arztes/einer Ärztin ist zu veranlassen.

Defibrillation = Behandlungsmethode gegen lebensbedrohliche Herzrhythmusstörungen, bei denen durch starke Stromstöße die normale Herzaktivität wiederhergestellt werden soll. Das verwendete Gerät nennt man Defibrillator.

Kompetenzen bei medizinischer Diagnostik und Therapie

Diese umfassen die **eigenverantwortliche Durchführung** medizinisch-diagnostischer und medizinisch-therapeutischer Maßnahmen und Tätigkeiten **nach ärztlicher Anordnung.**

- Vom Arzt angeordnete Tätigkeiten dürfen vom gehobenen Dienst **an bestimmte Personengruppen,** die im Gesetz aufgezählt werden, **weiter übertragen** werden (z. B. an Angehörige eines Pflegeassistenzberufes, Schüler/innen im Rahmen der praktischen Ausbildung, Personenbetreuer/innen).
- Das diplomierte Pflegepersonal hat die ärztliche Anordnung **eigenverantwortlich** – also ohne ärztliche Aufsicht – durchzuführen. Bei auftretenden Fragen ist allerdings umgehend der/die anordnende Arzt/Ärztin zu kontaktieren.
- Der Arzt/Die Ärztin hat sich zu vergewissern, dass die betreffende Person auch die **Fähigkeiten** zur Durchführung der angeordneten Maßnahmen besitzt.

Die ärztliche Anordnung kann mündlich erfolgen, sofern

- die Dringlichkeit der Maßnahmen und Tätigkeiten dies erfordert oder diese bei unmittelbarer Anwesenheit des anordnenden Arztes vorgenommen werden und
- die Eindeutigkeit und Zweifelsfreiheit der Anordnung sichergestellt sind.

Sie muss im Anschluss schriftlich nachgeholt werden.

Aha!
Der Arzt/Die Ärztin trägt die Verantwortung für eine klare und richtige Anordnung, die Pflegeperson für deren Durchführung.

Die Kompetenzen umfassen u. a. insbesondere

- Verabreichung von **Arzneimitteln,** einschließlich Zytostatika (Substanzen, die das Zellwachstum bzw. die Zellteilung hemmen) und Kontrastmitteln,
- Vorbereitung und Verabreichung von **Injektionen** und **Infusionen,**
- **Punktion** und **Blutentnahme** aus den Kapillaren, dem periphervenösen Gefäßsystem, der Arterie Radialis (Hand) und der Arterie Dorsalis Pedis (Fuß) sowie Blutentnahme aus dem zentralvenösen Gefäßsystem bei liegendem Gefäßzugang,
- Setzen von transurethralen **Kathetern** zur Harnableitung (Anm.: Urethra = Harnröhre)
- Entfernen von Drainagen, Nähten und Wundverschlussklammern,

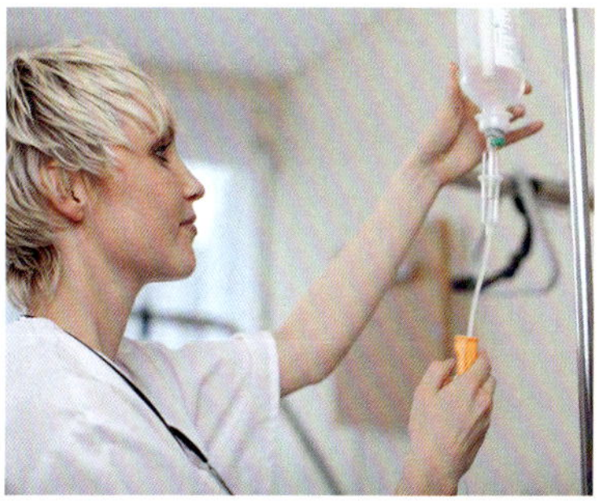

Das Vorbereiten und Anschließen von Infusionen zählt zu den täglichen Arbeiten einer DGKP.

Der **periphere Venenverweilkatheter (PVK)** ist der am häufigsten eingesetzte venöse Zugang und dient der wiederholten Applikation (Verabreichung, Gabe) von Medikamenten und/oder Flüssigkeit. Die Anlage erfolgt meistens im Bereich des Unterarms oder der Hand.

- Legen und Entfernen von transnasalen (über die Nase) und transoralen (durch die Mundhöhle) **Magensonden,**
- Durchführung standardisierter diagnostischer Programme,
- Legen, Wechsel sowie Entfernung **periphervenöser Verweilkanülen** einschließlich Aufrechterhaltung von deren Durchgängigkeit.
- **Verordnung (Erst- und Weiterverordnung) von Medizinprodukten:** Das diplomierte Pflegepersonal ist berechtigt, vom Arzt/von der Ärztin verordnete Medizinprodukte in den Bereichen Nahrungsaufnahme, Inkontinenzversorgung, Mobilisations- und Gehhilfen, Verbandsmaterialien und Ähnliches unter bestimmten Voraussetzungen (weiter) zu verordnen.

Was sind Arzneimittel?

Die Definition von Arzneimitteln ist im **Arzneimittelgesetz** (AMG) geregelt: Arzneimittel sind Stoffe und Zubereitungen aus Stoffen, deren Wirkung dazu dient, Krankheiten oder Beschwerden zu heilen, zu lindern, vorzubeugen oder zu erkennen.

Dazu zählen auch Diagnosemittel, medizinische Flüssigkeiten und Lösungen (Infusionen), homöopathische Arzneimittel oder Arzneien, die in Apotheken zubereitet werden (magistrale Zubereitungen).

Kompetenzen im multiprofessionellen Versorgungsteam

Dieser Kompetenzbereich umfasst die **pflegerische Expertise** (Beurteilung, Einschätzung) von Angehörigen des gehobenen Dienstes als Teil des multiprofessionellen Versorgungsteams bei der Zusammenarbeit mit Gesundheits- und Sozialberufen sowie anderen Berufen.

Es geht dabei v. a. um folgende Themen:

- Maßnahmen zur Verhütung von Krankheiten und Unfällen sowie zur Erhaltung und Förderung der Gesundheit
- Aufnahme- und Entlassungsmanagement
- Gesundheitsberatung
- Ethische Entscheidungsfindung

Die/Der DGKP hat ein **Vorschlags- und Mitwirkungsrecht.** Er trägt die **Durchführungsverantwortung** für alle von ihm in diesen Bereichen gesetzten pflegerischen Maßnahmen.

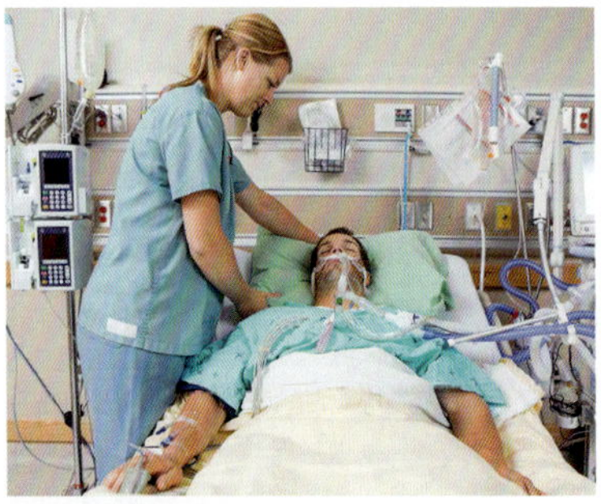

Spezialisierungen z. B. in den Bereichen Intensivpflege können erworben werden.

Spezialisierungen

Angehörige des gehobenen Dienstes für Gesundheits- und Krankenpflege können Spezialisierungen z. B. in folgenden Bereichen erwerben:

- Lehr- und Führungsaufgaben
- Kinder- und Jugendlichenpflege
- Intensivpflege
- Anästhesiepflege
- Pflege bei Nierenersatztherapie
- Pflege im Operationsbereich
- Krankenhaushygiene
- Hospiz- und Palliativversorgung
- Psychiatrische Gesundheits- und Krankenpflege
- Wundmanagement und Stomaversorgung
- Psychogeriatrische Pflege

3.1.3 Allgemeines zur Ausübung des gehobenen Dienstes für Gesundheits- und Krankenpflege

Erfordernisse für die Berufsausübung	■ Handlungsfähigkeit (Fähigkeit, durch eigenes Verhalten Rechte und Pflichten zu begründen. Eine Person gilt mit dem 18. Geburtstag als voll handlungsfähig) ■ Die für die Erfüllung der Berufspflichten erforderliche gesundheitliche Eignung ■ Vertrauenswürdigkeit ■ Die für die Berufsausübung erforderlichen notwendigen Sprachkenntnisse ■ Anerkannter Qualifikationsnachweis ■ Eintragung in das Gesundheitsberuferegister (GBR)
Ausbildung	■ Fachhochschul-Bachelorstudiengang ■ Schule für Gesundheits- und Krankenpflege (bis 31.12.2023 je nach Ausbildungsort) – das ist eine „auslaufende" Ausbildung ■ Dauer: 3 Jahre ■ Abschluss: BScN – Bachelor of Science in Nursing
Berufsbezeichnung	Diplomierter Gesundheits- und Krankenpfleger bzw. Diplomierte Gesundheits- und Krankenpflegerin (DGKP)
Berufsausübung	Die Berufsausübung erfolgt in einem Dienstverhältnis (z. B. in einer Krankenanstalt, bei freiberuflichen Ärzten) oder kann auch freiberuflich erfolgen.
Berufspflichten	Zu den Berufspflichten zählen insbesondere: ■ Gewissenhafte Berufsausübung ■ Unterlassung jedweder eigenmächtigen Heilbehandlung ■ Fortbildungsverpflichtung ■ Leistung von fachkundiger Hilfe ■ Pflegedokumentation ■ Auskunftserteilungspflicht ■ Verschwiegenheitspflicht ■ Anzeigepflicht

3.2 Pflegeassistenzberufe

Diese sind Gesundheits- und Krankenpflegeberufe **zur Unterstützung** von Angehörigen des gehobenen Dienstes für Gesundheits- und Krankenpflege sowie von Ärzten/Ärztinnen.

Zu den Pflegeassistenzberufen zählen
- die **Pflegeassistenz** und
- die **Pflegefachassistenz.**

§ **Rechtsgrundlage:**
Gesundheits- und Krankenpflegegesetz (GuKG)

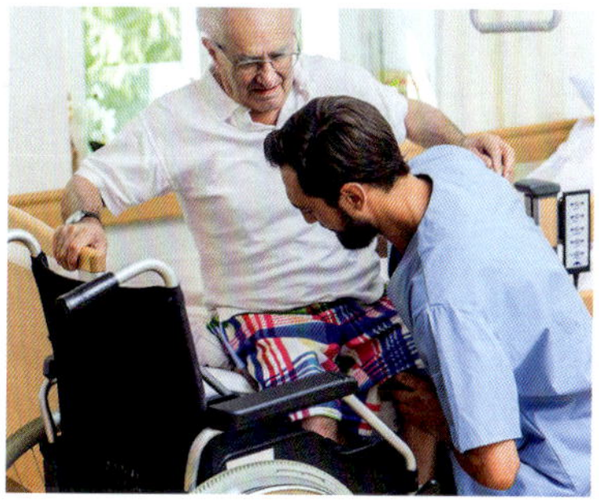

Berufsbild

Die Durchführung der ihnen durch Angehörige des gehobenen Dienstes für Gesundheits- und Krankenpflege im Rahmen der Pflege übertragenen Aufgaben und Tätigkeiten
- in verschiedenen Pflege- und Behandlungssituationen,
- bei Menschen aller Altersstufen,
- in mobilen, ambulanten, teilstationären und stationären Versorgungsformen
- sowie auf allen Versorgungsstufen.

Im Rahmen der medizinischen Diagnostik und Therapie führen Pflegeassistenzberufe die ihnen von Ärzten/Ärztinnen übertragenen oder von Angehörigen des gehobenen Dienstes für Gesundheits- und Krankenpflege weiter übertragenen Maßnahmen durch.

Die Tätigkeiten der Pflegefachassistenz sind umfangreicher als die der Pflegeassistenz; dieser Berufsstand wurde mit 2016 neu eingeführt.

Ausbildung

Die Ausbildung der Pflegeassistenzberufe erfolgt
- an **Schulen für Gesundheits- und Krankenpflege,**
- in bewilligten **Lehrgängen** oder
- im Rahmen eines **Dienstverhältnisses.**

Die Assistenzberufe (PA/PFA) können auch im Rahmen einer **Lehre** ausgebildet werden.

Desgleichen können Absolventinnen/Absolventen von berufsbildenden mittleren und höheren Schulen im Rahmen ihrer Schulausbildung eine Berufsberechtigung als PA/PFA erlangen.

4 Die gehobenen medizinisch-technischen Dienste (MTD)

Rechtsgrundlage:
Bundesgesetz über die Regelung der gehobenen medizinisch-technischen Dienste (MTD-Gesetz)

Die vom MTD-Gesetz umfassten Berufsgruppen dürfen bis auf wenige Ausnahmen Maßnahmen **nur auf Basis einer entsprechenden ärztlichen Anordnung** vornehmen (Arzt/Ärztin = Anordnungsverantwortung).

Die Durchführungsverantwortung trägt der gehobene medizinisch-technische Dienst.

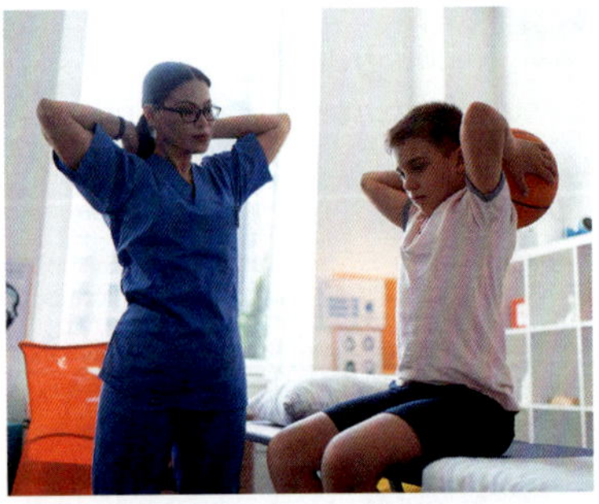

4.1 Berufsgruppen

Physiotherapeutischer Dienst

Er umfasst die eigenverantwortliche Anwendung aller physiotherapeutischen Maßnahmen nach ärztlicher Anordnung. Dazu zählen beispielsweise alle Arten der Bewegungstherapie, manuelle Therapie der Gelenke, Atemtherapie, alle Arten von Heilmassagen sowie die Beratung und Erziehung von Gesunden (diese kann auch ohne ärztliche Anordnung geschehen).

Berufsbezeichnung: **Physiotherapeut/Physiotherapeutin**

Medizinisch-technischer Laboratoriumsdienst

Er umfasst die eigenverantwortliche Ausführung aller Laboratoriumsmethoden nach ärztlicher Anordnung. Dazu zählen beispielsweise klinisch-chemische Untersuchungen, die Erstellung eines Blutbildes, die Untersuchung von Gewebeproben und die Blutabnahme aus der Vene nach ärztlicher Ermächtigung.

Berufsbezeichnung: **Biomedizinischer Analytiker/Biomedizinische Analytikerin**

Radiologisch-technischer Dienst

Er umfasst die eigenverantwortliche Ausführung aller radiologisch-technischen Methoden nach ärztlicher Anordnung unter Anwendung von ionisierenden Strahlen. Dazu zählen die diagnostische Radiologie (z. B. Röntgen, Magnetresonanztomografie, Ultraschall), die Strahlentherapie, die Nuklearmedizin sowie die Anwendung von Kontrastmitteln.

Berufsbezeichnung: **Radiologietechnologe/Radiologietechnologin**

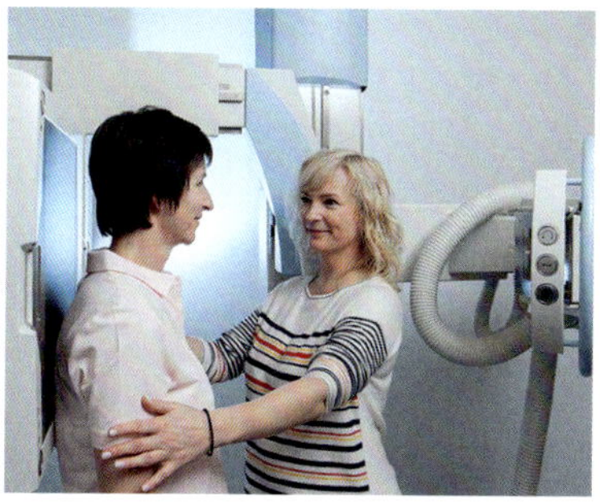

Ergotherapeutischer Dienst

Er umfasst die eigenverantwortliche Behandlung von Personen, die in ihrer Handlungsfähigkeit eingeschränkt sind. Das Ziel der Ergotherapie sind die Förderung, Entwicklung, Erhaltung und Wiedererlangung der Handlungsfähigkeit, der gesellschaftlichen Teilhabe und der Lebensqualität. Darunter fallen z. B. das Training zur Selbsthilfe, der Einsatz und die Unterweisung im Gebrauch von Hilfsmitteln einschließlich Schienen zu Zwecken der Prophylaxe, Therapie und Rehabilitation.

Ohne ärztliche Anordnung erfolgt die Beratungs- und Schulungstätigkeit sowohl auf dem Gebiet der Ergonomie als auch auf dem Gebiet des allgemeinen Gelenkschutzes an Gesunden.

Berufsbezeichnung: **Ergotherapeut/Ergotherapeutin**

Logopädisch-phoniatrisch-audiologischer Dienst

Er umfasst die eigenverantwortliche logopädische Befunderhebung und Behandlung von Sprach-, Sprech-, Stimm-, Schluck- und Hörstörungen nach ärztlicher Anordnung.

Berufsbezeichnung: **Logopäde/Logopädin**

Diätdienst und ernährungsmedizinischer Beratungsdienst

Dieser umfasst die eigenverantwortliche Auswahl, Zusammenstellung und Berechnung spezieller Kostformen für kranke bzw. krankheitsverdächtige Personen sowie die Anleitung und Überwachung der Zubereitung nach ärztlicher Anordnung. Auch die Beratung der Kranken und/oder ihrer Angehörigen über die praktische Durchführung ärztlich verordneter Diäten fällt in diesen Bereich.

Ohne ärztliche Anordnung kann dieser Dienst für gesunde Personen und Personengruppen mit besonderen Belastungen (z. B. Schwangere, Sportler/innen) erfolgen.

Berufsbezeichnung: **Diätologe/Diätologin**

Orthoptischer Dienst

Dieser umfasst die eigenverantwortliche Ausführung von vorbeugenden Maßnahmen sowie die Untersuchung, Befunderhebung und Behandlung von Sehstörungen, Schielen, Schwachsichtigkeit und Bewegungsstörungen der Augen nach ärztlicher Anordnung.

Berufsbezeichnung: **Orthoptist/Orthoptistin**

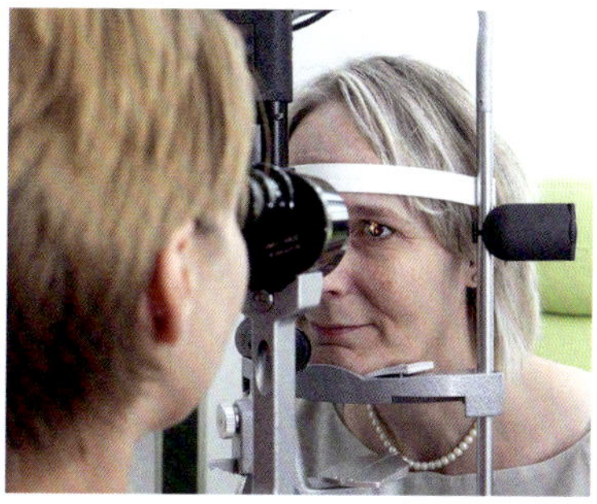

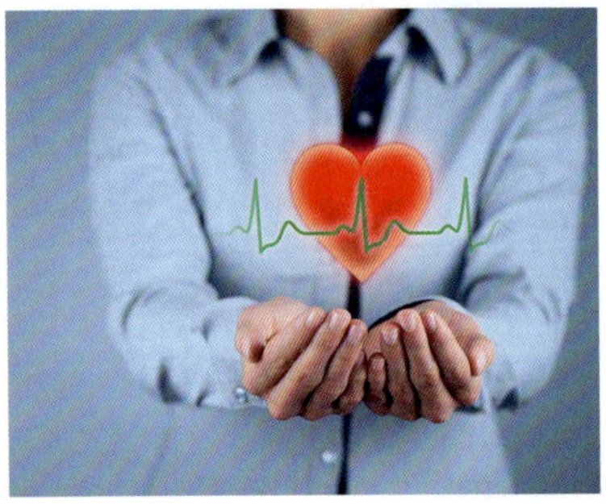

4.2 Allgemeines zur Berufsausübung der MTD

Erfordernisse für die Berufsausübung	■ Handlungsfähigkeit ■ Die für die Erfüllung der Berufspflichten erforderliche gesundheitliche Eignung ■ Vertrauenswürdigkeit ■ Die für die Berufsausübung erforderlichen notwendigen Sprachkenntnisse ■ Anerkannter Qualifikationsnachweis ■ Eintragung in das Gesundheitsberuferegister (GBR)
Ausbildung	■ Fachhochschul-Bachelorstudiengang (Zugangsvoraussetzungen: allgemeine Universitätsreife, Berufsreifeprüfung, relevante einschlägige berufliche Qualifikation) ■ Sie umfasst eine theoretische und eine praktische Ausbildung. ■ Dauer: 6 Semester ■ Abschluss: Bachelor of Science in Healter Studios (BSc)
Berufsausübung	Die Berufsausübung erfolgt in einem Dienstverhältnis (z. B. Träger einer Krankenanstalt, in Praxen von freiberuflichen Ärzten/Ärztinnen) oder freiberuflich.
Berufspflichten	Zu den Berufspflichten zählen insbesondere: ■ Gewissenhafte Berufsausübung ■ Unterlassung jedweder eigenmächtigen Heilbehandlung ■ Fortbildungsverpflichtung ■ Leistung von fachkundiger Hilfe ■ Pflegedokumentation ■ Auskunftserteilungspflicht ■ Verschwiegenheitspflicht ■ Anzeigepflicht

5 Sonstige Berufe

Im Gesundheitswesen arbeiten viele Berufe zusammen, um das Ziel der Gesunderhaltung und Heilung von Menschen zu erreichen. Im Folgenden wird noch näher auf das Berufsbild der Hebamme eingegangen und ein grober Überblick über die weiteren Berufsgruppen gegeben.

5.1 Hebamme

Rechtsgrundlage:
Hebammengesetz (HebG)

Tätigkeitsbereich

Dieser umfasst

- die Betreuung, Beratung und Pflege der Schwangeren, Gebärenden und Wöchnerin,
- den Beistand während der Geburt sowie
- die Mitwirkung bei der Mutterschafts- und Säuglingsfürsorge.

Aha!
Jede Schwangere bzw. Wöchnerin muss zur Geburt und zur Versorgung des Kindes während des Wochenbettes eine Hebamme zuziehen (Hebammenpflicht).

Das **Wochenbett** beginnt unmittelbar nach der Geburt des Kindes. Die Dauer des Wochenbettes beträgt durchschnittlich sechs Wochen. Die ersten sieben Tage werden als „Frühwochenbett" bezeichnet.

Eigenverantwortlicher Tätigkeitsbereich
Grundsätzlich sind Hebammen eigenverantwortlich tätig. Dazu zählen insbesondere folgende Bereiche:
- Information über grundlegende Methoden der Familienplanung
- Feststellung der Schwangerschaft
- Beobachtung der normal verlaufenden Schwangerschaft
- Durchführung der notwendigen Untersuchungen zur Beobachtung des Verlaufes einer normalen Schwangerschaft
- Veranlassung von Untersuchungen, die für eine möglichst frühzeitige Feststellung einer regelwidrigen Schwangerschaft notwendig sind, sowie Aufklärung über diese Untersuchungen
- Vorbereitung auf die Elternschaft
- Umfassende Vorbereitung auf die Geburt
- Betreuung der Gebärenden und Überwachung des Fötus in der Gebärmutter
- Spontangeburten einschließlich Dammschutz sowie im Dringlichkeitsfall Steißgeburten und – sofern erforderlich – Durchführung eines Scheidendammschnittes
- Erkennen von Anzeichen von Regelwidrigkeiten bei der Mutter oder beim Kind
- Durchführung der vom Arzt/von der Ärztin verordneten Maßnahmen
- Abfassen der erforderlichen schriftlichen Aufzeichnungen

Frei praktizierende Hebammen machen bereits vor der Geburt Hausbesuche, um eine Vertrauensbasis zu schaffen.

Beiziehungspflicht des Arztes/der Ärztin

Bei Verdacht oder Auftreten von regelwidrigen und Gefahr drohenden Zuständen für die Frau oder das Kind während der Schwangerschaft, der Geburt und des Wochenbetts darf die Hebamme ihren Beruf nur nach ärztlicher Anordnung und in Zusammenarbeit mit einem Arzt/einer Ärztin ausüben.

Regelwidrige und Gefahr drohende Zustände können beispielsweise sein:
- Belastende Vorgeschichte
- Mehrlingsschwangerschaften
- Regelwidrige Lage des Kindes
- Vorliegen oder Vorfall von kleinen Kindesteilen oder der Nabelschnur
- Verdacht auf Schädel-Becken-Missverhältnis
- Regelwidrige Herztöne des Kindes

Erste männliche Hebamme
In einem typischen Frauenberuf ist in Wien erstmals in Österreich ein Mann tätig: Markus Leich hat als Hebamme im Donauspital schon 90 Mädchen und Buben geholfen, das Licht der Welt zu erblicken.
Erst seit 1995 sind in Österreich Männer zur Hebammenausbildung zugelassen. Für das Hebammenstudium an der FH Campus Wien bewerben sich pro Jahr 500 Personen, darunter zwei Männer, hieß es vor zwei Jahren.
www.wien.orf.at, 11. Jänner 2019

Verabreichung von Arzneimitteln

Hebammen dürfen bei gegebener Indikation in der Eröffnungsperiode der Geburt krampflösende oder schmerzstillende Arzneimittel, die für die Geburtshilfe nach Maßgabe der Wissenschaft und Erfahrung angezeigt sind, ohne ärztliche Anordnung verabreichen. Dies gilt nicht für Suchtgifte im Sinne des Suchtmittelgesetzes.

Zudem ist Hebammen die **Anwendung von Wehenmitteln** bzw. Wehen hemmenden Mitteln bei Gefahr in Verzug ohne ärztliche Anordnung erlaubt, wenn
- ärztliche Hilfe nicht rechtzeitig erreichbar oder
- die rechtzeitige Einweisung in eine Krankenanstalt nicht möglich ist.

Allgemeines zur Berufsausbildung der Hebamme

Die Ausbildung beträgt 3 Jahre.

Erfordernisse für die Berufsausübung	■ Handlungsfähigkeit ■ Gesundheitliche Eignung und Vertrauenswürdigkeit ■ Für die Berufsausübung notwendige Sprachkenntnisse ■ Eintragung in das Hebammenregister ■ Qualifikationsnachweis (Diplom über Ausbildung in der Hebammenakademie oder erfolgreicher Abschluss eines Fachhochschul-Bachelorstudienganges) Die Aufnahmevoraussetzungen entsprechen den Voraussetzungen nach dem MTD-G.
Ausbildung	■ Fachhochschul-Bachelorstudiengang (Zugangsvoraussetzungen: allgemeine Universitätsreife, Berufsreifeprüfung oder eine einschlägige berufliche Qualifikation) ■ Dauer: 6 Semester ■ Abschluss: Bachelor of Science
Berufsausübung	Die Berufsausübung kann in einem Dienstverhältnis (z. B. Träger einer Krankenanstalt, in Praxen von freiberuflichen Ärzten/Ärztinnen oder in Einrichtungen der Geburtsvorbereitung und -nachbetreuung) oder freiberuflich erfolgen.
Berufspflichten	Zu den Berufspflichten zählen insbesondere: ■ Persönliche und unmittelbare Berufsausübung ■ Gewissenhafte Berufsausübung ■ Beistandspflicht in Notfällen ■ Arztbeiziehungspflicht ■ Verschwiegenheitspflicht ■ Anzeigepflicht ■ Dokumentationspflicht ■ Arzneimittelbevorratung

5.2 Weitere Gesundheitsberufe

Berufe	Ausbildung	Rechtsgrundlage
In Apotheken ■ Pharmazeutinnen/Pharmazeuten ■ Pharmazeutisch-kaufmännische Assistenz (PKA)	Universitätsstudium Lehrberuf	Apothekengesetz
Sanitäter/innen	Fachausbildung zum Rettungssanitäter und Notfallsanitäter bei verschiedenen Institutionen (z. B. beim Österreichischen Roten Kreuz Arbeiter-Samariterbund, Malteser Hospitaldienst)	Sanitätergesetz
Medizinische Assistenzberufe ■ Desinfektionsassistenz ■ Gipsassistenz ■ Laborassistenz ■ Obduktionsassistenz ■ Operationsassistenz ■ Ordinationsassistenz ■ Röntgenassistenz ■ Dipl. medizinische Fachassistenz **Operationstechnische Assistenz** **Trainingstherapie**	Schulen für Gesundheits- und Krankenpflege, Schulen oder Lehrgänge für medizinische Assistenzberufe, Kepler Universitätsklinikum, Berufsförderungsinstitut	Medizinisches Assistenzberufegesetz 2012 (MABG)
Medizinische/r Masseur/in und Heilmasseur/in	Meist in bewilligten Lehrgängen	Medizinischer Masseur- und Heilmasseurgesetz 2002 (MMHmG)

Ziele erreicht – „Berufsgruppen des Gesundheitswesens“

KOMPETENZ-ERWERB

1. Erläutern Sie die Erfordernisse für die Berufsausübung eines Arztes/einer Ärztin für Allgemeinmedizin sowie eines Facharztes/einer Fachärztin.
2. Beschreiben Sie, welche Tätigkeiten Amtsärzte/-ärztinnen und Gemeindeärzte/-ärztinnen wahrnehmen.
3. Beschreiben Sie, wozu Turnusärzte/-ärztinnen berechtigt sind.
4. Stellen Sie dar, welche Berufspflichten für Ärzte/Ärztinnen nach dem Ärztegesetz gelten.
5. Erläutern Sie das Berufsbild des gehobenen Dienstes für Gesundheits- und Krankenpflege.
6. Nennen und beschreiben Sie die jeweiligen Kompetenzbereiche des gehobenen Dienstes für Gesundheits- und Krankenpflege.
7. Zählen Sie die Möglichkeiten der Spezialisierungen auf.
8. Darf der gehobene Dienst der Gesundheits- und Krankenpflege folgende Tätigkeiten nach ärztlicher Anordnung durchführen?

	Ja	Nein
Verabreichung von Medikamenten		
Durchführung von Operationen		
Verabreichung von subkutanen Injektionen		
Blutentnahme aus der Vene		
Durchführung von Obduktionen		

9. Erläutern Sie kurz die Pflegeassistenzberufe.
10. Nennen Sie die Berufsgruppen, die im MTD-G geregelt sind. Geben Sie jeweils zwei Beispiele zum Tätigkeitsbereich und führen Sie die Berufsbezeichnungen an.
11. Erläutern Sie die Aufgaben, die von einer Hebamme durchzuführen sind.
12. Beschreiben Sie, in welchen Situationen eine Hebamme einen Arzt beiziehen muss.
13. Zählen Sie die Berufspflichten einer Hebamme auf.

Einrichtungen des Gesundheitswesens

Zahlen und Fakten
In Österreich werden traditionell überdurchschnittlich viele Leistungen in Spitälern stationär erbracht. Damit zählt Österreich zu den EU-Staaten mit den meisten Spitalsbetten und den meisten stationären Krankenhausaufenthalten im Vergleich zur Bevölkerung.
In den 271 Spitälern mit insgesamt 301 Standorten und rund 64 800 Betten gibt es mehr als 2,83 Millionen stationäre Aufenthalte.
Die Spitäler beschäftigen rund 24 600 Ärztinnen/Ärzte und 93 300 Personen in nichtärztlichen Gesundheitsberufen (2017, ohne Verwaltungspersonal). Den Schwerpunkt bilden diplomierte Pflegekräfte mit rund 60 200 Personen.
Das österreichische Gesundheitssystem, Ausgabe 2019, Gesundheitsministerium (Hg.)

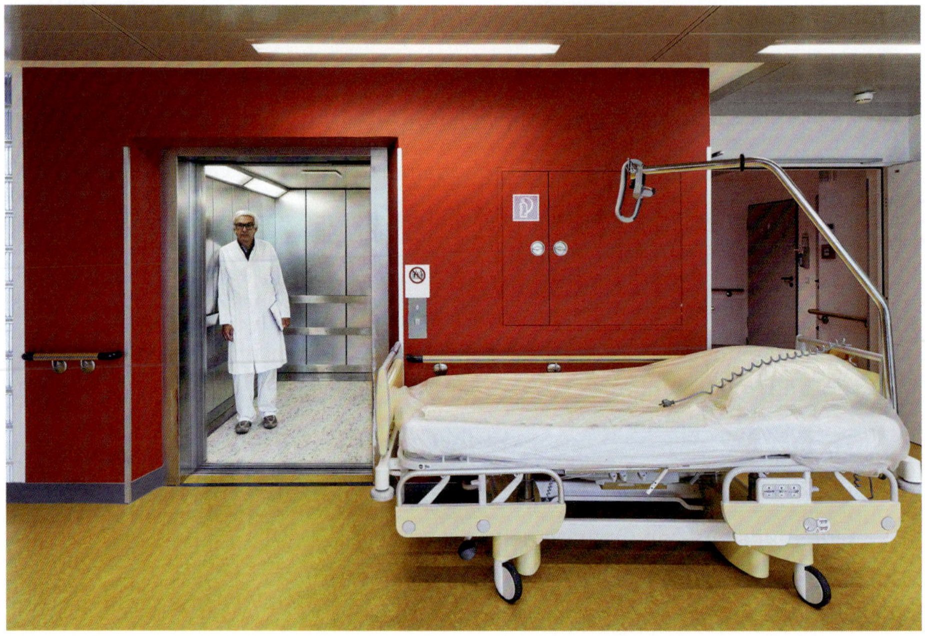

Die Krankenanstalten bilden den Kern des Gesundheitssystems in Österreich. Sie werden sowohl von der öffentlichen Hand als auch von privaten Trägern betrieben.

Die gute Versorgung mit Krankenhausbetten in Österreich ist ein Grund, warum Patienten und Patientinnen häufig stationär aufgenommen werden. Im internationalen Vergleich liegen Patienten in Österreich häufiger im Krankenhaus als anderswo.

KOMPETENZ-ERWERB

Meine Ziele

Nach Bearbeitung dieses Kapitels kann ich
- die verschiedenen Arten von Krankenanstalten benennen;
- erklären, was man unter der Verschwiegenheitspflicht versteht;
- Näheres zu Krankengeschichte und zu den Patientenrechten erläutern;
- erklären, welche Voraussetzungen für eine Unterbringung gegeben sein müssen.

1 Begriff der Krankenanstalt

Krankenanstalten (Heil- und Pflegeanstalten) sind Einrichtungen zur
- Feststellung und Überwachung des Gesundheitszustandes durch Untersuchung,
- Vornahme operativer Eingriffe,
- Vorbeugung, Besserung und Heilung von Krankheiten durch Behandlung,
- Entbindung,
- medizinischen Fortpflanzungshilfe und
- Bereitstellung von Organen zum Zwecke der Transplantation.

§ **Rechtsgrundlagen:**
- Bundesgesetz über Kranken- und Kuranstalten (KAKuG) – Grundsatzgesetz
- Landesgesetze der Bundesländer als Ausführungsgesetze dazu.

Diese Gesetze regeln u. a. die Errichtung, den Betrieb und die Finanzierung der Krankenanstalten.

2 Arten von Krankenanstalten

Arten	Beschreibung
Allgemeine Krankenanstalten	Für Personen ohne Unterschied des Geschlechts, des Alters oder der Art der ärztlichen Betreuung. Sie sind einzurichten als: ■ **Standardkrankenanstalten** (Basisgesundheitsversorgung in der Nähe des Wohnortes; haben meist eine Abteilung für Innere Medizin und für Chirurgie und sind nicht dafür ausgestattet, alle Erkrankungen zu behandeln) ■ **Schwerpunktkrankenanstalten** (weisen Spezialisierungen auf bestimmte Fachrichtungen auf) ■ **Zentralkrankenanstalten** (mit grundsätzlich allen dem jeweiligen Stand der medizinischen Wissenschaft entsprechenden spezialisierten Einrichtungen – auch sog. Universitätskliniken sind Zentralkrankenanstalten)
Sonderkrankenanstalten	■ Für die Untersuchung und Behandlung von Personen mit bestimmten Krankheiten (z. B. Nervenleiden, Lungenkrankheiten) oder ■ von Personen bestimmter Altersstufen (z. B. Kinder) ■ oder für bestimmte Zwecke (z. B. Reha)
Pflegeanstalten	Für chronisch Kranke, die ärztlicher Betreuung und besonderer Pflege bedürfen.
Sanatorien	Entsprechen durch ihre besondere Ausstattung höheren Ansprüchen hinsichtlich Verpflegung und Unterbringung.
Selbstständige Ambulatorien (Röntgeninstitute, Zahnambulatorien und ähnliche Einrichtungen)	Organisatorisch selbstständige Einrichtungen, die der Untersuchung oder Behandlung von Personen dienen, die keine Aufnahme in Anstaltspflege benötigen.
Militärische Krankenanstalten	Vom Bund betriebene Krankenanstalten im Zusammenhang mit der Erfüllung der Aufgaben des Bundesheeres.

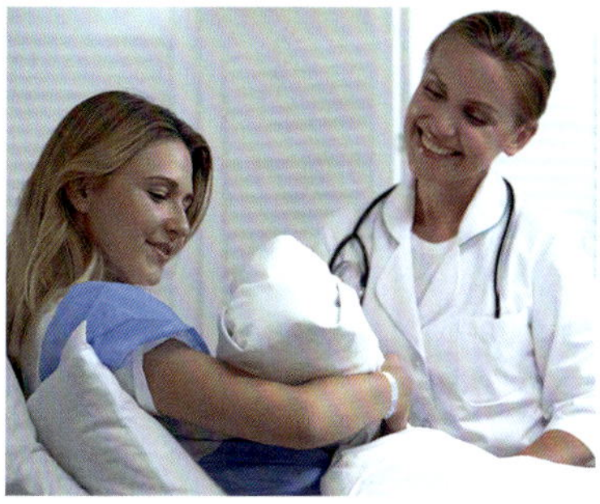

Eine Frauenklinik ist z. B. eine Sonderkrankenanstalt, an der u. a. Geburten durchgeführt werden.

Keine Krankenanstalten sind z. B.:
- Anstalten für die Unterbringung geistig abnormer oder entwöhnungsbedürftiger Rechtsbrecher/innen
- Arbeitsmedizinische Zentren und Kuranstalten (sie sind in einem eigenen Abschnitt des KAKuG geregelt)

Auch **Pflegeheime** sind keine Krankenanstalten, sondern **Einrichtungen der Sozialhilfe.**

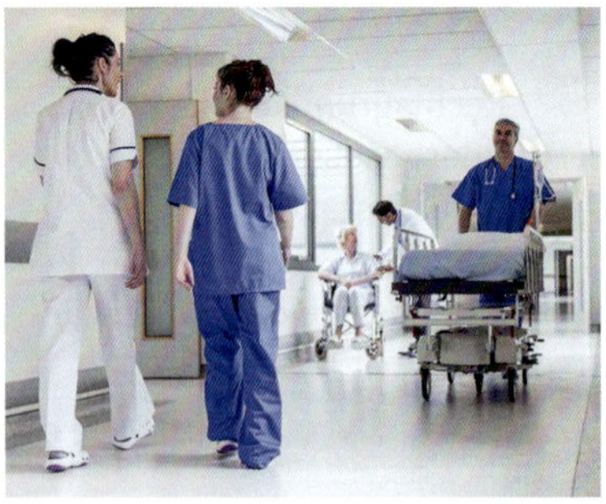

3 Errichtung und Betrieb von Krankenanstalten

3.1 Voraussetzungen für die Errichtung und den Betrieb

- **Bewilligung** der jeweiligen **Landesregierung**
- **Anstaltszweck** und **Leistungsangebot** müssen genau definiert sein
- Vorhandensein des zum Betrieb notwendigen **qualifizierten Personals** und der erforderlichen **medizinischen und technischen Geräte** sowie einer **Anstaltsordnung**

3.2 Rechtsträger

AUVA = Allgemeine Unfallversicherungsanstalt.

Rechtsträger von Krankenanstalten können sein:
- Gebietskörperschaften (Bund, Länder und Gemeinden)
- Sozialversicherungsträger (z. B. die AUVA)
- Kirchliche Rechtsträger (z. B. Diakonie, Ordensspitäler)
- Natürliche und juristische Personen (z. B. Privatklinik Döbling)

Beispiel

	Vinzenz Gruppe	**Die Elisabethinen**
	50 %	50 %
Rechtsträger	**Ordensklinikum Linz GmbH** eine gemeinsame Geschäftsführung	
Krankenanstalten	**Ordensklinikum Barmherzige Schwestern**	**Ordensklinikum Elisabethinen**

Mehr als die Hälfte der Krankenanstalten in Österreich gehören Gebietskörperschaften. Die wohl wichtigsten Träger sind mittlerweile die Bundesländer, etwa in Wien der Wiener Krankenanstaltenverbund oder in Niederösterreich die NÖ Landeskliniken-Holding.

3.3 Leitung von Krankenanstalten

Die Leitung eines Krankenhauses hat die sogenannte **kollegiale Führung** inne, die direkt dem Rechtsträger untersteht. Das Krankenanstaltengesetz bestimmt folgende Mindestbesetzung:

Kollegiale Führung

Verwaltungsdirektor/in	Ärztliche/r Direktor/in	Pflegedirektor/in
Ist zuständig für administrative und wirtschaftliche Angelegenheiten in Krankenanstalten (z. B. für Organisation und Personalführung).	Steht nicht nur den Spitalsärztinnen und -ärzten vor, sondern ist für alle ärztlichen Belange zuständig; letztlich auch für Hygiene, ärztliche Qualitätssicherung etc. Er/Sie muss Arzt/Ärztin sein und nach den Vorschriften des Ärztegesetzes dazu befugt sein.	Ist Angehörige/r der gehobenen Dienste für Gesundheits- und Krankenpflege und für die Leitung des Pflegedienstes zuständig.

Die Personen der kollegialen Führung haben in ihren Aufgabenbereichen alleinverantwortlich die erforderlichen Maßnahmen zu setzen. Sind allgemeine und grundsätzliche Fragen der Krankenanstalt zu entscheiden, so hat die kollegiale Führung zu beraten und gemeinsam zu entscheiden.

Aha!
Es steht dem Rechtsträger eines Krankenhauses frei, z. B. auch eine technische Direktion, eine Personaldirektion oder Finanzdirektion zu installieren; große Häuser müssen eine technische Direktion haben.

Es kann zu **Kompetenzüberschneidungen** zwischen ärztlicher Direktion und Pflegedirektion kommen, da bestimmte Maßnahmen an Patientinnen/Patienten sowohl von der Ärztin/vom Arzt wie auch von den Mitarbeiterinnen/Mitarbeitern des diplomierten Gesundheits- und Krankenpflegedienstes durchgeführt werden können. Im Streitfall muss dann der Rechtsträger entscheiden.

3.4 Weitere Einrichtungen in einer Krankenanstalt

Einrichtung	Beschreibung
Sicherheitstechnischer Dienst	Dieser ist für die technische Sicherheit und das einwandfreie Funktionieren der in der Krankenanstalt verwendeten medizinisch-technischen Geräte und technischen Einrichtungen verantwortlich.
Krankenhaushygiene	In jeder Krankenanstalt ist für Angelegenheiten der Hygiene ein geeigneter Arzt/eine geeignete Ärztin zu bestellen. In bettenführenden Krankenanstalten ist zu seiner/ihrer Unterstützung mindestens eine qualifizierte diplomierte Krankenpflegeperson als Hygienefachkraft zu bestellen. Gemeinsam bilden sie ein **Hygieneteam.** Zu den **Aufgaben** des Hygieneteams gehören u. a. Maßnahmen zur Erkennung, Verhütung und Bekämpfung von Krankenhausinfektionen sowie zur Gesunderhaltung.
Ethikkommission	Die Träger von Krankenanstalten müssen u. a. ▪ zur Beurteilung klinischer Prüfungen von Arzneimitteln und Medizinprodukten, ▪ der Anwendung neuer medizinischer Methoden, ▪ angewandter medizinischer Forschung und ▪ der Durchführung von Pflegeforschungsprojekten sowie ▪ der Anwendung neuer Pflege- und Behandlungskonzepte und -methoden eine Ethikkommission einrichten.
Qualitätssicherung	Es sind organisatorische Einrichtungen zu schaffen, die die Qualität der in den Krankenanstalten erbrachten Leistungen sichern.
Blutdepot	Jede nach Art und Leistungsangebot in Betracht kommende bettenführende Krankenanstalt muss über ein Blutdepot verfügen.

Die Landesgesetzgebung kann vorsehen, dass eine **Ethikkommission** auch für mehrere Krankenanstalten eingerichtet wird.

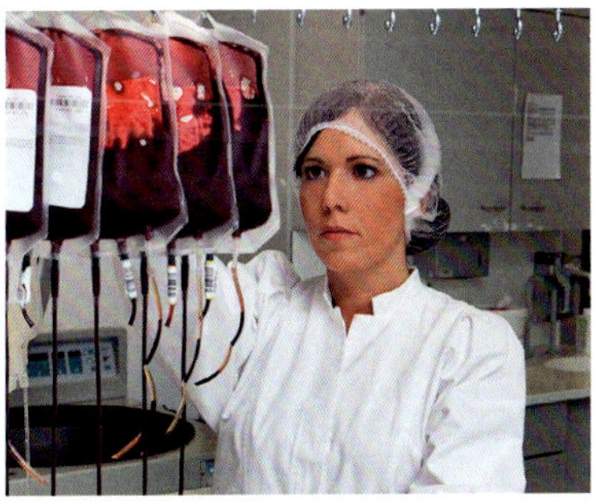
Blutdepot

Die Anstaltsordnung muss an einer geeigneten Stelle aufliegen, die für das Personal leicht zugänglich ist.

3.5 Anstaltsordnung

Der **innere Betrieb** der Krankenanstalt wird durch die **Anstaltsordnung** geregelt. Diese hat insbesondere zu enthalten:

- Aufgaben und Einrichtungen der Krankenanstalt
- Angaben über die Organisation der Anstalt
- Grundzüge der Anstaltsverwaltung
- Dienstvorschriften für das Personal
- Bettenanzahl
- Bestimmungen über Aufnahme und Entlassung von Patientinnen und Patienten
- Besuchsregelungen
- Festlegung von Räumen, in denen das Rauchen gestattet ist

Die Verschwiegenheitspflicht gilt für alle in einer Krankenanstalt beschäftigten Personen und ist zeitlich unbegrenzt.

3.6 Verschwiegenheitspflicht

Die **Verschwiegenheitspflicht** gilt für alle in einer Krankenanstalt beschäftigten Personen und ist **zeitlich unbegrenzt,** d. h., sie endet auch nicht mit Beendigung des Dienstverhältnisses.

Die Verschwiegenheitspflicht erstreckt sich auf

- alle den Gesundheitszustand betreffenden Umstände sowie
- die persönlichen, wirtschaftlichen und sonstigen Verhältnisse der Patientinnen und Patienten,
- aber auch auf Spender/innen und Empfänger/innen bei Organentnahmen und Transplantationen.

Diese Verschwiegenheitspflicht besteht u. a. allerdings nicht, wenn

- gesetzliche Vorschriften eine Meldung des Arztes/der Ärztin über den Gesundheitszustand bestimmter Personen vorschreiben (z. B. Epidemiegesetz),
- Mitteilungen oder Befunde des Arztes/der Ärztin an einen Sozialversicherungsträger (zur Honorarabrechnung) übermittelt werden müssen,
- die durch die Offenbarung des Geheimnisses bedrohte Person den Arzt/die Ärztin von der Geheimhaltung entbunden hat oder
- die Offenbarung des Geheimnisses nach Art und Inhalt zum Schutz höherwertiger Interessen der öffentlichen Gesundheitspflege oder der Rechtspflege unbedingt erforderlich ist.

Beispiel zur Verschwiegenheitspflicht
Die Übermittlung von Patientendaten ohne Zustimmung des Betroffenen stellt prinzipiell eine Verletzung des Datengeheimnisses gemäß Datenschutzgesetz dar. Bei Daten um die Gesundheit des Menschen, sogenannten „sensiblen Daten" ist daher besondere Vorsicht geboten.
www.infofueraerzte.at

Aha!
Eine Verletzung der Verschwiegenheitspflicht hat **disziplinäre** sowie **strafrechtliche und haftungsrechtliche Folgen** und kann zur Auflösung des Dienstverhältnisses führen.

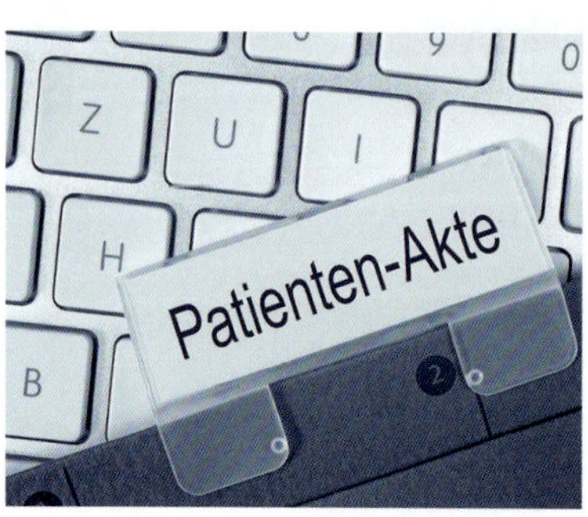

3.7 Krankengeschichte

Diese Dokumentation hat im Wesentlichen zwei Hauptziele:

- **Bereitstellung aller Informationen,** die für eine bestmögliche medizinische und pflegerische Betreuung erforderlich sind.
- **Beweismittel:** Neben Zeugenaussagen ist in einem Gerichtsverfahren die Krankengeschichte das wichtigste Beweismittel.

Krankenanstalten sind verpflichtet,

- **Aufzeichnungen** über die **Aufnahme** und die **Entlassung** von Patientinnen und Patienten zu führen bzw. im Fall der Ablehnung der Aufnahme die dafür maßgebenden Gründe zu dokumentieren sowie
- **Krankengeschichten anzulegen,** in denen **folgende Punkte** berücksichtigt werden:
  - die Vorgeschichte der Erkrankung (Anamnese),
  - der Zustand der Patientin/des Patienten zur Zeit der Aufnahme,
  - der Krankheitsverlauf,
  - die angeordneten Maßnahmen,
  - die erbrachten ärztlichen Leistungen einschließlich Medikation,
  - die Aufklärung der Patientin/des Patienten,
  - wesentliche weitere Leistungen (Pflege, medizinisch-technische Dienste etc.),
  - der Zustand und die Art der Behandlung bei Entlassung aus der Krankenanstalt,
  - eine evtl. vorliegende Patientenverfügung,
  - allenfalls auch die Durchführung von Transplantationen.

Der Krankengeschichte beizulegen sind immer die Pflegedokumentation, eventuell vorhandene Röntgenbilder, Operationsniederschriften, Obduktionsprotokolle, Niederschriften über Organentnahme sowie Widersprüche des Patienten/der Patientin gegen Organentnahmen sowie eine eventuell vorhandene Patientenverfügung.

Die Krankenakte

- Die Krankengeschichte ist ein **Dokument.** Korrekturen müssen so ausgeführt werden, dass der ursprüngliche Eintrag lesbar erhalten bleibt. Bei elektronischer Führung wird durch technische Vorkehrungen darauf Bedacht genommen.
- Krankengeschichten sind so aufzubewahren, dass unbefugte Personen keine Einsicht nehmen können.
- Die gesetzliche **Aufbewahrungsfrist** für stationäre Akten und Röntgenbilder beträgt **30 Jahre,** für ambulante Akten und Röntgenbilder **10 Jahre.**

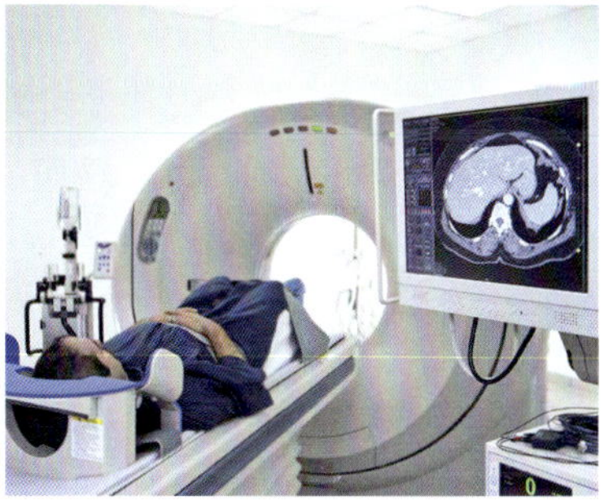

CT-, MRT- und Röntgenbilder müssen ebenso wie Krankenakten bis zu 30 Jahre aufbewahrt werden.

Recht auf Einsicht in die Krankengeschichte

Das Recht auf Einsichtnahme und der Erhalt einer Kopie der Krankengeschichte ist ein **Patientenrecht.** Es besteht nicht nur für die betroffene Person, sondern auch für deren Vertreter mit einer besonderen Vollmacht sowie u. U. für die Erben oder nahen Angehörigen eines/einer Verstorbenen (unter Rücksichtnahme auf das fortwirkende Persönlichkeitsrecht).

Die Entscheidung über eine Einsichtnahme und Ausfolgung obliegt dem behandelnden Arztpersonal bzw. dem jeweiligen Abteilungsvorstand und letztendlich auch dem Gericht.

Für die Ausfolgung von Abschriften der Krankengeschichte kann ab der 2. Kopie ein Kostenersatz verlangt werden.

Während einer laufenden Behandlung kann das Recht auf Einsichtnahme bei medizinischen Bedenken (z. B. aus therapeutischen Gründen) vorübergehend teilweise oder zur Gänze entzogen werden.

Das Recht auf kostenlose Abschriften haben auch:

- Gerichte und Verwaltungsbehörden (bei Vorliegen von öffentlichem Interesse),
- Patientenanwaltschaft bzw. Patientenvertretung,
- Sozialversicherungsträger,
- (Privat-)Krankenanstalten-Finanzierungsfonds,
- einweisende oder behandelnde Ärzte/Ärztinnen des Patienten/der Patientin.

3.8 Patientenrechte

§ **Rechtsgrundlagen:**
- Patientencharta (Vereinbarung zwischen Bund und Land gem. Art. 15a BVG)
- Kranken- und Kuranstaltengesetz (KAKuG), Ausführungsgesetze der Länder
- Andere Rechtsvorschriften (z. B. ÄrzteG, GuKG)

Die Patientenrechte haben sich aus den Grund- und Freiheitsrechten entwickelt.

3.8.1 Recht auf Behandlung und Pflege

Der Patient/Die Patientin schließt bei der Aufnahme in eine Krankenanstalt mit dem Krankenanstaltsträger einen **Behandlungsvertrag** mit dem Recht auf Behandlung und Pflege ab. Das gilt ebenso für Gesundheitspersonal im niedergelassenen Bereich.

Das Gesundheitspersonal bzw. der Rechtsträger einer Krankenanstalt schuldet dem Patienten/der Patientin aber **keinen bestimmten Behandlungserfolg,** sondern lediglich eine Behandlung gemäß der jeweiligen Wissenschaft und Erfahrung.

3.8.2 Recht auf Aufklärung und Selbstbestimmung

Der Sinn der Aufklärung liegt darin, dem Patienten/der Patientin die **Ausübung seines/ihres Selbstbestimmungsrechtes** zu ermöglichen. Denn letztendlich muss der Patient/die Patientin selbst entscheiden, ob er/sie eine bestimmte medizinische Behandlung will oder nicht.

Worüber muss der Patient/die Patientin aufgeklärt werden?

- Mögliche **Diagnose- und Behandlungsarten** und deren Risiken und Folgen
- Den **Gesundheitszustand** und die erforderliche Mitwirkung bei der Behandlung
- Eine therapieunterstützende Lebensführung

Aha!
Die ärztliche Aufklärung gewinnt immer größere Bedeutung, da Patientinnen/Patienten **Schadenersatzansprüche** gegenüber Ärzten/Ärztinnen bzw. Krankenhausträgern immer häufiger auch damit argumentieren, sie seien nicht oder nur unzureichend über die Folgen der ärztlichen Behandlung aufgeklärt worden.

Eine Zustimmung zur Behandlung ist notwendig

Eine Behandlung darf nur dann erfolgen, wenn ihr zugestimmt wurde, und zwar
- durch die Patientin/den Patienten selbst, oder,
- wenn diese/dieser dazu nicht in der Lage ist, durch eine Vertretung.

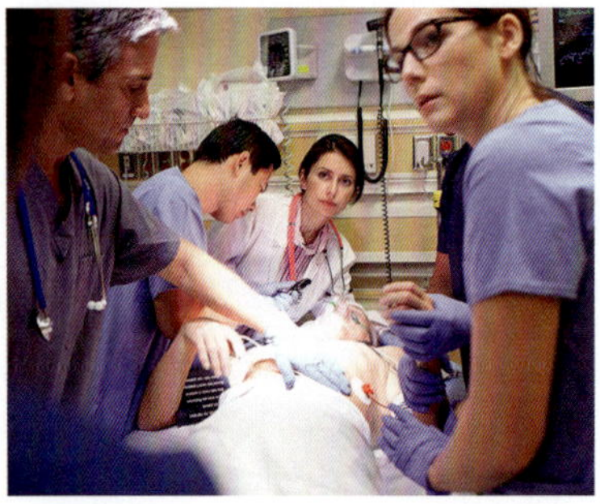

Ausnahme: Die Patientin/Der Patient ist nicht ansprechbar und es ist **Gefahr in Verzug,** es sei denn, es liegt eine Patientenverfügung vor.

Beispiel: Gefahr in Verzug
Häufig liegt Gefahr in Verzug bei Opfern von Verkehrsunfällen vor, die bewusstlos sind oder sich in einem Schockzustand befinden. An ihnen müssen sofort medizinische Maßnahmen durchgeführt werden.

Haftung von Ärztinnen/Ärzten

Selbst wenn kein Behandlungsfehler nachweisbar ist, können behandelnde Ärzte/Ärztinnen zur **Haftung** herangezogen werden, wenn sie eine ordnungsgemäße Aufklärung nicht nachweisen können. Die betroffene Person hat lediglich glaubhaft zu machen, dass sie, bei korrekter vorangegangener Aufklärung, ihre Einwilligung in die Behandlung nicht erteilt hätte.

Zu Beweiszwecken sollten alle Belehrungen und Zustimmungserklärungen genauestens in der Krankengeschichte festgehalten werden.

3.8.3 Patientenverfügung

Eine Form der Ausübung des Selbstbestimmungsrechtes ist die Errichtung einer **Patientenverfügung.** Damit kann das Selbstbestimmungsrecht im **Vorfeld** gewahrt werden, wenn die Entscheidungsfähigkeit verloren geht.

Der Inhalt einer Patientenverfügung ist die **Ablehnung von medizinischen Heilbehandlungen für einen fiktiven Zeitpunkt** in der Zukunft, zu dem keine Entscheidungsfähigkeit mehr gegeben ist.

Ein Musterformular einer Patientenverfügung finden Sie in der TRAUNER-DigiBox.

Aha!
Maßnahmen, die in der Patientenverfügung abgelehnt sind, dürfen vom Gesundheitspersonal nicht gesetzt werden. Jede Patientenverfügung kann jederzeit widerrufen werden.

Patientenverfügungsregister
Jede Patientenverfügung kann auf Wunsch im Patientenverfügungsregister des österreichischen Notariats sowie im Patientenverfügungsregister der österreichischen Rechtsanwälte registriert werden. Hier können alle österreichischen Krankenanstalten Einsicht nehmen.

Arten der Patientenverfügung

Verbindliche Patientenverfügung	Nicht verbindliche Patientenverfügung
Voraussetzungen für die Errichtung ■ Es muss Entscheidungsfähigkeit gegeben sein (die Errichtung ist von jeder einsichtigen und urteilsfähigen Person möglich, was ab dem 14. Lebensjahr vermutet wird). ■ Eine umfassende ärztliche Aufklärung über ▸ das Wesen und den Inhalt der Patientenverfügung und ▸ mögliche Folgen, wenn die medizinische Heilbehandlung abgelehnt wird, ist notwendig. ■ Sie wird vor einem Notar, einem Rechtsanwalt oder einem rechtskundigen Mitarbeiter der Patientenanwaltschaft oder des Erwachsenenschutzvereines errichtet. ■ Verfügung entspricht dem Stand der medizinischen Wissenschaft. ■ Ist max. acht Jahre gültig.	■ Sie liegt vor, wenn eine oder mehrere Formerfordernisse einer verbindlichen Patientenverfügung fehlen. ■ Sie ist aber für die Ermittlung des (vermuteten) Patientenwillens heranzuziehen, d. h., das Gesundheitspersonal hat einen Interpretationsspielraum. ■ Sie dient als Entscheidungshilfe (je „verbindlicher“, desto relevanter).

Künftig sollen Patientenverfügungen auch auf ELGA gespeichert werden können.

Kann eine Patientenverfügung wegen eintretender Entscheidungsunfähigkeit nicht mehr erneuert werden, so bleibt sie über die acht Jahre hinaus gültig.

Eine **medizinische Notfallversorgung ist auf jeden Fall durchzuführen,** sofern der mit der Suche nach einer Patientenverfügung verbundene Zeitaufwand das Leben oder die Gesundheit des Patienten/der Patientin ernstlich gefährden würde.

In manchen Krankenhäusern sind auch **Ombuds- und Beschwerdestellen** für Patientinnen/Patienten eingerichtet. Ein Ombudsmann bzw. Ombudsfrau erfüllt die Aufgabe einer unparteiischen Schiedsperson.

Patientenentschädigungsfonds sind in jedem Bundesland eingeführt; als Beispiel hier der Fonds im Sinne des § 86a KAG OÖ:

Die Aufgabe des Fonds ist die Entschädigung von Patienten, denen durch die Behandlung in oberösterreichischen öffentlichen oder gemeinnützigen privaten Krankenanstalten ein Schaden entstanden ist, für den eine Haftung des Rechtsträgers **nicht eindeutig gegeben** ist.
Die Entschädigung besteht in der Zuwendung eines Geldbetrages bis zu 70.000 EUR. Bei Dauerschäden mit besonders großer Schadenshöhe kann eine Entschädigung bis maximal 100.000 EUR gewährt werden.

Die **Gewährung einer Entschädigung** setzt voraus, dass
- eine außergerichtliche Prüfung durch die Patientenvertretung oder durch die Schiedsstelle für Behandlungszwischenfälle bei der Ärztekammer für Oberösterreich stattgefunden hat,
- die Entschädigungskommission zur Ansicht gelangt, dass eine Haftung des Rechtsträgers der Krankenanstalt nicht oder nicht eindeutig gegeben ist,
- wenn es sich um eine seltene, schwerwiegende Komplikation handelt, die zu einer erheblichen Schädigung geführt hat, und nicht wegen desselben Schadensfalles aus demselben Rechtsgrund ein Schadenersatzbetrag gerichtlich zuerkannt oder eine Geldleistung ausbezahlt wurde.

3.8.4 Weitere Patientenrechte

Patientinnen und Patienten haben z. B. das Recht auf
- ausreichende Besuchs- und Kontaktmöglichkeiten mit der Außenwelt sowie mit Vertrauenspersonen,
- eine seelsorgerische Betreuung,
- eine psychologische Unterstützung,
- eine ausreichende Wahrung der Intimsphäre,
- ein würdevolles Sterben (jederzeitiger Besuch von Vertrauenspersonen, Sterbebegleitung).

Recht auf Beratung und Beschwerde
Beschwerden können z. B. gerichtet werden an:
- das Krankenanstaltenpersonal,
- die Krankenhausleitung,
- die Landesregierung als zuständiges Aufsichtsorgan,
- die Schieds- bzw. Schlichtungsstellen der Ärztekammern,
- die Patientenanwaltschaft.

3.8.5 Sicherung von Patientenrechten

Wenn Patientinnen/Patienten zu Schaden gekommen sind, können sie **Schadenersatzansprüche** geltend machen.

Zur **Durchsetzung der Ansprüche** gibt es folgende Möglichkeiten:
- Zivilklage,
- außergerichtliche Einigung,
- Anschluss an ein Strafverfahren oder
- Entschädigungen aus dem **Patienten-Entschädigungsfonds.**

Patientenanwaltschaft

In jedem Bundesland sind Patientenanwaltschaften eingerichtet. Diese sind **unabhängige und weisungsfreie Einrichtungen** zur Sicherung der Rechte und Interessen von Patientinnen und Patienten. Ihre Tätigkeit ist kostenlos.

Die **Zuständigkeiten** der Patientenanwaltschaften erstrecken sich in erster Linie auf **Krankenanstalten** (Spitäler), in einigen Bundesländern auch auf die niedergelassenen Ärztinnen/Ärzte, Pflegeheime und alle anderen Einrichtungen im Gesundheits- und Sozialwesen.

Aha!

Bevor Klage vor Gericht erhoben wird, empfiehlt es sich, vorerst eine **Patientenvertretung** aufzusuchen.
Diese informieren über die Rechte, übernehmen die Funktion eines Vermittlers zwischen Patienten und Ärzten, Apotheken, Versicherungsträgern, Krankenanstalten und Ämtern, bemühen sich um die Behebung des Beschwerdegrundes und leisten auch Hilfestellung bei der Durchsetzung von Schadenersatzansprüchen.

3.9 Organtransplantationsgesetz

§ 5. (1) OTPG: „Es ist zulässig, Verstorbenen einzelne Organe zu entnehmen, um durch deren Transplantation das Leben eines anderen Menschen zu retten oder dessen Gesundheit wiederherzustellen."

In Österreich ist grundsätzlich jede verstorbene Person Organspender, außer sie hat zu Lebzeiten Widerspruch gegen eine Organentnahme erhoben **(Widerspruchslösung).**

Rechtsgrundlagen:

- Bundesgesetz über die Transplantation von menschlichen Organen **(Organtransplantationsgesetz – OTPG)**
- Die Entnahme von menschlichen Geweben und Zellen ist im **Gewebesicherheitsgesetz (GSG)** geregelt

Was ist beim Widerspruch zu berücksichtigen?

Der **Widerspruch** kann grundsätzlich **formlos** (schriftlich, aber auch mündlich vor Zeugen möglich) verfasst werden.

Es ist ratsam, die Verfügung entweder bei sich zu führen, den Widerspruch im **Ausweis** anmerken zu lassen oder – um ganz sicherzugehen – im **Widerspruchsregister bei ÖBIG-Transplant** in Wien anmerken zu lassen.

Bei **Minderjährigen** (unter 14-Jährigen) oder sonst vertretenen Personen ist es wichtig, dass vom **Vertreter** zu Lebzeiten der vertretenen Person Widerspruch erhoben worden ist.

Man kann auch Widerspruch nur gegen die **Entnahme eines bestimmten Organs** (z. B. Herz) erheben.

Organe dürfen nur unter bestimmten Voraussetzungen entnommen werden

- Vor jeder Organentnahme muss verpflichtend **Einsicht in das Widerspruchsregister** genommen werden. Die Abfragenummer ist in die Dokumentation aufzunehmen. In der Praxis versuchen Krankenanstalten auch in Fällen, in denen kein Widerspruch vorliegt, die Zustimmung der Angehörigen einer hirntoten Person vor der Organentnahme zu erhalten. Eine gesetzliche Verpflichtung zu diesem Vorgehen besteht nicht.
- Vor der Organentnahme muss der **Hirntod** durch einen/eine in keiner Weise an der Transplantation beteiligte/n Arzt/Ärztin festgestellt worden sein, wobei es möglich ist, das Herz-Kreislauf-System weiterhin aufrechtzuerhalten.

Der Begriff **„Organe"** ist weit zu verstehen: Darunter fällt z. B. auch die Netzhaut der Augen.

Die **Auswahl des Empfängers/der Empfängerin** erfolgt grundsätzlich durch **Eurotransplant** mittels eines EDV-Punktesystems, wobei medizinische Aspekte, Transportlängen (ein Organ überdauert maximal zwölf Stunden außerhalb des Körpers), Herkunftsland etc. Berücksichtigung finden.

Eurotransplant

Eurotransplant ist eine Vermittlungsstelle für Organspenden in acht europäischen Staaten: den Beneluxländern, Deutschland, Österreich, Slowenien, Kroatien und Ungarn. Sie arbeitet eng mit den Organspende-Organisationen, Transplantationszentren, Laboratorien und Krankenhäusern zusammen.

In Deutschland beispielsweise ist die **Zustimmungslösung** verankert, wonach Organentnahmen von Verstorbenen nur dann möglich sind, wenn die betroffene Person zu Lebzeiten ihre Zustimmung erklärt hat.

Rechtsgrundlage:
Unterbringungsgesetz (UbG)
Das UbG regelt die Aufnahme von Patientinnen und Patienten in ein psychiatrisches Krankenhaus bzw. in eine psychiatrische Abteilung.

3.10 Besondere Bestimmungen für Abteilungen der Psychiatrie in öffentlichen Krankenanstalten und für öffentliche Sonderkrankenanstalten für Psychiatrie

Abteilungen und Sonderkrankenanstalten für Psychiatrie sind zur Aufnahme psychisch Kranker bestimmt. Sie sind grundsätzlich **offen** zu führen. **Geschlossene Bereiche** dürfen geführt werden, müssen jedoch von den übrigen Bereichen unterscheidbar sein.

Psychische Krankheiten = z. B. Psychosen, Neurosen und Persönlichkeitsstörungen.
Die Definition folgt ICD-10; auf die Thematik wird im ersten Teil dieses Buches näher eingegangen.

Voraussetzungen für eine Unterbringung

In eine psychiatrische Abteilung darf nur aufgenommen werden, wer an einer **psychischen Krankheit** leidet und

- im Zusammenhang damit sein Leben oder seine Gesundheit **(Eigengefährdung)** oder das Leben oder die Gesundheit anderer ernstlich erheblich gefährdet **(Fremdgefährdung)** und
- nicht in anderer Weise, insbesondere außerhalb einer Anstalt, ausreichend ärztlich behandelt oder betreut werden kann (Grundsatz der **Nachrangigkeit der Unterbringung).**

Nur wenn diese **drei Voraussetzungen** vorliegen, ist eine Unterbringung erlaubt.

Aha!
Sind die Voraussetzungen für eine Unterbringung nicht gegeben, muss der Patient/die Patientin, sofern er/sie es wünscht, sofort entlassen werden.

Bei Gefahr im Verzug kann die betroffene Person direkt in die Psychiatrie gebracht werden.

Arten der Unterbringung

Freiwillige Unterbringung	Zwangsweise Unterbringung
■ Diese erfolgt über ein schriftliches Verlangen des/der entscheidungsfähigen Patienten/Patientin. ■ Nicht Entscheidungsfähige dürfen weder auf eigenes Verlangen noch auf Verlangen ihrer Vertreter untergebracht werden. ■ Das Verlangen kann jederzeit widerrufen werden. ■ Dauer: 6 Wochen, verlängerbar bis zu 10 Wochen	■ Diese erfolgt entgegen oder ohne den Willen des Patienten/der Patientin. ■ Nicht Entscheidungsfähige dürfen weder auf eigenes Verlangen noch auf Verlangen ihres Vertreters untergebracht werden.

Unterbringung bedeutet nicht automatisch Einsperren, sondern i. d. R. Beschränkung auf eine Station.

Mit der Aufnahme eines zwangsweise Untergebrachten wird der Erwachsenenschutzverein automatisch dessen Vertreter.

Für eine zwangsweise Unterbringung ist im Gesetz ein komplexes Verfahren vorgesehen:

❶ **Ärztliches Gutachten**
Die Unterbringungsvoraussetzungen werden durch Amts- oder Polizeiarzt/-ärztin oder eine/n berechtigte/n Arzt/Ärztin bescheinigt. (Kann u.a. bei Gefahr im Verzug entfallen)

❷ **Verbringung in die Psychiatrie bzw. psychiatrische Abteilung**
durch Organe des öffentlichen Sicherheitsdienstes

❸ In der psychiatrischen Krankenanstalt hat die Abteilungsleitung nach einer Untersuchung die **Unterbringungsvoraussetzungen** festzustellen.

❹ **Der Patientenanwalt, der Vertreter oder andere namhaft gemachte Personen und obsorgende bzw. im Haushalt lebende Personen, sind zu verständigen**

❺ **Auf Verlangen: zweites unabhängiges ärztliches Gutachten**
Ein solches kann von der betroffenen Person, ihrer Vertretung oder von der Abteilungsleitung gefordert werden.

❻ **Unverzügliche Meldung an das Bezirksgericht**
- Dieses überprüft wiederum die Zulassungsvoraussetzungen der Unterbringung (setzt binnen 14 Tagen eine Unterbringungsdauer von zunächst max. drei Monaten fest; um max. je sechs Monate verlängerbar).
- Über ein Jahr hinaus bedarf es Gutachten von zwei Sachverständigen!

Diskutieren Sie in der Klasse über das Urteil zu einem Fall, in dem sich ein Untergebrachter während eines erlaubten Spazierganges das Leben nahm.

Das Urteil sowie die detaillierte Darstellung des Verfahrens finden Sie in der TRAUNER-DigiBox.

Medizinische Behandlung

Medizinische Behandlungen erfolgen im Wesentlichen gleich wie beim Erwachsenenschutzgesetz (ErwSchG).

Beschränkungen sonstiger Rechte (z. B. Handynutzung, Besuche) des/der untergebrachten Patienten/Patientin dürfen nur ausnahmsweise zur **Gefahrenabwehr** durchgeführt werden. Deren Zulässigkeit kann über Antrag des Patienten/der Patientin bzw. seiner/ihrer Vertretung vom Gericht überprüft werden.

Einsicht in die Krankengeschichte

- Vertreter von Kranken haben ein Recht auf Einsicht in die Krankengeschichte.
- Den Kranken steht dieses Recht insoweit zu, als die Einsicht ihrem Wohl nicht schadet.
- Die **Verweigerung der Einsicht** ist vom behandelnden Arzt/von der behandelnden Ärztin in der Krankengeschichte unter Angabe des Grundes zu dokumentieren.

Ziele erreicht – „Einrichtungen des Gesundheitswesens"

KOMPETENZ-ERWERB

1. Benennen Sie die Arten von Krankenanstalten in Österreich.
2. Erläutern Sie, wer „Rechtsträger" von Krankenanstalten sein kann.
3. Erläutern Sie, wer eine Krankenanstalt leitet und was „kollegiale Führung" bedeutet.
4. Erklären Sie, wozu die Anstaltsordnung dient und welche Bestimmungen sie zu enthalten hat.
5. Eine diplomierte Gesundheits- und Krankenpflegerin gibt einem Arbeitgeber eines stationär aufgenommenen Patienten Auskunft über dessen Gesundheitszustand und die Heilungsaussichten. Erklären Sie, welche Pflicht sie damit verletzt hat und welche Konsequenzen damit verbunden sein könnten.
6. Ein Arzt hat eine Behandlung, die er durchgeführt hat, nicht dokumentiert. Erklären Sie, welche Probleme sich daraus bei einem Gerichtsverfahren ergeben könnten.
7. Erläutern Sie Zweck, Inhalt und Aufbewahrungsfrist von Krankengeschichten.
8. Der Lebensgefährte einer Patientin möchte Einsicht in ihre Krankengeschichte nehmen:
   a) Hat er das Recht dazu?
   b) Wer hat (sonst noch) das Recht auf Einsicht in die Krankengeschichte?
9. Erläutern Sie das Wesen und den Sinn einer Patientenverfügung.
10. Geben Sie einen Überblick über die Patientenrechte in Österreich.
11. Erläutern Sie, welche Möglichkeiten einer außergerichtlichen Einigung ein Patient bei Vorliegen eines (vermeintlichen) Behandlungsfehlers hat.
12. Erläutern Sie, wie in Österreich die Organentnahme von Verstorbenen geregelt ist.
13. Erklären Sie, welche Möglichkeiten bestehen, wenn man eine Organentnahme nach seinem Tod verhindern möchte.
14. Recherchieren Sie, wie in den Nachbarländern die Organentnahme geregelt ist und diskutieren Sie die unterschiedliche Rechtslage aus Ihrer persönlichen Sicht.
15. **Fallbeispiel**

    Ein Patient leidet unter paranoider Schizophrenie und es kommt dadurch immer wieder zu Aggressionsausbrüchen gegenüber seiner Lebensgefährtin. Er nimmt seine Medikamente nur unregelmäßig ein und zeigt keine Krankheitseinsicht. Eines Tages kommt es wieder einmal zu heftigen Drohungen und Gewalttätigkeiten gegenüber seiner Lebensgefährtin. Die eintreffenden Polizisten werden vom Patienten beschimpft und bedroht.

    a) Welche Maßnahme werden die Beamten in diesem Fall ergreifen?
    b) Wie läuft das (wohl) folgende Verfahren ab?

Sanitätspolizeiliche Vorschriften, Suchtmittelgesetz und Nichtraucherschutz

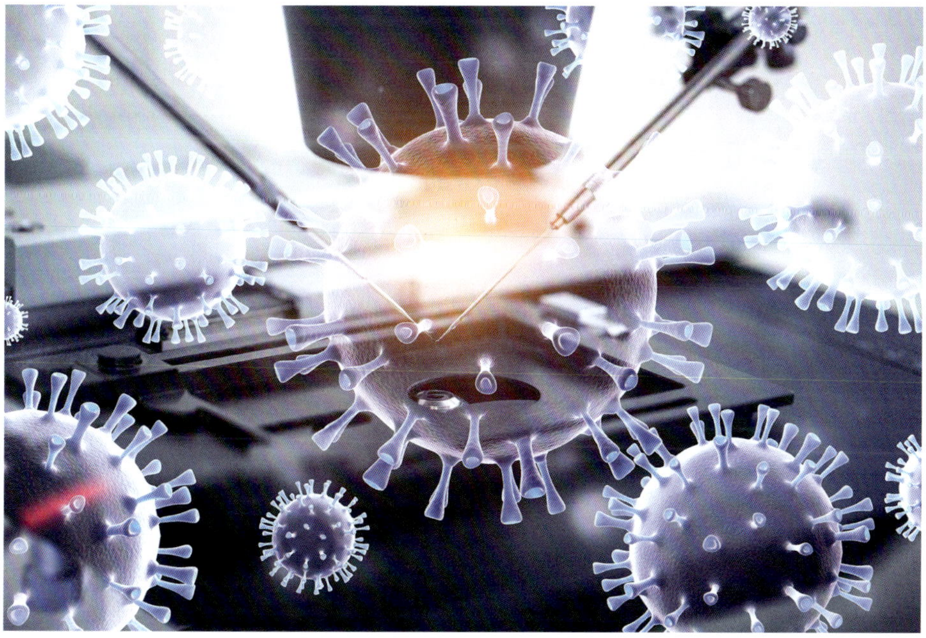

Im Zuge der Corona-Pandemie wurden für ganz Österreich strenge Maßnahmen im Kampf gegen das Virus verordnet. Rechtliche Grundlagen dazu lieferte das Epidemiegesetz.

Die sanitätspolizeilichen Vorschriften dienen der Bekämpfung und Überwachung sowie der Vorbeugung übertragbarer Krankheiten.

Eine Reihe von Gesetzen, wie z. B. das Epidemiegesetz, regelt, welche Krankheiten bei Verdacht, Erkrankung oder Tod der **Anzeigepflicht** unterliegen. Weiters regelt das Epidemiegesetz z. B. auch die Vergütung der durch die Behinderung des Erwerbs entstandenen Vermögensnachteile, die ihre Ursache in den behördlich verfügten Beschränkungen aufgrund der COVID-19-Pandemie haben.

Meine Ziele

KOMPETENZ-ERWERB

Nach Bearbeitung dieses Kapitels kann ich

- die verschiedenen Regelungen zur Bekämpfung übertragbarer Krankheiten benennen;
- beschreiben, welche Maßnahmen die Behörden setzen können;
- kritisch bewerten, welche Folgen Epidemien bzw. Pandemien haben können;
- den Grundsatz „Therapie statt Strafe" im Rechtsmittelbereich erklären;
- die wichtigsten Stätten, an denen Rauchverbot gilt, nennen.

1 Sanitätspolizeiliche Vorschriften

Eine der zentralen Aufgaben des Gesundheitsministeriums ist die Überwachung von Infektionskrankheiten.

Als **sanitätspolizeiliche Vorschriften** werden jene Vorschriften des Sanitätsrechts bezeichnet, die der Bekämpfung und Überwachung sowie der Vorbeugung übertragbarer Krankheiten dienen.

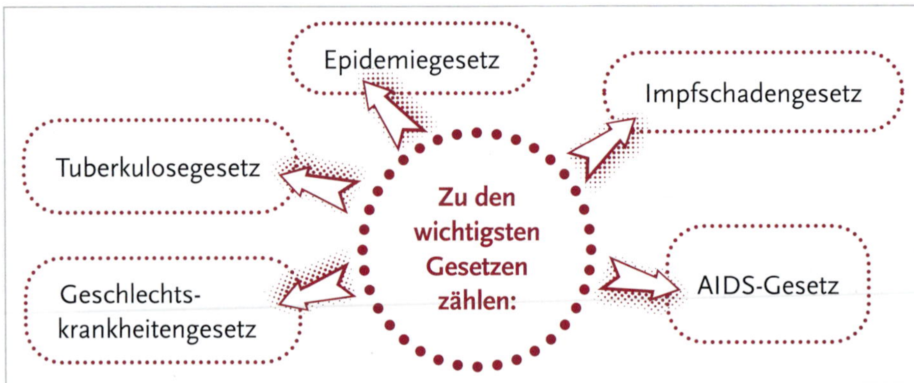

Rechtsgrundlage: Epidemiegesetz (EpidemieG); dieses stammt aus dem Jahre 1950.

1.1 Epidemiegesetz

Mit dem **Epidemiegesetz** sollen jene übertragbaren Krankheiten bekämpft bzw. verhütet werden, die nicht in eigenen Gesetzen geregelt sind. Darin wird u. a. geregelt, welche Krankheiten anzuzeigen sind, welche Verpflichtungen die Betroffenen haben und welche Maßnahmen von der Behörde zu ergreifen sind.

Aha!
Eine **Epidemie** (Seuche) ist das gehäufte Auftreten einer ansteckenden Krankheit in örtlicher und zeitlicher Begrenzung. Bei einer globalen Epidemie spricht man von einer **Pandemie.**

Anzeigepflicht (Meldepflicht)

Das Gesetz zählt jene Krankheiten auf, die entweder schon bei Verdacht oder erst bei Diagnose der Erkrankung bei der **Bezirksverwaltungsbehörde** binnen **24 Stunden anzuzeigen** sind. Jedenfalls anzeigepflichtig sind die Todesfälle.

Beispiele für anzeigepflichtige Krankheiten in Österreich
Bakterielle Lebensmittelvergiftung (z. B. Campylobakteriose, Salmonella), Hepatitis B, Hepatits C, bakterielle Erkrankungen (z. B. Pneumokokken), Keuchhusten, Legionärskrankheit, Diphterie, Malaria, Affenpocken, Masern, Röteln, Scharlach, Tuberkulose, FSME, Cholera etc.

Eine aktuelle **Liste der gemeldeten Fälle anzeigepflichtiger Infektionserkrankungen** finden Sie unter: www.trauner.at/infektionserkrankungen

Der/Die Gesundheitsminister/in kann durch Verordnung weitere übertragbare Krankheiten der Meldepflicht unterwerfen oder bestehende Meldepflichten erweitern.

Diese Anzeigepflicht gilt auch hinsichtlich Personen, die, ohne selbst krank zu sein, Erreger der bakteriellen Lebensmittelvergiftung, des Paratyphus, der übertragbaren Ruhr oder des Typhus ausscheiden.

Aha!
Die Anzeigepflicht besteht unabhängig vom Willen des Betroffenen, da in der Regel epidemiologische Gründe den Schutz der Privatsphäre des einzelnen hinter den Gesundheitsschutz der gesamten Bevölkerung zurücktreten lassen.

Wer ist zur Anzeige verpflichtet?

- **Zur Anzeige verpflichtet sind primär**
  - der zugezogene Arzt bzw. die Ärztin,
  - die Leitung einer Krankenanstalt und
  - das Labor.

  Die Anzeigepflicht des Arztes/der Ärztin besteht unabhängig von der Anzeigepflicht des Labors, d. h., dass unter Umständen zwei Anzeigen zu erstatten sind.
- **Darüber hinaus sind noch anzeigepflichtig:** das Pflegepersonal, Hebammen, Leiter/innen von Schulen und Kindergärten, Totenbeschauer, Hausbesitzer etc.

Bekannt zu geben sind: der Name, das Alter, die Wohnadresse und die Erkrankung der betroffenen Person. Bei den Behörden wird ein **Anzeigenregister** geführt, in das Meldungen direkt eingetragen werden können.

Das **Epidemiologische Meldesystem (EMS)** ist ein in Österreich beim Gesundheitsministerium eingerichtetes elektronisches Register. Mit diesen Daten lassen sich betroffene Personengruppen und Regionen sowie Infektionsquellen feststellen und rasch entsprechende Maßnahmen einleiten.

Aha!
Auch die Pflegeassistenzberufe sind zur Anzeige verpflichtet! Hier liegt eine Unterbrechung der Verschwiegenheitspflicht durch das Gesundheitspersonal aufgrund gesetzlicher Anordnung vor. Sie brauchen dazu nicht die Zustimmung des Patienten/der Patientin.

Maßnahmen der Gesundheitsbehörden

Das Epidemiegesetz ermöglicht den zuständigen Behörden zahlreiche Maßnahmen, die mitunter **erhebliche Eingriffe in die Grundrechte bzw. Patientenrechte** eines Menschen darstellen.

Beispiele für Einschränkungen der Patientenrechte durch sanitätspolizeiliche Anordnungen

- Beschränkung des Selbstbestimmungsrechtes, indem eine Behandlungspflicht angeordnet wird
- Beschränkung des Rechtes auf Besuchsempfang und des Rechtes auf Familienleben, indem aufgrund einer Epidemie Besuche in einer Einrichtung verboten werden
- Beschränkung des Rechtes auf persönliche Freiheit, indem Quarantäne in einer Krankenanstalt angeordnet wird

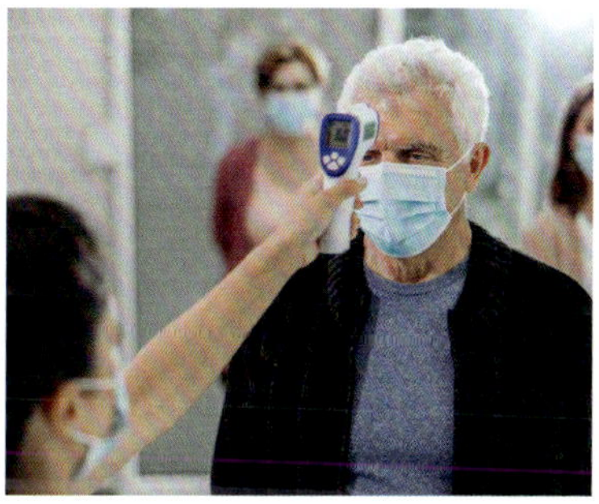

Die meisten dieser zum Teil sehr rigorosen Maßnahmen wurden in diesem Jahrhundert erstmals 2020 im Zuge der Corona-Pandemie getroffen.

Vertilgung = Vernichtung; dies war z. B. der Fall bei der Geflügelpest, einer Viruserkrankung der Vögel, hervorgerufen durch das Influenza-A-Virus H5N1, übertragbar auch auf Menschen.

Mögliche Maßnahmen der Behörden sind u. a.: Anordnung einer Quarantäne, Verkehrsbeschränkungen Verbot bzw. Beschränkung von Massenveranstaltungen, Verbot von Totenfeierlichkeiten, Vertilgung von Tieren, Ausschluss von Schul- bzw. Kindergartenbesuchen.

Rechtsfolgen bei Verstößen

- Die von den Behörden erlassenen Maßnahmen sind einzuhalten, ansonsten drohen **Verwaltungsstrafen** von bis zu 1.450 EUR.
- Die Verletzung der Anzeigepflicht ist mit bis zu 2.180 EUR bestraft.

Fallbeispiel: Verstoß gegen das Empidemiegesetz
Vom Landesgericht Klagenfurt wurde eine Kärntnerin, die trotz diagnostizierter Covid-19-Infektion und behördlich angeordneter Quarantäne einen Supermarkt aufsuchte, zu einer bedingten Freiheitsstrafe von sechs Monaten und einer Geldstrafe von 100 Tagessätzen verurteilt.

Wird das Gesundheitspersonal unter mangelhaften Schutzmaßnahmen eingesetzt und kommt es dadurch zu einer epidemischen Erkrankung, so haftet der Dienstgeber, allerdings nur bei vorsätzlicher Verursachung (§ 333 ASVG). Allerdings kann er verwaltungs- bzw. strafrechtlich haftbar sein.

Aha!
Die vorsätzliche und fahrlässige Gefährdung von Menschen durch übertragbare Krankheiten wird mit einer Freiheitsstrafe von bis zu drei Jahren geahndet (§§ 178 und 179 StGB). Diese Bestimmungen kommen unabhängig vom Epidemiegesetz zur Anwendung. Eine durch die Gefährdung erfolgte Ansteckung könnte auch zu einem Körperverletzungs- bzw. Tötungsdelikt führen. Zusätzlich kann es zu Schadenersatzansprüchen kommen.

1.2 Tuberkulosegesetz

Das Tuberkulosegesetz ist auf alle Krankheiten anzuwenden, die durch einen zum **Mycobakterium-Komplex** zählenden Erreger beim Menschen verursacht werden.

Die **Tuberkulose** (TBC, früher auch Schwindsucht genannt) ist eine weltweit verbreitete Infektionskrankheit. Erreger sind **Mykobakterien,** die in erster Linie von Mensch zu Mensch übertragen werden (Tröpfcheninfektion). Die Bakterien siedeln sich zu Beginn in der Lunge an und können sich von dort aus in den gesamten Körper verbreiten.

Mehr als ein Drittel der Weltbevölkerung ist mit Tuberkulosebakterien infiziert, die Krankheit bricht jedoch nur bei fünf bis zehn Prozent davon aus. Besonders gefährdet sind (Klein-)Kinder und Jugendliche sowie Personen mit geschwächtem Immunsystem.

Die WHO meldete 2017 weltweit mehr als zehn Millionen Neuerkrankungen, rund 1,6 Millionen davon endeten tödlich.

In Österreich werden die meisten Neuerkrankungen durch Migration aus Ländern mit hoher Tuberkuloseinzidenz (z. B. Osteuropa, Afrika, Südostasien) eingeschleppt.

www.gesundheit.gv.at

§ **Rechtsgrundlage:**
Tuberkulosegesetz

Der deutsche Mediziner und Mikrobiologe Robert Koch (1843–1910) entdeckte 1882 den Erreger der Tuberkulose, Mycobacterium tuberculosis (Tuberkelbazillus).

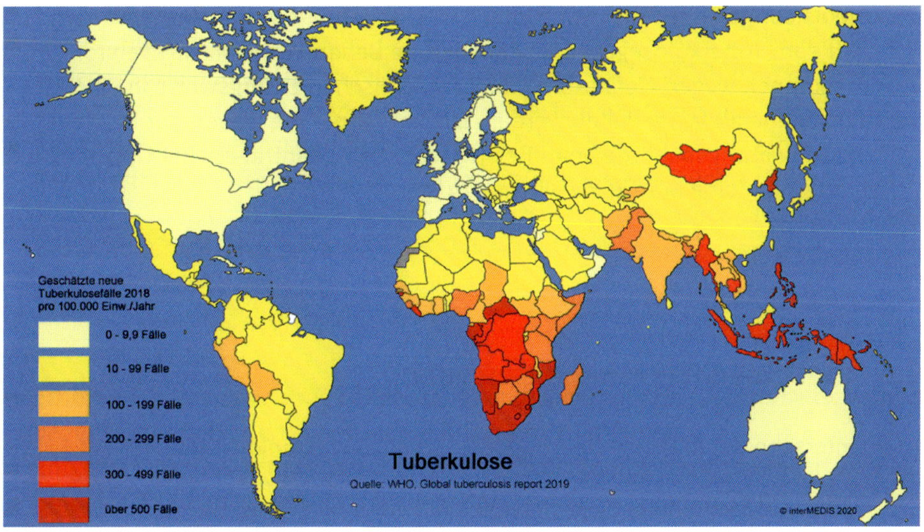

Eine **ansteckende Tuberkulose** liegt dann vor, wenn eine Infektion mit dem Erreger und eine aktive Erkrankung vorliegt und wenn Krankheitserreger ausgeschieden werden **(offene Tuberkulose).** Personen, die an einer offenen Tuberkulose erkrankt sind, sind verpflichtet, sich einer ärztlichen Behandlung zu unterziehen, um eine Gefährdung anderer Personen auszuschließen.

Meldepflicht

Eine Meldepflicht besteht für:

- jede aktive Tuberkuloseerkrankung (auch eine nicht ansteckende),
- einen Krankheitsverdacht (begründete Anhaltspunkte für Vorliegen einer Erkrankung bis zur endgültigen Abklärung),
- jeden Todesfall, wenn anlässlich der Totenbeschau oder Obduktion festgestellt wurde, dass eine Erkrankung bestanden hatte,
- jeden positiven Nachweis eines Tuberkuloseerregers.

Nicht ansteckende TBC = Infektion mit Erregern und aktive Erkrankung ohne Ausscheidung. Latente Infektion: Infektion festgestellt, aber keine aktive Erkrankung.

Zur **Erstattung der Meldung** sind u. a. behandelnde Ärzte/Ärztinnen, Leiter/innen einer Krankenanstalt oder eines Pflegeheimes oder ähnlicher Einrichtungen, Totenbeschauer oder Prosektoren sowie Tierärzte/-ärztinnen verpflichtet.

Prosektoren = Ärzte/Ärztinnen, die Obduktionen durchführen; aber auch Leiter/innen der pathologischen Abteilung eines Krankenhauses.

Aha!
Die Meldung ist innerhalb von **drei Tagen** nach Stellung der Diagnose der Bezirksverwaltungsbehörde zu erstatten.

Die Bezirksverwaltungsbehörde hat u. a. folgende Aufgaben zu erfüllen:

- Abklärung des Verdachts auf eine Tuberkuloseerkrankung sowie Sicherstellung der Diagnose
- Veranlassung der Ermittlung der Wohn-, Krankenversicherungs- und Arbeitsverhältnisse der erkrankten Person
- Veranlassung einer Infektionsdiagnostik für Personen, die in engem Kontakt zu der erkrankten Person stehen bzw. standen
- Überwachung der Durchführung einer Therapie
- Belehrung der kranken Person über die mit der Erkrankung verbundenen Gefahren für sich und ihre Umgebung sowie Behandlungs- und Verhaltenspflichten

Zur **Sicherung des Therapieerfolgs** ist ein gegenseitiger Informationsaustausch zwischen den behandelnden Ärzten und Krankenanstalten und der Bezirksverwaltungsbehörde sicherzustellen.

Aha!
Uneinsichtige Tuberkulosekranke, die trotz Belehrung gegen ihre Pflichten nach dem Tuberkulosegesetz (insbesondere Behandlungspflicht) verstoßen, können wegen Gefährdung anderer Menschen **zwangsweise in einer Krankenanstalt** festgehalten werden. Diese Maßnahme ist von der Bezirksverwaltungsbehörde beim Bezirksgericht zu beantragen. Bei Gefahr in Verzug kann eine Sofortеinweisung erfolgen.

1.3 Geschlechtskrankheitengesetz

§ **Rechtsgrundlage:** Geschlechtskrankheitengesetz aus dem Jahre 1945

Man unterscheidet folgende übertragbare Geschlechtskrankheiten:

Übertragbare Geschlechtskrankheiten nach dem Gesetz

Gonorrhoe (Tripper)	Syphilis (Lues, harter Schanker)	Ulcus molle (weicher Schanker)	Lymphogranuloma venereum (LGV)

Geschlechtskrankheiten werden als **STD** (**S**exual **T**ransmitted **D**esease) oder **STI** (**S**exual **T**ransmitted **I**nfections) bezeichnet.

Die Liste der aufgezählten Erkrankungen wurde nie angepasst, so sind z. B. Clamydien nicht enthalten.

Beschränkte Anzeigepflicht

Eine beschränkte Anzeigepflicht des Arztes/der Ärztin an die Bezirksverwaltungsbehörde besteht nur dann,

- wenn eine **Weiterverbreitung** zu befürchten ist oder
- die erkrankte Person sich der **ärztlichen Behandlung** bzw. Beobachtung **entzieht** (dabei genügt der Verdacht der mangelnden Mitwirkung).

Maßnahmen der Behörden

Die Behörde kann

- eine ärztliche Untersuchung und gesundheitliche Überwachung sowie
- Behandlungspflicht bzw. Einweisung in eine öffentliche Krankenanstalt veranlassen.

Rechtsfolgen bei Verstößen

§ 12a Geschlechtskrankheitengesetz: Wer in Kenntnis des Umstandes, geschlechtskrank zu sein, diese Krankheit auf einen anderen überträgt, unterliegt dem Strafgesetz.

Aufgrund einer Verordnung sind Sexdienstleistungserbringer/innen verpflichtet, sich alle sechs Wochen (Tripper) bzw. alle zwölf Wochen (Syphilis) auf Freisein von Geschlechtskrankheiten amtsärztlich untersuchen zu lassen. Dies wird in einem Lichtbildausweis vermerkt.

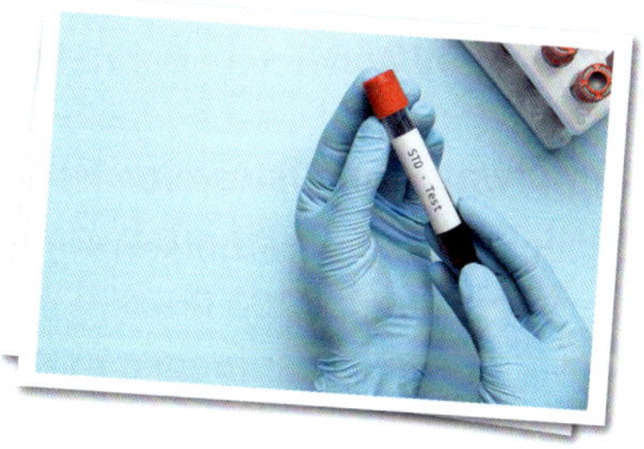

1.4 AIDS-Gesetz

Jede AIDS-Erkrankung wird zwar durch eine Infektion mit dem HI-Virus ausgelöst, aber umgekehrt führt nicht jede HIV-Infektion zum Ausbruch von AIDS. Menschen, die den HI-Virus in sich tragen, aber keine Indikatorerkrankung aufweisen, bezeichnet man als **HIV-positiv.**

AIDS (Acquired Immune Deficiency Syndrome) = ein erworbenes Immundefektsyndrom.

HIV = Human Immunodeficiency Virus.

die Indikatorerkrankung: Ein Indikator steht für einen Hinweis, ein Anzeichen. Eine häufige Indikatorerkrankung für eine AIDS-Erkrankung ist eine Lungenentzündung.

Anzeigepflicht besteht bei

- entsprechendem Nachweis einer Infektion mit einem HI-Virus und zumindest eine **Indikatorerkrankung** und
- Todesfällen von an AIDS-Erkrankten.

Die **Anzeige** hat **binnen einer Woche** an das **Gesundheitsministerium** zu erfolgen.

Die Anzeige erfolgt **anonymisiert** durch Angabe der Initialen des Namens, des Geburtsdatums, des Geschlechts und u. U. auch klinischer Angaben.

Aha!
Die bloße Infektion mit HIV ist nicht anzeigepflichtig und unterliegt der Verschwiegenheitspflicht des Gesundheitspersonals. Eine AIDS-Erkrankung ist grundsätzlich von der allgemeinen berufsrechtlichen Verschwiegenheitspflicht umfasst.

Besteht allerdings die Gefahr einer Ansteckung Dritter, kann eine Durchbrechung der Verschwiegenheitspflicht durch rechtfertigenden Notstand oder aus arbeitnehmerschutzrechtlicher Sicht gerechtfertigt sein.

Beispiel
Ein Arzt informiert den Intimpartner einer Patientin von deren HIV-Erkrankung, da diese ihrer Pflicht zur Information nicht nachgekommen ist.

Vorrangiges Ziel des AIDS-Gesetzes ist die Förderung der Eigenverantwortlichkeit durch Beratung, Aufklärung und Information!

Rechtsfolgen bei Verstößen

- Auch hier gelten die **Strafbestimmungen der §§ 178, 179 StGB.**
- Führt die Gefährdung zu einer Ansteckung eines anderen Menschen, kann dies eine **Körperverletzung** oder auch ein **Tötungsdelikt** darstellen.
- Verletzung der Meldepflicht: **Geldstrafe** bis zu 2.180 EUR.

1.5 Impfwesen

Das Impfwesen in Österreich ist komplex und besteht aus drei Aspekten:

- Kostenfreies Kinder-Impfkonzept (zwischen 2011 und 2020: 8,5 Mio.)
- Impfungen, die zu 100 Prozent selbst zu finanzieren sind
- Selbstfinanzierte Impfungen mit Kostenzuschuss der Sozialversicherung

Arten von Impfungen

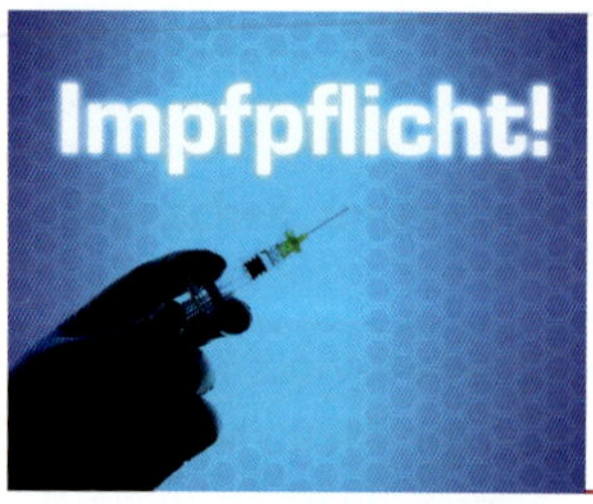

Pflichtimpfungen
Derzeit keine in Österreich
Die im Februar 2022 in Kraft getretene Covid-19-Impfpflicht wurde im August 2022 wieder aufgehoben.

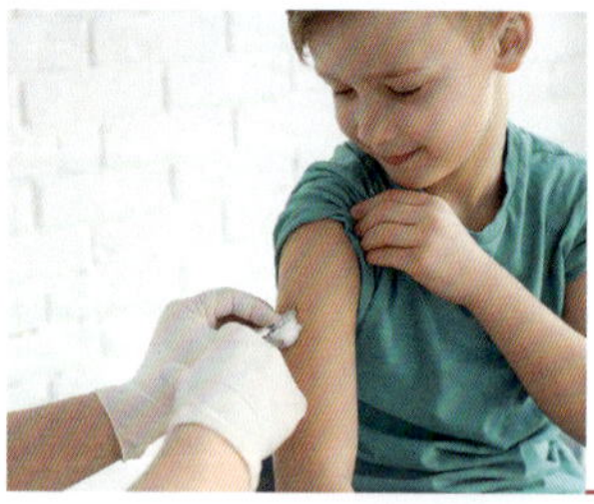

Empfohlene Impfungen
Sie werden vom Gesundheitsministerium aufgrund eines Vorschlags des Obersten Sanitätsrats empfohlen („Österreichischer Impfplan“)

Freiwillige Impfungen
Z. B. Reiseimpfungen

Sonderpostmarke der Österreichischen Post AG, ausgegeben am 24.11.2000; **die erste Impfaktion in Österreich gegen Pocken** fand am 10. Dezember 1800 in Brunn am Gebirge statt. Die letzte Pflichtimpfung in Österreich war die Impfpflicht gegen Pocken, die 1981 aufgehoben wurde.

Empfohlene Impfungen für Personal des Gesundheitswesens (Auszug)

> Das Personal in Krankenhäusern und anderen Gesundheitseinrichtungen, welches Kontakt zu Patientinnen und Patienten oder mit infektiösem Material hat, sollte zum eigenen Schutz und zum Schutz der betreuten Personen nachweislich und ausreichend vor den durch Impfung vermeidbaren Erkrankungen geschützt sein, dies kann als moralische Verpflichtung gesehen werden.
>
> *Bundesministerium Soziales, Gesundheit, Pflege und Konsumentenschutz*

Gesellschaftspolitische Verantwortung oder individuelle Entscheidungsfreiheit? Diskutieren Sie in der Klasse das Für und Wider einer Impfpflicht.

Berufsgruppen	COVID-19, DiTetPert-Polio, Hep. B, Influenza, MMR, Varizellen, Pneumokokken	Spezielle Empfehlungen	
		Hep. A	Meningokokken
Ärzte/Ärztinnen	+++	++	+++
Gesundheits- und Krankenpflegeberufe, Ordinationsassistenz, Hebammen, zahnärztliche Assistenz, Hilfspersonal im Gesundheits- und Pflegebereich, Optometrie, Orthoptik	+++	++	+++
Therapeutisches Personal (Logopädie, Ergo-, Physiotherapie, Radiologie-Technologie, Röntgenassistenz)	+++	+	+++
Laborpersonal, biomedizinische Analytik, Laborassistenz	+++	++ (bei) Stuhlverarbeitung	+++

+++ hohes Risiko, Impfung dringend erforderlich; ++ intermediäres Risiko, Impfung wird angeraten;
+ geringes Risiko, Impfung dennoch überlegenswert

Quelle: Bundesministerium für Soziales, Gesundheit, Pflege und Konsumentenschutz

Die ethische Entscheidung für oder gegen eine Impfung trifft jede/r selbstbestimmt oder es entscheidet der gesetzliche Vertreter. Impfungen unterliegen einer umfassenden ärztlichen Aufklärung.

Elektronischer Impfpass

Neben der bestehenden ELGA-Anwendung e-Befunde und e-Medikation startete im Herbst 2020 ein Pilotprojekt mit der Einführung eines elektronischen Impfpasses.

Analog zum Papier-Impfpass erhält jeder Bürger/jede Bürgerin einen e-Impfpass als Gesundheitsvorsorgeinstrument. Eine Abmeldung vom elektronischen Impfpass ist nicht vorgesehen. Die Daten werden in einem nationalen Impfregister gespeichert.

Unter den folgenden Links finden Sie:

- den aktuellen Impfplan Österreichs sowie
- eine Broschüre, die sich mit den rechtlichen Aspekten der Impfpflicht des Gesundheitspersonals auseinandersetzt.

www.trauner.at/impfplan
www.trauner.at/impfungen-gesundheitspersonal

Wer haftet für Impfschäden?

Nach dem Impfschadengesetz ist vom Bund verschuldensunabhängig für Pflichtimpfungen und empfohlene Impfungen bei Impfschäden unter bestimmten Voraussetzungen ein Ersatz, insbesondere Renten- bzw. Einmalzahlungen, möglich. Eine Entschädigung steht zu, wenn ein Zusammenhang zwischen Impfung und Schaden wahrscheinlich ist. Der Antrag ist an das Bundessozialamt zu stellen.

Seit 1973 beziehen 88 Personen Rentenleistungen nach dem Impfschadengesetz. Seit 1990 sind 410 Impfschäden anerkannt, die meisten nach Tbc-Impfungen.

BM für Soziales, 2021

§ **Rechtsgrundlagen:**
Suchtmittelgesetz – SMG
Suchtgiftverordnung – SV
Psychotropen – VO

2 Suchtmittelgesetz

Der Umgang mit Suchtmitteln ist in zahlreichen internationalen Abkommen, im Suchtmittelgesetz und in Verordnungen geregelt. In diesem Kapitel wird ein Überblick über die Regelungen nach dem Suchtmittelgesetz sowie nach der Suchtgiftverordnung gegeben.

In Österreich gelten **Suchtgifte** und **psychotrope** (zur Veränderung der Psyche und des Bewusstseins führende) **Stoffe** als Suchtmittel.

Das Suchtmittelgesetz unterscheidet		
	Beschreibung	**Beispiele**
Suchtgifte	▪ Werden in der „Einzige Suchtgiftkonvention vom 30. März 1961“, im Übereinkommen der Vereinten Nationen über psychotrope Stoffe vom 21. Februar 1971 und in der Suchtgiftverordnung (einschließlich Zubereitungen) aufgelistet. ▪ Unterliegen aufgrund ihrer psychoaktiven Wirkung und den damit verbundenen Missbrauchs- und Gesundheitsrisiken strengsten Kontrollmaßnahmen.	▪ Cannabisprodukte (Marihuana, Haschisch usw.) ▪ Rohopium und Opiate (Opium, Heroin, Morphin, Codein, Methadon usw.) ▪ Kokablätter und Kokain ▪ Amphetamine (Speed) ▪ Designerdrogen, wie z. B. Ecstasy oder diverse Halluzinogene
Psychotrope Stoffe	▪ Sind im Übereinkommen der Vereinten Nationen über psychotrope Stoffe und in der Psychotropenverordnung aufgelistet. ▪ Unterliegen in Bezug auf ihre Verwendung bestimmten Beschränkungen.	Im Speziellen die Gruppe der Benzodiazepine, die wegen ihrer angstlösenden, beruhigenden, schlaffördernden und muskelentspannenden Wirkung in der Medizin breite Anwendung finden.
Drogenausgangsstoffe	▪ Werden in erster Linie für die legale Herstellung von Produkten in der Chemieindustrie und zur Medikamentenerzeugung, aber auch zur illegalen Drogenerzeugung verwendet. ▪ Es gelten spezifische Überwachungs- und Kontrollvorschriften.	Essigsäureanhydrid (Acetanhydrid) z. B. wird in zahlreichen industriellen Verfahren wie für die Herstellung von Kunststoffen, Textilien, Farbstoffen, Parfum und Zigarettenfiltern verwendet. Der Stoff dient jedoch gleichzeitig als wichtiges Reaktionsmittel für die illegale Herstellung von Heroin.

Substitutionsbehandlung = medikamentöse Ersatzbehandlung; unter strikter ärztlicher Kontrolle werden Ersatzdrogen (z. B. Methadon) gegeben.

Suchtgiftvignette

Verschreibung von Suchtmitteln – Substitution

- Suchtmittelhaltige Arzneimittel dürfen für Schmerz- sowie für Entzugs- und Substitutionsbehandlungen verschrieben, ausgehändigt oder verabreicht werden.
- Ärzte/Ärztinnen müssen den Beginn und, sofern es ihnen bekannt ist, das Ende einer Substitutionsbehandlung der Bezirksverwaltungsbehörde als Gesundheitsbehörde unverzüglich melden.
- Suchtgifte werden auf ganz normalen **Kassenrezepten** verschrieben. Es muss jedoch die **nummerierte Suchtgiftvignette** auf dieses Rezept geklebt werden, damit die Apotheke das Medikament aushändigen darf. Suchtgiftvignetten erhalten Ärzte/Ärztinnen vom zuständigen Gesundheitsamt.

Aufbewahrung und Aufzeichnungspflichten

- Alle, die berechtigt sind, Suchtmittel zu besitzen, also auch Krankenanstalten sowie alle anderen Einrichtungen, die über ein Arzneimitteldepot verfügen, müssen ihren Suchtmittelvorrat durch geeignete Maßnahmen gegen unbefugte Entnahme sichern.
- Suchtgifte sind gesondert aufzubewahren.

- Die Erzeuger von Suchtgiften (einschließlich Zubereitungen aus Suchtgift) sind verpflichtet, gesonderte Vormerkungen darüber zu führen. Apotheken haben ein **Vormerkbuch** mit fortlaufenden Seitenzahlen zu führen.

Suchtmittel müssen gesondert und gegen unbefugte Entnahme gesichert aufbewahrt werden.

Strafbestimmungen – verbotene Handlungen

- Grundsätzlich gilt, dass Suchtmittel dem **medizinischen und wissenschaftlichen Einsatz** vorbehalten sind. Im Übrigen sind Erwerb, Besitz, Erzeugung, Ein- und Ausfuhr und Weitergabe (inklusive Handel) von Suchtmitteln verboten.
- Dasselbe gilt auch für das **Anbauen von Opiummohn,** des **Kokastrauchs** und der **Cannabispflanze** zum Zweck der Suchtgiftgewinnung bzw. das Anbauen von halluzinogenen Pilzen zum Zweck des Suchtgiftmissbrauchs.
- In einer Verordnung des Bundesministeriums für Gesundheit ist eine **Grenzmenge** für jedes Suchtmittel festgelegt. Wird diese Grenzmenge überschritten bzw. handelt es sich um eine große Menge (das 15-fache der Grenzmenge), droht eine höhere Strafe, die bei Überschreitung der 25 fachen Grenzmenge nochmals angehoben wird.

Aha!
Der Konsum von Suchtmitteln ist in der Aufzählung der verbotenen Handlungen nicht erwähnt. Da man psychoaktive Substanzen aber nur dann konsumieren kann, wenn man sie auch besitzt, ist der Konsum also indirekt strafbar.

Alternativen zur Bestrafung – „Therapie statt Strafe“

Das Suchtmittelgesetz sieht verschiedene Alternativen zur Bestrafung vor, da eine reine Bestrafung bei Suchtkranken meist keine Einsicht oder Änderung des Suchtverhaltens bewirkt:

- **Vorläufiger Rücktritt von der Verfolgung durch die Staatsanwaltschaft oder vorläufige Einstellung des Verfahrens** durch das Gericht für eine Probezeit von einem Jahr bis zu zwei Jahren
- **Aufschub des Strafvollzuges, v. a. wenn sich der Verurteilte einer anderen gesundheitsbezogenen Maßnahme unterziehen muss**
- Das Suchtmittelgesetz ermöglicht Schulen bei Vorliegen eines Drogenmissbrauches ein **schulinternes Krisenmanagement** unter der Führung der Schulleitung ohne Einschaltung der Gesundheitsbehörde und ohne Anzeige bei den Strafverfolgungsbehörden.

Gesundheitsbezogene Maßnahmen

Gesundheitsbezogene Maßnahmen können von der Gesundheitsbehörde, aber auch vom Schularzt/der Schulärztin als geeignet und notwendig erachtet werden. Sie werden von der Staatsanwaltschaft, den Gerichten oder der Schulleitung angeordnet.

Wenn die gesundheitsbezogene Maßnahme erfolgreich absolviert wurde, so hat das Gericht die unbedingte Geld- oder Freiheitsstrafe in eine bedingte mit einer Probezeit umzuwandeln.

Folgende gesundheitsbezogene Maßnahmen kommen in Betracht:

- Ärztliche Überwachung des Gesundheitszustandes
- Ärztliche Behandlung einschließlich der Entzugs- und Substitutionsbehandlung
- Psychotherapie
- Klinisch-psychologische Beratung und Betreuung
- Psychosoziale Beratung und Betreuung

Ziele der Drogensubstitution
- Verminderung der Beschaffungskriminalität
- Verbesserung der finanziellen Lage und Sicherung der Wohnversorgung
- Wiedereinstieg in das Berufsleben bzw. Sicherung des Arbeitsplatzes
- Erleichterung des Ausstiegs aus der Drogenszene
- Verhinderung von Überdosierungen bzw. Folgeerkrankungen (z. B. Aids, Hepatitis)

Suchtmittel- und Substitutionsregister

Darin werden insbesondere die personenbezogenen Daten zu folgenden Meldungen aufgenommen:

- **Im Suchtmittelregister:** alle wegen des Verdachtes einer strafbaren Handlung nach dem Suchtmittelgesetz an die Staatsanwaltschaft erstatteten Berichte und Mitteilungen eines diesbezüglichen Anfangsverdachts sowie alle rechtskräftigen Straferkenntnisse betreffend Verwaltungsübertretungen nach dem Suchtmittelgesetz.
- **Im Substitutionsregister:** alle Personen, die sich wegen ihrer Gewöhnung an Suchtgift einer Substitutionsbehandlung unterziehen.

Aufgabenstellung – „Suchtmittelgesetz"

- Diskutieren Sie aus gesellschaftspolitischer Sicht, ob eine Freigabe „leichter Drogen" – wie in anderen Ländern – zu befürworten oder abzulehnen ist.

3 Nichtraucherschutz

Die Bestimmungen zum Thema Rauchen gliedern sich im Wesentlichen in drei Bereiche:

- Rauchen und Jugendschutz
- Rauchen am Arbeitsplatz
- Tabak- und NichtraucherInnenschutzgesetz

Rauchverbote gelten nicht nur für Tabakware, sondern auch für E-Zigaretten und Wasserpfeifen.

§ Rechtsgrundlagen:
- Tabak- und NichtraucherInnenschutzgesetz
- Arbeitnehmerinnenschutzgesetz
- Jugendschutzgesetze der Länder

Rauchen und Jugendschutz

Hier ist die Rechtslage ganz einfach: Rauchen ist (seit 1. 1. 2019) erst ab dem 18. Geburtstag erlaubt. Die Regelungen finden sich in den einzelnen Jugendschutzbestimmungen der Bundesländer.

Beispiel: § 18 NÖ Jugendgesetz (auszugsweise)
„Alkohol, Tabak und sonstige Rauch-, Rausch- und Suchtmittel"

(1) Junge Menschen bis zur Vollendung des 16. Lebensjahres dürfen alkoholische Getränke (auch in Form von Mischgetränken) an allgemein zugänglichen Orten und bei öffentlichen Veranstaltungen weder erwerben noch besitzen noch konsumieren.

(2) Junge Menschen bis zur Vollendung des 18. Lebensjahres dürfen alkoholische Getränke, wenn diese gebrannten Alkohol beinhalten (auch in Form von Mischgetränken), Tabakerzeugnisse und verwandte Erzeugnisse nach dem Tabak- und Nichtraucherinnen- bzw. Nichtraucherschutzgesetz – TNRSG, BGBl. Nr. 431/1995, in der Fassung BGBl. I Nr. 37/2018, an allgemein zugänglichen Orten und bei öffentlichen Veranstaltungen weder erwerben noch besitzen noch konsumieren. Diese Regelung erstreckt sich auch auf das Erwerben, das Besitzen und das Benützen von Wasserpfeifen.

Auch für den Konsum von Alkohol gelten seit 1.1.2019 österreichweit einheitliche Grenzen. Hier war davor die Rechtslage von Bundesland zu Bundesland teilweise völlig unterschiedlich.

Rauchen am Arbeitsplatz

Das Rauchen ist für Arbeitgeber/innen und Arbeitnehmerinnen verboten:

- In Gebäuden, sofern Nichtraucher/innen in der Arbeitsstätte beschäftigt werden
- Bei Brand- oder Explosionsgefahr
- Bei Arbeiten mit gesundheitsgefährdenden Arbeitsstoffen
- Aus produktionstechnischen bzw. hygienischen Gründen (zum Beispiel bei der Herstellung von Lebensmitteln)
- An öffentlichen Orten (dort besteht nämlich nach dem Tabakgesetz – genauer gesagt dem TNRSG – Rauchverbot)

Arbeitgeber/-innen können das Rauchen in Gebäuden erlauben:

- Wenn ausschließlich Raucher/innen in einer Arbeitsstätte beschäftigt werden und es dort keinen Kundenverkehr gibt (oder ein sonstiges Rauchverbot nach TNRSG gilt).
- Bei Ausnahmebestimmungen in einer Trafik (nicht aber Postpartner)
- In Raucherräumen

Rechte des Betriebsrates

Betriebsräte haben Mitwirkungsrechte beim Thema Rauchen im Betrieb. Sie müssen insbesondere rechtzeitig vor Änderungen einbezogen werden. Mit einer **Betriebsvereinbarung** können Betriebsrat und Arbeitgeber/in die Einrichtung von Raucherräumen und die Einrichtung von Zonen im Freien zum Rauchen bezüglich Anzahl, Lage und Gestaltung regeln.

Nichtraucher/innenschutz durch das Tabakgesetz (allgemein)

Das Tabakgesetz – offizieller Titel „Tabak- und Nichtraucherinnen- bzw. Nichtraucherschutzgesetz – **TNRSG** – regelt den Nichtraucherschutz bzw. Details zu Tabakprodukten. Die wichtigsten Bestimmungen über Rauchverbote lauten im Original, (auszugsweise):

§ 12 – Umfassender Nichtraucherinnen- und Nichtraucherschutz

(1)	Rauchverbot gilt in Räumen für
1.	Unterrichts- und Fortbildungszwecke,
2.	Verhandlungszwecke,
3.	schulsportliche Betätigung, schulische oder solche Einrichtungen, in denen Kinder oder Jugendliche beaufsichtigt, aufgenommen oder beherbergt werden, einschließlich der dazugehörigen Freiflächen, und
4.	die Herstellung, Verarbeitung, Verabreichung oder Einnahme von Speisen oder Getränken sowie die in Gastronomiebetrieben für alle den Gästen zur Verfügung stehenden Bereiche, ausgenommen Freiflächen.
(2)	Rauchverbot gilt auch in Mehrzweckhallen bzw. Mehrzweckräumen. Miterfasst sind auch nicht ortsfeste Einrichtungen, insbesondere Festzelte.
(3)	Rauchverbot gilt auch in Räumen, in denen Vereinstätigkeiten im Beisein von Kindern und Jugendlichen ausgeübt werden, sowie in Räumen, in denen Vereine Veranstaltungen, auch ohne Gewinnerzielungsabsicht, abhalten. Es ist dabei unbeachtlich, ob der Zutritt nur auf einen im Vorhinein bestimmten Personenkreis beschränkt ist. Darüber hinaus gilt Rauchverbot für Vereine dann, wenn durch die Vereinsaktivitäten eine Umgehung der Bestimmungen gemäß Abs. 1 oder 2 erfolgt.
(4)	Rauchverbot gilt auch für geschlossene öffentliche und private Verkehrsmittel zur entgeltlichen oder gewerblichen Personenbeförderung. Dies gilt auch in nicht der entgeltlichen oder gewerblichen Personenbeförderung dienenden Verkehrsmitteln, wenn sich im Fahrzeug eine Person befindet, die das 18. Lebensjahr noch nicht vollendet hat.

Das TNRSG regelt zunächst

- umfassende Werbe- und Sponsoring-Verbote
- Begrenzung des Kondensat- (Teer-), Nikotin- und Kohlenmonoxidgehalts
- Allgemeine Warnhinweise und Informationsbotschaften
- gesundheitsbezogene Warnhinweise
- Aufmachung und Inhalt der Packungen
- Vorschriften für die Kontrolle

Auch das Rauchen von Shishas in Lokalen ist verboten.

(5)	Die Regelungen des Rauchverbotes im Sinne dieser Bestimmung erstrecken sich auch auf die Verwendung von verwandten Erzeugnissen und von Wasserpfeifen.
(6)	Abs. 1 bis 5 gelten nicht in ausschließlich privaten Zwecken dienenden Räumen.

§ 13 – sonstige Rauchverbote

1.	Sofern nicht arbeitsrechtliche Bestimmungen ein Rauchverbot vorsehen oder Räume von § 12 erfasst sind, gilt ein Rauchverbot auch in sonstigen Räumen öffentlicher Orte, doch kann in den allgemein zugänglichen Bereichen ein Nebenraum als Raucherraum eingerichtet werden, sofern gewährleistet ist, dass aus diesem Nebenraum weder Tabakrauch in den mit Rauchverbot belegten Bereich dringt, noch das Rauchverbot dadurch umgangen wird.
2.	In Hotels und vergleichbaren Beherbergungsbetrieben gilt Rauchverbot.
(3)	Das Rauchverbot gilt nicht in Tabaktrafiken, sofern gewährleistet ist, dass Tabakrauch nicht in den mit Rauchverbot belegten Bereich dringt. Ausgenommen von der Möglichkeit, Rauchen zu erlauben, sind jene Tabaktrafiken, die Postpartner sind.

Rauchverbot in der Gastronomie

Besonders kontroversiell wurde das Thema Rauchen in der Gastronomie diskutiert. Wie in vielen Ländern der Welt ist seit 1. November 2019 auch Österreichs Gastronomie rauchfrei.

Das Rauchen ist sowohl in den Gasträumen als auch in allen anderen, den Gästen zur Verfügung stehenden Bereichen verboten. Erlaubt bleibt es lediglich auf Freiflächen.

Aha!

Zusammengefasst besteht Rauchverbot:

- In Amtsgebäuden, Geschäften, Einkaufszentren, Theatern, Kinos, Museen, Fitnesscentern, Hallenbädern, Sporthallen, Bürogebäuden, Krankenhäusern, Arztpraxen und vielen mehr
- Weiters besteht Rauchverbot in Bahnhöfen und Flughäfen; hier können Raucherkabinen eingerichtet werden.
- In den Zügen herrscht bei allen Betreibern Rauchverbot.
- Auf Freiflächen findet das gesetzliche Rauchverbot allerdings dort keine Anwendung (z.B. offene Bahnsteige, in offener Bauweise errichtete Wartehäuschen bei Haltestellen öffentlicher Verkehrsmittel). Hier kann allerdings der Betreiber Rauchverbot verhängen, wie etwa die Wiener Linien auf den Bahnsteigen der überirdischen U-Bahn.

Ziele erreicht – „Sanitätspolizeiliche Vorschriften, Suchtmittelgesetz ...“

KOMPETENZ-ERWERB

1. Definieren Sie die Begriffe „Epidemie“ und „Pandemie“.

2. Geben Sie einen Überblick über mögliche Maßnahmen der Behörden nach dem Epidemiegesetz.

3. Bei einem Patienten wird eine ansteckende Tuberkulose diagnostiziert. Erläutern Sie:
   a) Welche Pflichten treffen den Patienten?

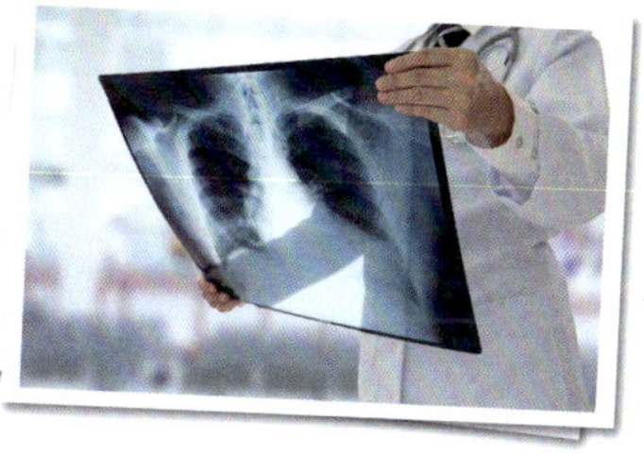

   b) Welche Maßnahmen kann die Behörde ergreifen?

4. Nennen Sie zwei Beispiele von anzeigepflichtigen Geschlechtskrankheiten und erläutern Sie die Pflichten des Patienten, des Arztes/der Ärztin und der Behörde nach dem Geschlechtskrankheitengesetz.

5. Erläutern Sie, welche Pflichten sich aus dem Aidsgesetz für HIV-infizierte Menschen ergeben.

6. Diskutieren Sie aus Ihrer persönlichen Sicht, wie weit der Staat im Namen der Gesundheit die Menschen in ihrer persönlichen Freiheit einschränken darf.

7. Erklären Sie, welche Stoffe das Suchtmittelgesetz unterscheidet.

8. Erklären Sie, wie die Verschreibung von Suchtmitteln erfolgt.

9. Argumentieren Sie, warum Therapie bei Drogenabhängigen einer Bestrafung in aller Regel vorzuziehen ist.

10. Nennen Sie mindestens fünf empfohlene Impfungen.

11. Erläutern Sie das Ausmaß der Aufklärungspflicht eines Arztes/einer Ärztin anlässlich einer Impfung.

12. Führen Sie an, für welche Schäden der Bund eine Entschädigung nach dem Impfschadengesetz zu leisten hat und wer darüber entscheidet.

13. Nennen Sie fünf Bereiche, an denen Rauchverbot besteht.

Soziale Verwaltung

Die soziale Verwaltung umfasst einen großen Bereich der staatlichen Verwaltung und reicht von den Bestimmungen des Sozialrechts über das Arbeitsrecht, die Institution und Verwaltung des Gesundheits- und Sozialwesens, die Wohlfahrtspflege bis zu den Aufgaben der Sozialmedizin.

Aufgrund der Vielfältigkeit der Vorschriften und Aufgaben können hier nur schwerpunktmäßig Themenbereiche behandelt werden.

Wohlfahrtspflege und Sozialmedizin

Das Wort **„Wohlfahrt"** wird aus dem alten mittelhochdeutschen Wort „wolvarn" abgeleitet. Es bedeutete so viel wie „Wohlergehen" eines Einzelnen oder einer Gemeinschaft.

Auch nicht staatliche Organisationen übernehmen Aufgaben der Wohlfahrtspflege. Die sieben großen **Wohlfahrtsverbände in Österreich** sind:

- Caritas Österreich
- Evangelisches Hilfswerk Österreich
- Volkshilfe Österreich
- Hilfswerk Österreich
- Österreichisches Rotes Kreuz
- Jugend am Werk
- Lebenshilfe Österreich

Eine wichtige Aufgabe des Staates ist es, für das Wohlergehen seiner Bürgerinnen und Bürger zu sorgen. **Wohlfahrtspflege** bezeichnet alle Maßnahmen im Rahmen der Sorge für Not leidende und gefährdete Menschen.

Die **Sozialmedizin** beschäftigt sich mit den vielfachen Wechselwirkungen zwischen Krankheit, Gesundheit, Individuum und Gesellschaft. Sie erforscht die Ursachen von Gesundheitsstörungen, entwickelt Maßnahmen zu deren Vorbeugung und Bewältigung.

KOMPETENZ-ERWERB

Meine Ziele

Nach Bearbeitung dieses Kapitels kann ich

- die wesentlichen Punkte des Behindertengleichstellungspaketes erläutern;
- die Schutzbestimmungen benennen, die Arbeitgeber/innen bei der Beschäftigung von begünstigten Behinderten zu beachten haben;
- einen Überblick über die sozialen Leistungen der Kinder- und Jugendhilfe geben;
- den Stellenwert der Sozialmedizin erkennen.

1 Behindertenwesen

Menschen mit Behinderungen sind im alltäglichen Leben oft mit kleineren oder größeren Benachteiligungen konfrontiert. Durch gesetzliche Rahmenbedingungen wird dafür gesorgt, dass diese Benachteiligungen möglichst beseitigt werden. Die **Eingliederung** (Integration) von behinderten Menschen in Gesellschaft und Beruf ist daher wesentliche Aufgabe der österreichischen Sozialpolitik.

Wann spricht man von einer Behinderung?

Nach dem Behindertengleichstellungsgesetz (BGStG) gilt Behinderung als die Auswirkung einer körperlichen, geistigen oder psychischen Funktionsbeeinträchtigung oder einer Beeinträchtigung der Sinnesfunktionen, die nicht nur vorübergehend vorliegt (d. h. länger als sechs Monate) und die Teilnahme am gesellschaftlichen Leben erschweren kann.

www.oesterreich.gv.at

Darf man „behindert" sagen?

Als Reaktion auf die Kritik am Wort „Behinderung" gibt es Bemühungen, Ersatzformulierungen zu finden, die nicht diskriminierend wirken. Das erweist sich allerdings als schwierig. Ein Versuch – in der Sozialarbeit oft zu lesen und zu hören – ist der Begriff „Menschen mit besonderen Bedürfnissen" oder das Ausweichen in die englische Sprache durch das Wort „Handicap". Die staatlichen Unterlagen (Gesetze, Verordnungen etc.) verwenden weiterhin den Begriff „Behinderung". Es sollte auf keinen Fall heißen „Behinderte", sondern „Menschen mit Behinderung" bzw. "Menschen mit Beeinträchtigung".

1.1 Gesetzliche Grundlagen

Die Gleichstellung von Menschen mit Behinderungen ist in Österreich verfassungsrechtlich garantiert:

Art. 7 Abs. 1 B-VG

„... Die Republik (Bund, Länder und Gemeinden) bekennt sich dazu, die Gleichbehandlung von behinderten und nicht behinderten Menschen in allen Bereichen des täglichen Lebens zu gewährleisten."

Diese **Staatszielbestimmung** verpflichtet in erster Linie die Staatsorgane, also Gesetzgeber, Bundes- und Landesregierungen, Verwaltungsbehörden und Gerichte.

Behindertengleichstellungspaket

Ein wichtiger Meilenstein im Gleichstellungsrecht ist das **Behindertengleichstellungspaket** (seit 1. Jänner 2006), das ein Verbot der Diskriminierung von Menschen mit Behinderungen in den verschiedensten Lebensbereichen enthält.

Kernstücke des Behindertengleichstellungspakets

Bundes-Behindertengleichstellungsgesetz (BGStG)	Behinderteneinstellungsgesetz (BEinstG)	Bundesbehindertengesetz (BBG)
Beinhaltet Bestimmungen zum Schutz vor Diskriminierung von Menschen mit Behinderungen **im Alltag**	Beinhaltet Bestimmungen zum Schutz vor Diskriminierung von Menschen mit Behinderungen **in der Arbeitswelt**	Beinhaltet die Einrichtung einer eigenen **Anwaltschaft für Gleichbehandlungsfragen** für Menschen mit Behinderung; durch koordinierte Maßnahmen soll eine bestmögliche Teilnahme am gesellschaftlichen Leben gesichert werden.

Daneben erfolgte auch die verfassungsrechtliche Anerkennung der österreichischen **Gebärdensprache** als eigenständige Sprache.

1.2 Diskriminierungsschutz im Alltag

Barrierefreiheit

Der Schwerpunkt der Diskriminierung liegt hier auf rechtlich nicht zugelassenen **Barrieren** (Hindernissen) bei **Gütern** und **Dienstleistungen,** die Menschen mit Behinderung daran hindern, diese (in vollem Umfang) in Anspruch zu nehmen.

Ab 2025 sollen mit einem neuen Barrierefreiheitsgesetz Unternehmen verpflichtet werden, bestimmte Produkte nur mehr barrierefrei auf den Markt zu bringen (z. B. PCs, Smartphones etc.)

Das BGStG definiert Barrierefreiheit folgendermaßen:
„Barrierefrei sind bauliche und sonstige Anlagen, Verkehrsmittel, technische Gebrauchsgegenstände, Systeme der Informationsverarbeitung sowie andere gestaltete Lebensbereiche, wenn sie für Menschen mit Behinderung in der allgemein üblichen Weise, ohne besondere Erschwernis und grundsätzlich ohne fremde Hilfe zugänglich und nutzbar sind."

Das Diskriminierungsverbot wird in diesem Zusammenhang vorrangig folgendermaßen umgesetzt:

Umsetzung	Beschreibung
Bauliche Barrierefreiheit	Was beim barrierefreien Bauen beachtet werden muss, richtet sich vor allem nach den Bauordnungen der einzelnen Bundesländer. Selbst wenn eine Baulichkeit einer gesetzlichen Vorschrift entspricht, kann sie als Barriere wirken. **Barrierefrei zugänglich müssen insbesondere sein:** ▪ Öffentliche Angebote ▪ Gebäude und sonstige Anlagen ▪ Öffentliche Verkehrsmittel ▪ Sonstige gestaltete Lebensbereiche, z. B. eine öffentliche Parkanlage **Barrieren** sind z. B. Stufen, Türschwellen, zu enge Türbreiten oder fehlende Beleuchtung.
Barrierefreie Information und Kommunikation	Diese betrifft den unerschwerten Zugang zu Informationen und Kommunikationsmöglichkeiten. Gehörlose Personen haben z. B. das Recht, Informationen in **Gebärdensprache** zu bekommen. Die Gebärdensprache wird in Österreich seit 2005 als eigene Sprache anerkannt. Für Sehbehinderte oder Blinde gibt es die Brailleschrift, die mit den Fingern ertastbar ist. **Barrieren** sind z. B. schwer verständliche Texte oder ein fehlendes Blindenleitsystem.
Digitale Barrierefreiheit	Eine leichte Bedienung von Software soll auch Menschen mit Behinderung ermöglichen, an der Digitalisierung teilzunehmen. Internationale Standards wie beispielsweise die **BITV** (Barrierefreie-Informationstechnik-Verordnung) oder die **W3C-Richtlinien** der WCAG (Web Content Accessibility Guidelines) bezeichnen verschiedene Levels digitaler Barrierefreiheit. **Barrieren** sind z. B. ungenügender Farbkontrast oder fehlende Textalternativen.

Die bauliche Barrierefreiheit gilt nicht nur für den Zugang zum Gebäude, sondern etwa auch für den Röntgenraum oder die Toiletten

Beispiele für barrierefreie Kommunikation

LL B1 Leicht Lesen

Leicht Lesen (LL) ist eine Bezeichnung für Texte, die in einer einfachen, leicht verständlichen Sprache verfasst sind.

Hören statt sehen – Audiodeskriptionsservice des ORF: Für blinde und sehbehinderte Menschen werden ausgewählte Sendungen auf einer eigenen Tonspur mit zusätzlichen Kommentaren versehen.

Die einzelnen Arten können nicht strikt getrennt werden, sondern überschneiden sich vielfach. Die Gesetze schreiben nicht vor, wie Barrierefreiheit im konkreten Fall auszusehen hat. Der Fantasie sind keine Grenzen gesetzt. Alles, was hilft, Barrieren zu vermeiden, kann rechtlich gefordert sein.

1.3 Behinderung und Arbeit

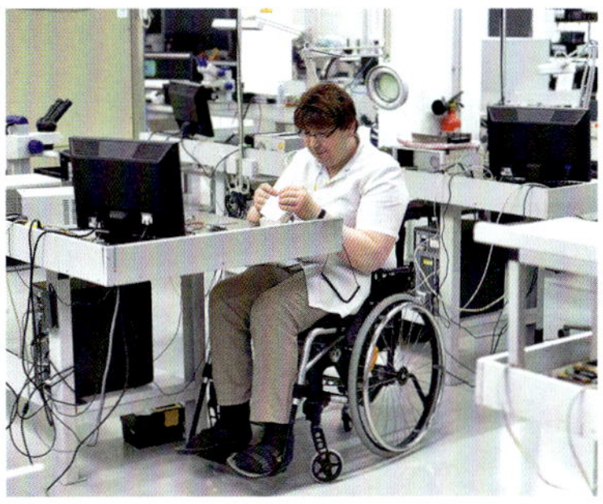

Die Integration eines behinderten Menschen in den Arbeitsprozess ermöglicht ihm, seinen Lebensunterhalt selbst zu bestreiten. Außerdem sichert dies seinen gesellschaftlichen Kontakt zu anderen Menschen und trägt zur Stärkung seines Selbstwertgefühls bei.

1.3.1 Begünstigte Behinderte

Menschen mit Behinderung können – unter bestimmten Voraussetzungen – in den **Personenkreis der begünstigten Behinderten** aufgenommen werden.

Voraussetzungen für die Begünstigung

- Der **Grad der Behinderung** beträgt mindestens 50 Prozent.
- Dieser muss mittels **Bescheid** des Bundesamtes für Soziales und Behindertenwesen – **Sozialministeriumservice** – (ein ärztlicher Sachverständiger der Behörde schätzt den Grad der Behinderung ein) festgestellt worden sein.
- Besitz der österreichischen Staatsbürgerschaft, Staatsbürger/in eines EU- oder EWR-Vertragsstaates, Schweizer Bürger/in, anerkannte Flüchtlinge oder Drittstaatangehörige, die berechtigt sind, sich in Österreich aufzuhalten und einer Beschäftigung nachzugehen.

Nicht begünstigt werden kann:

- wer sich in Schul- oder Berufsausbildung befindet (ausgenommen Lehrlinge),
- wer eine dauernde Pensionsleistung bezieht oder über 65 Jahre und nicht mehr erwerbstätig ist oder
- wer nicht in einem aufrechten sozialversicherungspflichtigen Dienstverhältnis steht und aufgrund der Schwere der Behinderung nicht in der Lage ist, auf einem geschützten Arbeitsplatz oder in einem integrativen Betrieb tätig zu sein.

Folgen der Begünstigung

- **Erhöhte Fürsorgepflicht:** Arbeitgeber/innen haben auf den Gesundheitszustand begünstigter Behinderter besondere Rücksicht zu nehmen.
- **Entgeltschutz:** Das Entgelt darf aufgrund der Behinderung nicht gemindert werden.
- **Erhöhter Kündigungsschutz** (Näheres dazu auf der folgenden Seite)
- **Schutz vor Diskriminierung** in der Arbeitswelt
- **Steuerliche Vergünstigungen und Förderungen** sowohl für die behinderte Person als auch für deren Arbeitgeber/in

Beschäftigungspflicht

Alle Arbeitgeber/innen, die im Bundesgebiet 25 oder mehr Arbeitnehmer/innen beschäftigen, sind verpflichtet, auf je 25 Arbeitnehmer/innen mindestens einen begünstigten behinderten Menschen einzustellen. Die Anzahl der begünstigten behinderten Menschen, die eingestellt werden müssen, wird als **Pflichtzahl** bezeichnet.

Die **Pflichtzahl** wird auf Basis der Gesamtzahl der beschäftigten Arbeitnehmer/innen berechnet (ausschließlich Lehrlinge). Die im Unternehmen bereits beschäftigten begünstigten Behinderten werden für die Ermittlung der Pflichtzahl nicht mit einberechnet, sondern von der ermittelten Pflichtzahl abgezogen. Manche Personengruppen werden doppelt auf die Pflichtzahl angerechnet (z. B. Blinde oder begünstigte behinderte Jugendliche unter 19 Jahren).

Beispiel

1. Ermittlung der Pflichtzahl

Ein Unternehmen beschäftigt 238 Dienstnehmer. Zwei davon sind begünstigte Behinderte. Es gibt keine Lehrlinge im Betrieb.

238 Arbeitnehmer gesamt
– 0 Lehrlinge
<u>– 2 begünstigte Behinderte</u>
236 236: 25 = 9,44 -> Pflichtzahl = 9

2. Erfüllung der Beschäftigungspflicht

9 = Pflichtzahl
–3 = Es werden zwei begünstigte Behinderte beschäftigt, davon ist einer blind (dieser zählt für 2 Personen) = 3.

Im Betrieb sind daher noch 6 Pflichtstellen unbesetzt.

Die **Ausgleichstaxe** beträgt je nach Anzahl der Arbeitnehmer/innen zwischen 267 und 398 Euro (Stand 2020).

Nichterfüllung der Beschäftigungspflicht – Ausgleichstaxe

Bei Nichterfüllung der Beschäftigungspflicht ist eine **Ausgleichstaxe für jede nicht besetzte Pflichtstelle** zu bezahlen.

Die eingezahlten Ausgleichstaxen fließen dem **Ausgleichstaxfonds (ATF),** der vom Sozialministeriumservice verwaltet wird, zu. Diese Mittel sind zweckgebunden zu verwenden, d. h. im Besonderen für Leistungen an begünstigte Behinderte oder an Arbeitgeber/innen, die begünstigte Behinderte beschäftigen. Es gibt z. B. Zuschüsse für Adaptierungen im Sinne der Barrierefreiheit, zu den Lohnkosten, zu Schulungs- und Ausbildungskosten etc.

Erhöhter Kündigungsschutz begünstigt behinderter Personen

Der Dienstnehmer darf die Kündigung erst dann aussprechen, wenn der **Behindertenausschuss** beim Sozialministeriumservice nach Anhörung des Betriebsrates, der Behindertenvertrauensperson (in Betrieben mit mindestens fünf begünstigten Behinderten) oder der Personalvertretung die vorherige rechtskräftige Zustimmung zur Kündigung erteilt hat. Der Dienstnehmer hat in diesem Verfahren Parteistellung.

Aha!

Das Dienstverhältnis eines/einer begünstigten Behinderten darf vom Dienstgeber, sofern keine längere Kündigungsfrist einzuhalten ist, nur unter Einhaltung einer **Frist von vier Wochen** gekündigt werden.

Die Zustimmung zur Kündigung durch den Behindertenausschuss ist nicht notwendig, wenn

- zu Beginn des Arbeitsverhältnisses die Behinderteneigenschaft bereits festgestellt ist und der Ausspruch der Kündigung innerhalb der ersten vier Jahre des Arbeitsverhältnisses erfolgt oder
- die Behinderteneigenschaft des Arbeitnehmers/der Arbeitnehmerin nach Beginn des Arbeitsverhältnisses festgestellt wird und der Ausspruch der Kündigung während der ersten sechs Monate des Arbeitsverhältnisses erfolgt.

Die Inanspruchnahme von Arbeitsassistenten/-assistentinnen ist kostenlos. Gefördert wird sie vom Ausgleichstaxfonds und vom Europäischen Sozialfonds.

1.3.2 Arbeitsassistenz

Arbeitsassistenten/-assistentinnen haben die Aufgabe, behinderte Arbeitnehmer/innen mit beruflichen und sozialen Problemen intensiv zu beraten und zu betreuen, um ihnen zu einer dauerhaften Eingliederung in das Erwerbsleben zu verhelfen.

Die Arbeitsassistenz soll insbesondere auch begleitend tätig werden. Bei auftretenden Problemen am Arbeitsplatz soll durch eingehende Gespräche mit allen Beteiligten eine Lösung gefunden werden.

In Einrichtungen wie z. B. der Lebenshilfe wird Beschäftigungstherapie angeboten.

1.3.3 Arbeitsmöglichkeiten für Menschen mit Behinderung

Tagesstrukturen

Wenn die Leistungsfähigkeit aufgrund einer Behinderung so weit herabgesetzt ist, dass ein Erwerbseinkommen nicht möglich ist, kann den betroffenen Personen eine **Beschäftigungstherapie** angeboten werden.

Diese erfolgt großteils in **Tagesheimstätten,** in denen behinderte Menschen sozial eingegliedert werden. Durch fachkundige Betreuung sowie sinnvolle und nützliche Beschäftigung sollen ihre Fähigkeiten gefördert und weiterentwickelt werden. Die dort beschäftigten Personen erhalten **keine Entlohnung,** sondern lediglich ein Taschengeld.

Fünf bis sieben Prozent der behinderten Menschen können jährlich auf dem offenen Arbeitsmarkt vermittelt werden. Für die anderen werden Dauerarbeitsplätze in integrativen Betrieben zur Verfügung gestellt.

Integrative Betriebe

In integrativen Betrieben werden begünstigte behinderte Personen beschäftigt, die wegen Art und Schwere ihrer Behinderung noch nicht oder nicht mehr auf dem allgemeinen Arbeitsmarkt tätig sein können. Die behinderten Personen müssen aber eine gewisse **Leistungsfähigkeit** mitbringen. Diese Betriebe sind überwiegend auf **handwerkliche Fertigung** ausgerichtet (Holz-, Metall- und Kunststoffverarbeitung).

Integrative Berufsausbildung – Berufsausbildungsassistenz

Die Berufsausbildungsassistenz unterstützt Jugendliche mit Behinderung oder anderen Vermittlungshemmnissen bei der betrieblichen Ausbildung (Lehre). Sie begleitet die Ausbildung sowohl im Betrieb als auch in der Schule.

1.3.4 Schutz vor Diskriminierung in der Arbeitswelt

Eine Diskriminierung liegt dann vor, wenn Menschen aufgrund ihrer Behinderung gegenüber anderen Personen benachteiligt werden. Diese Benachteiligung kann nicht nur in Form einer **schlechteren Behandlung,** sondern auch durch vorhandene **Barrieren** erfolgen.

Es handelt sich jedoch nicht um eine Diskriminierung, wenn ein **plausibler Grund** vorliegt.

Beispiel
Im Unternehmen gibt es eine Betriebskantine. Es ist eine Diskriminierung, wenn ein Mitarbeiter nicht dort essen kann, weil er wegen seiner Gehbehinderung nicht hinkommen kann.

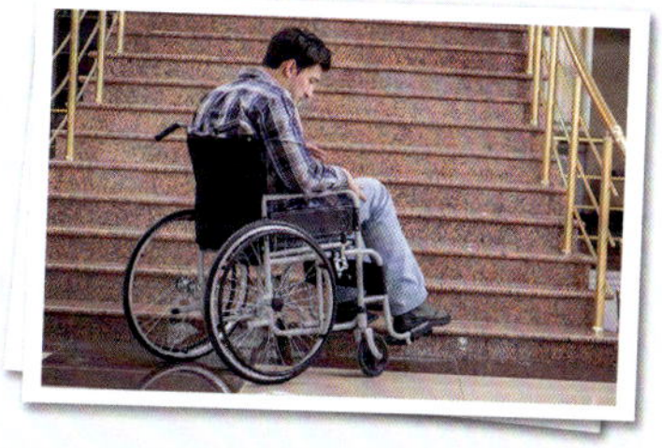

Dem Unternehmen ist ein unverhältnismäßig kostenintensiver Umbau aber nicht möglich (= plausibler Rechtfertigungsgrund). Eine Verbesserung der Situation kann z. B. durch ersatzweises Zurverfügungstellen von Essensgutscheinen vergleichbaren Werts für dem Rollstuhlfahrer zugängliche Lokale erreicht werden.

Belästigung

Eine Diskriminierung liegt auch bei **Belästigung** vor. Darunter werden unerwünschte, unangebrachte oder anstößige Verhaltensweisen im Zusammenhang mit einer Behinderung verstanden.

Eine Belästigung kann nicht nur durch den Arbeitgeber selbst, sondern auch durch **dritte Personen** am Arbeitsplatz (z. B. Kolleginnen/Kollegen, Kundinnen/Kunden etc.) erfolgen. Der Arbeitgeber ist in diesem Fall verpflichtet, dagegen vorzugehen.

Belästigung: Beispiel aus einem Gerichtsurteil (OGH vom 26.11.2013)
Verhaltenseisen der Belästigung können verschiedene Formen annehmen, angefangen bei verbalen Äußerungen (z. B. Witze) und Gesten bis hin zum Verfassen, Zeigen und Verbreiten von schriftlichen Äußerungen, E-Mails, SMS, Zeichnungen (z. B. Karikaturen), Bildern oder sonstigem Material.

Beispiel
Die Abteilungskollegen spötteln ständig über die Behinderung eines Kollegen. Die Abteilungsleiterin sieht untätig zu. In einem solchen Fall können sowohl der Arbeitgeber als auch die Vorgesetzte und die Kollegen zur Verantwortung gezogen werden.

Das oft vorgebrachte **Mobbing** ist allerdings schwer auf den Punkt zu bringen.

Rechtsfolgen bei Diskriminierung

- Anspruch auf Schadenersatz,
- Anspruch auf die vorenthaltene Leistung sowie
- Aufrechterhaltung des Dienstverhältnisses.

Geltendmachung von Ansprüchen

Zu den **Sinnesbehinderungen** zählen Hörbehinderungen (Schwerhörigkeit, Gehörlosigkeit), Sehbehinderungen (Blindheit, Fehlsichtigkeit) und Taubblindheit.

- Anspruchsberechtigt sind körperlich, geistig, psychisch oder sinnesbehinderte Menschen, unter bestimmten Voraussetzungen auch deren Angehörige.

Beispiel
Einer Familie wird aufgrund der Behinderung des Kindes der Zutritt zu einem Restaurant verwehrt. Hier könnten nicht nur das betroffene Kind, sondern auch die anderen Familienangehörigen einen Schadenersatzanspruch geltend machen.

- Die Ansprüche können bei den **ordentlichen Gerichten** eingeklagt werden.
- Vor der gerichtlichen Geltendmachung muss ein **Schlichtungsversuch** stattfinden. Das heißt, es muss versucht werden, außergerichtlich zu einer gütlichen Einigung zu kommen. Dieses **Schlichtungsverfahren** findet bei den Landesstellen des Sozialministeriumservices statt. Dabei können die Schlichtungsparteien auch unentgeltliche Mediation durch externe Mediatoren/Mediatorinnen in Anspruch nehmen.

Beispiel aus einem Urteil des Obersten Gerichtshofs vom 2.4.2009
„Wiederholt kam es vor, dass die Beklagte im Bereich dieser Posteingangsstelle war, wenn die (blinde) Klägerin kam, um die Post zu holen oder zu bringen. Bei solchen Anlässen sagte dann die Beklagte über die Klägerin oft sinngemäß „Ah, die Depperte" oder „Die Gstörte kommt a schon wieder" und „die wird a immer hässlicher", und zwar so laut, dass es nicht nur ihre Gesprächspartnerin, eine Sekretärin in dieser Abteilung, sondern auch die Klägerin hörte". Es wurden 720 Euro Schadenersatz zugesprochen.

1.4 Rehabilitationsmaßnahmen

Damit Integration gelingt, sind ausreichende finanzielle Mittel notwendig. Ohne diese würden behinderten Menschen wesentliche Möglichkeiten der Lebensgestaltung verwehrt bleiben. Personen mit Behinderung können oft durch eigene Arbeit nur ein geringes Einkommen erzielen, zum anderen haben sie aufgrund der Behinderung zusätzliche Ausgaben. Daher sind Transferleistungen notwendig, um dieses Defizit auszugleichen.

Transferleistungen sind bestimmte Geld- oder Sachleistungen, die an Menschen bezahlt bzw. ihnen gewährt werden, ohne dass diese dafür eine Gegenleistung erbringen (z. B. Kindergeld, Pflegegeld).

Verschiedene Rehabilitationsträger teilen sich die Aufgaben der medizinischen, beruflichen, sozialen und pädagogischen Rehabilitation.

Medizinische Maßnahmen	Sie haben zum Ziel, eine bestehende Behinderung zu beseitigen, zu vermindern oder eine Verschlimmerung zu verhüten.
Berufliche Maßnahmen	Sie sollen den behinderten Menschen in die Lage versetzen, erstmals einen Beruf, seinen früheren Beruf oder erforderlichenfalls einen neuen Beruf auszuüben.
Soziale Maßnahmen	Sie sollen dem behinderten Menschen darüber hinaus die Eingliederung in die Gesellschaft ermöglichen.
Pädagogische Maßnahmen	Das Ziel ist, behinderten Kindern und Jugendlichen die bestmögliche Erziehung und Bildung zu sichern.

Die Integration von Menschen mit Behinderungen reicht vom Kindergarten bis zum Schulabschluss über die Berufsausbildung bis zur Berufsausbildung.

Aufgabenstellung – „Behindertenwesen“

Fallbeispiel

Herr Grimm hatte vor zwei Monaten einen schweren Autounfall. Als Folge ist sein linkes Bein fast taub und er ist dadurch stark gehbehindert. Er wendet sich nun an Sie mit einigen Fragestellungen

a) Erklären Sie zunächst, was unter einer „Behinderung“ zu verstehen ist.

b) Wer kann das Ausmaß der Behinderung fachlich und (sodann) rechtlich feststellen?

c) Unter welchen Voraussetzungen kann Herr Grimm in den Personenkreis der begünstigten Behinderten aufgenommen werden?

d) Welchen besonderen (rechtlichen) Schutz genießt er, wenn er nach der Rehabilitation mit einer „festgestellten Behinderung“ auf seinen Arbeitsplatz zurückkehrt?

e) Worauf hat sein Arbeitgeber zu achten, wenn er Herrn Grimm (z. B. aufgrund eines Auftragseinbruches) kündigen möchte?

Beratungsstellen in Angelegenheiten der Gleichstellung in der Arbeitswelt:

- Landesstellen des Sozialministeriumsservice
- Arbeiterkammer
- ÖGB
- Österreichische Behindertenrat (Dachverband der Behindertenverbände)
- Behindertenanwalt

Rechtsgrundlagen:
- Bundes-Kinder- und Jugendhilfegesetz (B-KJHG)
- Ausführungsgesetze der Länder
- Allgemeines Bürgerliches Gesetzbuch (ABGB)

Die Begriffe „Kind" und „Jugendliche" sind in der Rechtsordnung insgesamt nicht einheitlich definiert; hier meint man:
Kinder und **Jugendliche** = Personen bis zur Vollendung des 18. Lebensjahres.
Junge Erwachsene = Personen, die das 18., aber noch nicht das 21. Lebensjahr vollendet haben.

Erste Anlaufstelle ist die Kinder- und Jugendhilfe an der zuständigen Bezirkshauptmannschaft bzw. am zuständigen Magistrat.

2 Kinder- und Jugendhilfe

Kinder und **Jugendliche** haben ein Recht auf Förderung ihrer Entwicklung und auf Erziehung zu einer eigenverantwortlichen und gemeinschaftsfähigen Persönlichkeit so wie Schutz vor Gewalt.

In erster Linie liegen diese Aufgaben bei deren Eltern oder sonstigen mit der Obsorge betrauten Personen. Erst wenn das Kindeswohl gefährdet erscheint, sind **Erziehungshilfen** zu gewähren, wobei dies nur im Rahmen der Gesetze möglich ist; der Staat soll nicht einfach „in die Familie hineinregieren" dürfen (wie in Diktaturen).

Aha!
Die Kinder- und Jugendhilfe schreitet (erst) ein, wenn Kinder Gewalt oder Misshandlungen ausgesetzt sind. Sie soll Eltern aber auch bei der Erziehung unterstützen und beraten.

2.1 Träger und Zuständigkeit

Träger der Kinder- und Jugendhilfe ist das Land. Die konkreten Leistungen und Beratungen der Kinder- und Jugendhilfe werden von Dienststellen in den politischen Bezirken (Bezirkshauptmannschaften) und Städten (Magistrate) mit eigenem Statut (sogenannten Jugendämtern) erbracht. Aber auch anerkannte **private Einrichtungen** bieten ihre Dienste an.

Die **Zuständigkeit** der Kinder- und Jugendhilfe richtet sich nach dem **Bezirk,** in dem der Wohnort des betroffenen Kindes, des Jugendlichen oder jungen Erwachsenen oder der werdenden Eltern liegt. Jedes Bundesland hat eigene gesetzliche Regelungen, die alle inhaltlich ähnlich sind.

2.2 Aufgaben

Die Kinder- und Jugendhilfe bietet eine umfassende Unterstützung für Eltern, Jugendliche und Kinder insbesondere in folgenden Bereichen:
- Schutz bei Gewalt gegen Kinder
- Beratung und Unterstützung bei der Erziehung, rechtlichen und finanziellen Angelegenheiten
- Vermittlung in Beratungseinrichtungen und Schutzzentren
- Hilfe und Therapie in Krisensituationen
- Hilfe für bedürftige Familien
- Unterstützung bei Unterhaltsansprüchen und Vaterschaftsfeststellungen
- Pflegeeltern- & Adoptionsvermittlung

Verschwiegenheitspflicht
Für die Mitarbeiter/innen der Kinder- und Jugendhilfe gilt eine strenge Verschwiegenheitspflicht. Diese besteht auch nach einem Ausscheiden aus dem jeweiligen Träger weiter.

2.3 Leistungen

2.3.1 Dienste für werdende Eltern, Familien, Kinder und Jugendliche

Soziale Dienste

Soziale Dienste umfassen **ambulante** und **stationäre Dienste,** wie

- Angebote zur Förderung der Pflege und Erziehung in Familien (z. B. Erziehungsberatung; erfolgt insbesondere in Elternschulen, Eltern-Kind-Zentren und Erziehungsberatungsstellen)
- Hilfen zur Bewältigung von familiären Problemen (z. B. Hilfe zur Selbsthilfe in problematischen Lebenslagen, wie Bildungs- und Berufsberatung oder Schuldnerberatung)
- Hilfen für Familien in Krisensituationen (z. B. Erkrankung oder Tod eines Elternteils, Ausfall der Betreuungsperson)
- Hilfen für Kinder und Jugendliche in Problemsituationen (z. B. Informations- und Beratungsangebote, Hilfen wie Streetwork, Notschlafstellen und vergleichbare Einrichtungen)
- Aus- und Fortbildung für Pflegepersonen, Adoptivwerber/innen

Aha!
Die Nutzer/innen sozialer Dienste entscheiden nach **eigenem Ermessen,** ob und wie lange bzw. welche zur Verfügung stehenden Dienste sie in Anspruch nehmen.

2.3.2 Sozialpädagogische Einrichtungen

Unter diesem Sammelbegriff sind alle Angebote zusammengefasst, die für eine vorübergehende oder auch längerfristige Unterbringung von Kindern und Jugendlichen zur Verfügung stehen.

2.3.3 Erziehungshilfen

In erster Linie ist eine Gewährung von Hilfe im **Einvernehmen mit den Eltern** oder sonstigen mit der Pflege und Erziehung betrauten Personen anzustreben. Erst wenn diese nicht zustande kommt oder mangels Urteils- und Einsichtsfähigkeit nicht zustande kommen kann, sind gerichtliche Verfügungen zu beantragen.

Erziehungshilfen	
Unterstützung bei der Erziehung	Diese umfasst insbesondere ▪ die Inanspruchnahme von **ambulanten Hilfen,** ▪ regelmäßige Haus- oder Arztbesuche und ▪ Einschränkungen des Kontakts mit Personen, die das Kindeswohl gefährden. Es wird im Vergleich zur vollen Erziehung weniger in die familiären Verhältnisse und die Obsorgerechte der Eltern und sonstiger Personen eingegriffen. Deshalb wird sie bevorzugt, sofern die bestehende Kindeswohlgefährdung dadurch abgewendet werden kann.

Ambulante Dienste = alle unterstützenden Dienste im bisherigen Umfeld.

Stationäre Dienste = Dienste, bei denen Kinder und Jugendliche außerhalb ihrer Familie bzw. ihres sonstigen bisherigen Wohnumfeldes untergebracht sind.

Streetworker sind in der Regel diplomierte Sozialarbeiter/innen, die mit sog. aufsuchender Jugendarbeit versuchen, zu problembelasteten Zielgruppen, die nicht mehr von herkömmlichen sozialen Hilfeeinrichtungen erreicht werden, Kontakt herzustellen (etwa in Parks, rund um die Bahnhöfe ...)

schloss neuhaus MITEINANDER LEBEN · FÜREINANDER

Schloss Neuhaus in Geinberg/OÖ. **ist eine sozialpädagogische Einrichtung** des Amtes der oberösterreichischen Landesregierung. In jeder der vier Gruppen leben längerfristig bis zu neun Kinder und Jugendliche, die aus unterschiedlichen Gründen nicht zu Hause bei ihren Familien leben können.

Ambulante Hilfen = umfassen sowohl Angebote, die als soziale Dienste zur Verfügung stehen, als auch solche, die speziell für die Gewährung der Erziehungsunterstützung bereitgestellt werden.

Volle Erziehung	Ist zu gewähren, wenn zu erwarten ist, dass die Gefährdung des Kindeswohls nur durch eine Betreuung außerhalb der Familie oder des sonstigen bisherigen Wohnumfeldes abgewendet werden kann. Sie umfasst insbesondere ▪ die Betreuung bei nahen Angehörigen, ▪ bei Pflegepersonen und ▪ in sozialpädagogischen Einrichtungen. Die Wahl der Betreuungsform ist im Rahmen der Hilfeplanung unter Berücksichtigung vorhandener Bindungen sowie bestehender Verhaltensauffälligkeiten nach fachlichen Standards zu treffen.
Erziehungshilfen aufgrund einer Vereinbarung	Sie erfolgt aufgrund einer schriftlichen Vereinbarung zwischen den Eltern oder sonst mit der Pflege und Erziehung betrauten Personen und dem Kinder- und Jugendhilfeträger. Die Vereinbarung muss ▪ den Umfang der Einschränkung der Obsorge, ▪ die vereinbarte Hilfe und ▪ deren erwartete Dauer enthalten.
Erziehungshilfen aufgrund einer gerichtlichen Verfügung	Stimmen die Eltern oder sonst mit der Pflege und Erziehung betraute Personen einer notwendigen Erziehungshilfe nicht zu, hat der Kinder- und Jugendhilfeträger bei Gericht die nötigen gerichtlichen Verfügungen, wie etwa die Entziehung der Obsorge oder von Teilbereichen der Obsorge, zu beantragen.

Manche Familien entscheiden sich, ein Kind für bestimmte oder unbestimmte Zeit in Pflege zu nehmen. Meist handelt es sich dabei um Kinder aus schwierigen sozialen Verhältnissen, die nicht in ihrer eigenen Familie betreut werden können.

Aha!
Bei **Gefahr in Verzug** hat der Kinder- und Jugendhilfeträger unverzüglich die erforderliche Erziehungshilfe zu gewähren und die notwendigen Anträge bei Gericht zu stellen.

2.4 Mitteilungspflicht bei Verdacht der Kindeswohlgefährdung

Wann besteht die gesetzliche Mitteilungspflicht?

Diese besteht, wenn

- ein begründeter, konkreter Verdacht vorliegt, dass ein Kind misshandelt, sexuell missbraucht oder vernachlässigt wird/wurde oder sonst erheblich gefährdet ist,
- die Gefährdung nicht durch eigenes fachliches Tätigwerden abgewendet werden kann und
- die Wahrnehmung der Gefährdung im Rahmen der beruflichen Tätigkeit erfolgt.

Ein **begründeter Verdacht** liegt vor, wenn konkrete – über Vermutungen hinausgehende – **Anhaltspunkte** für die Gefährdung vorliegen und sich die Anhaltspunkte auf ein konkretes, namentlich bekanntes Kind beziehen.

Anhaltspunkte ergeben sich aus eigenen Wahrnehmungen, Erzählungen des Kindes/Jugendlichen und fachlichen Schlussfolgerungen. Über den eigenen Aufgabenbereich hinausgehende Nachforschungen sind nicht notwendig, einfache Nachfragen hingegen schon.

Wer ist von der Mitteilungspflicht erfasst?

Folgende **Einrichtungen** sind **verpflichtet, unverzüglich schriftlich Mitteilung** an den örtlich zuständigen **Kinder- und Jugendhilfeträger** zu erstatten:

- Gerichte, Behörden und Organe der öffentlichen Aufsicht
- Einrichtungen zur Betreuung oder zum Unterricht von Kindern und Jugendlichen (z. B. Krippen, Kindergärten, Horte, sonstige Tagesbetreuungseinrichtungen, Schulen)
- Einrichtungen zur psychosozialen Betreuung (z. B. Kinder- und Jugendanwaltschaften, Familienberatungsstellen, Besuchsbegleitung, Kinderschutzzentren, Suchtberatungsstellen, Frauenhäuser)
- Private Einrichtungen der Kinder- und Jugendhilfe
- Kranken- und Kuranstalten
- Einrichtungen der Hauskrankenpflege

Die Mitteilungspflicht trifft auch:

- Personen, die freiberuflich die Betreuung oder den Unterricht von Kindern und Jugendlichen übernehmen (z. B. Tagesmütter)
- Freiberuflich tätige Personen, die von der Kinder- und Jugendhilfe beauftragt werden
- Angehörige gesetzlich geregelter Gesundheitsberufe wie z. B. Ärzte/Ärztinnen, Hebammen, Logopäden/Logopädinnen, Gesundheits- und Krankenpfleger/innen

Aha!
Grundsätzlich kann jede Privatperson bei Verdacht der Gefährdung des Kindeswohls Mitteilung machen, ist dazu aber nicht verpflichtet.

Die Grenze zwischen dringend notwendiger, gut gemeinter und voreiliger Mitteilung kann oft schwer zu ziehen sein; einerseits kann der Vorwurf aufkommen „nicht hinzuschauen", andererseits, undifferenziert die Polizei einzuschalten.

Eine Meldung bei der Kinder- und Jugendhilfe ist eine gute Möglichkeit, eine Abklärung einzuleiten. Diese muss Meldungen nachgehen und kann professionell die Situation einschätzen und handeln. Er kann dem Kind bzw. der Familie Hilfe anbieten und ist nicht zur Anzeige verpflichtet.

Gefährdungsabklärung und Hilfeplanung

Bei einem konkreten Verdacht der Gefährdung von Kindern und Jugendlichen ist die **Gefährdungsabklärung** umgehend einzuleiten:

- Dazu wird mit den betroffenen Kindern bzw. Jugendlichen sowie deren Eltern oder sonst mit Pflege und Erziehung betrauten Personen gesprochen.
- Ebenso befragt werden Personen, in deren Betreuung sich die Kinder und Jugendlichen regelmäßig befinden.
- Auch der Wohn- oder Aufenthaltsort der Kinder und Jugendlichen wird überprüft.
- Stellungnahmen und Gutachten von Fachleuten werden ebenso berücksichtigt.
- Einschätzung, ob eine **Kindeswohlgefährdung** vorliegt.

Aha!
Als Grundlage für die Gewährung von Erziehungshilfen ist ein **Hilfeplan** zu erstellen und in angemessenen Zeitabständen zu überprüfen, ob die gewählte Erziehungshilfe weiterhin geeignet und notwendig ist. Ziel ist es, so wenig wie möglich in die familiären Verhältnisse einzugreifen.

Pädagoginnen/Pädagogen und andere Betreuungspersonen sind oft die ersten, die bei einem Kind Anzeichen von Vernachlässigung oder Gewalt wahrnehmen. Das betroffene Kind kann sich in seiner Situation meist nicht selbst helfen und ist auf Ihre Hilfe angewiesen.

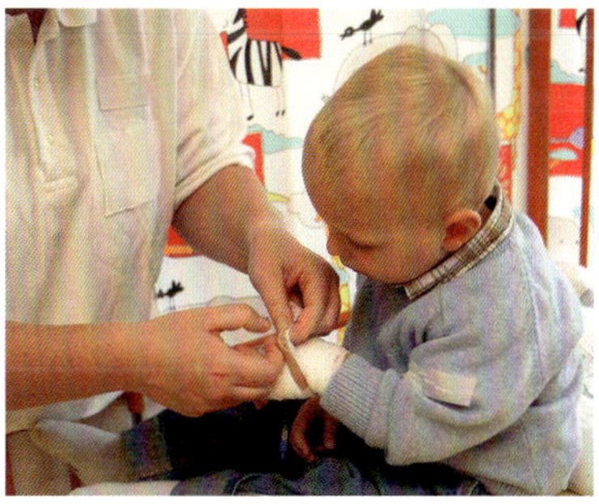

Ärzte/Ärztinnen sind verpflichtet, den Verdacht auf Misshandlungen umgehend zu melden.

⚠ Bei einer akuten Kindeswohlgefährdung muss sofort gehandelt werden, ohne zuvor mit den Erziehungsberechtigten Kontakt aufzunehmen.
Die Mitteilungen über den Verdacht der Kindeswohlgefährdung unterliegen auch keinen Einschränkungen durch allfällige berufsrechtliche Verschwiegenheitspflichten oder die Amtsverschwiegenheit.

2.5 Kinder- und Jugendanwaltschaft

Jedes Bundesland hat eine Kinder- und Jugendanwaltschaft einzurichten.

Die Kinder- und Jugendanwaltschaften setzen sich für die Einhaltung, Durchsetzung und Weiterentwicklung der Rechte junger Menschen ein.
Weiters wird Beratung in allen Angelegenheiten, die die Stellung der Minderjährigen und die Aufgaben der Erziehungsberechtigten betreffen, angeboten.

Aufgaben der Kinder- und Jugendanwaltschaft

- Beratung von Kindern, Jugendlichen, jungen Erwachsenen und Eltern oder sonst mit der Pflege und Erziehung betrauten Personen in allen Angelegenheiten, die die Stellung von Kindern, Jugendlichen und jungen Erwachsenen sowie die Aufgaben von Obsorgeberechtigten betreffen
- Hilfestellung bei Meinungsverschiedenheiten und Auseinandersetzungen zwischen Eltern (oder sonst mit Pflege und Erziehung betrauten Personen) und Kindern bzw. Jugendlichen über Pflege und Erziehung
- Information der Öffentlichkeit über die Aufgaben der Kinder- und Jugendanwaltschaft, die Kinderrechte und sonstige Angelegenheiten, die für Kinder, Jugendliche und junge Erwachsene von besonderer Bedeutung sind
- Einbringung der Interessen von Kindern, Jugendlichen und jungen Erwachsenen in Rechtssetzungsprozesse sowie bei Planung und Forschung
- Zusammenarbeit mit und Unterstützung von nationalen und internationalen Netzwerken

Aufgabenstellung – „Kinder- und Jugendhilfe“

Fallbeispiel

Sie sind in der Informationsstelle der Jugendwohlfahrt in Ihrer Bezirkshauptmannschaft beschäftigt. Besorgte Eltern haben beobachtet, dass die 5-jährige Tochter der Nachbarfamilie öfter mit blauen Flecken weinend im Hof zu sehen ist. Diese wenden sich nun mit folgenden Fragestellungen an Sie:

a) Erklären Sie zunächst, wer für das Thema „Gewalt in der Familie“ (als Behörde) zuständig ist.

b) Erläutern Sie, wie die weiteren Schritte der Behörde aussehen könnten.

c) Gehen Sie auf die Bemerkung ein, dass „der Kindergarten ja schon längst etwas bemerkt und gemeldet“ haben müsste.

d) Antworten Sie auf die geäußerte Befürchtung, dass „das Mädchen nun sicher ins Heim kommt“.

3 Sozialmedizin

Es gibt verschiedenste Definitionen von Sozialmedizin. Hier ist eine davon:
Die Sozialmedizin ist ein Teilgebiet der Medizin, das sich vor allem mit Beeinträchtigungen der Gesundheit durch die soziale und natürliche Umwelt und deren Bewältigung befasst.

3.1 Aufgaben der Sozialmedizin

Im Vordergrund steht nicht nur die heilende Behandlung (Kurative Medizin), sondern v. a. auch die folgenden Bereiche:

Themenbereiche

Erforschung der Ursachen von Gesundheitsstörungen	Entwicklung von Maßnahmen zur Prävention	Bewältigung von gesundheitlichen Problemen mit ihren sozialen Folgen in der Bevölkerung
Die Gesundheit der Menschen wird von einer Vielzahl von Risikofaktoren bedroht: Lärm, Luftverschmutzung, Folgen der Fließband-, Computer-, Schicht- oder Nachtarbeit, falsche Ernährungs- und Schlafgewohnheiten, Angst, Aggression, Stress etc.	Die Sozialmedizin nimmt auch eine gesellschaftspolitische Rolle wahr, indem sie über die medizinischen Aspekte hinaus soziale und wirtschaftliche Aspekte in ihr Wirken einbezieht. Somit ist eine wesentliche Aufgabe die Gesundheitsprävention.	Die Gesundheitsförderung ist eine Gemeinschaftsaufgabe, die nur durch Zusammenarbeit von Sozialversicherungsträgern, Bund, Ländern, Gemeinden, gemeinnützigen Organisationen und Verbänden wirkungsvoll gelöst werden kann.

Unter **Prävention** versteht man die Beseitigung oder Minderung gesundheitlicher Risikofaktoren.

Die Sozialmedizin hat durch die Ergebnisse ihrer Forschung großen Einfluss auf das Gesundheitswesen.

§ Internationale Rechtsgrundlage für die Gesundheitsförderung durch Vorsorgeaktivitäten ist die 1986 verabschiedete **Ottawa-Charta** der WHO. Darin wird den Lebens-, Arbeits- und Umweltbedingungen sowie der Verantwortung des/der Einzelnen eine gleichrangige Bedeutung beigemessen.

Beispiel: Risikofaktorenmodell
Die sozialmedizinischen Forschungen ergaben einen wesentlichen Zusammenhang zwischen vermehrt auftretenden Erkrankungen wie Herzinfarkt, bestimmten Krebsarten, wie z. B. Lungenkarzinom und bestimmten Vorerkrankungen und einer zivilisationstypischen Lebensweise. Dies hat Auswirkungen z. B. auf die Krankenkassenbeiträge. So könnte z. B. ein Alkoholiker oder Raucher höhere Beiträge zahlen, da er einen gefährlicheren Lebensstil hat.

3.2 Öffentliche Gesundheitsvorsorge

Ein wesentlicher Bestandteil der Gesundheitspolitik ist die **Vorsorgemedizin.** Vorsorgeuntersuchungen sollen dazu beitragen, dass Krankheiten bereits im Frühstadium erkannt und behandelt werden und dass durch Impfungen bestimmte Krankheiten gänzlich vermieden werden können.

Durch **Vorsorgeuntersuchungen** will man die Gesundheit der Bevölkerung verbessern und in Folge die Kosten im Bereich der Krankenbehandlung senken. Sie umfassen:

- Untersuchungen von Schwangeren und Neugeborenen
- Schulärztliche Untersuchungen
- Jugendlichenuntersuchungen
- Gesundenuntersuchungen

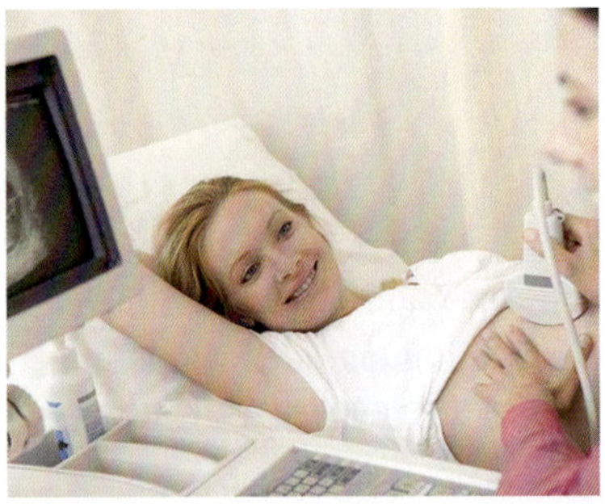

Der Mutter-Kind-Pass wird im Rahmen einer ärztlichen Untersuchung bei einer der zuständigen Stellen, sobald eine Schwangerschaft festgestellt wird, ausgestellt.

Freie Arztwahl und Verschwiegenheit steht auch den Kindern zu!

Schwangeren- und Neugeborenen-Untersuchungen

Die gesundheitliche Vorsorge für Schwangere und Kleinkinder ist seit der Einführung des **Mutter-Kind-Passes** im Jahre 1974 gewährleistet.

Die im Rahmen des Mutter-Kind-Pass-Programms vorgesehenen Untersuchungen sind eine Möglichkeit zur **Früherkennung** und rechtzeitigen Behandlung von Krankheiten sowie zur Kontrolle des Entwicklungsstandes des Kindes.

Während der Schwangerschaft sind fünf ärztliche Untersuchungen vorgesehen sowie drei Ultraschalluntersuchungen empfohlen. Das Untersuchungsprogramm für das **Kind** umfasst zehn ärztliche Untersuchungen bis zum 5. Lebensjahr.

Für den Bezug von **Kinderbetreuungsgeld** in voller Höhe müssen die vorgeschriebenen zehn Untersuchungen bei der zuständigen Krankenkasse nachgewiesen werden.

Aha!
Die Mutter-Kind-Pass-Untersuchungen sind nur bei Inanspruchnahme von Vertragsärztinnen/Vertragsärzten der Krankenversicherungsträger kostenlos.

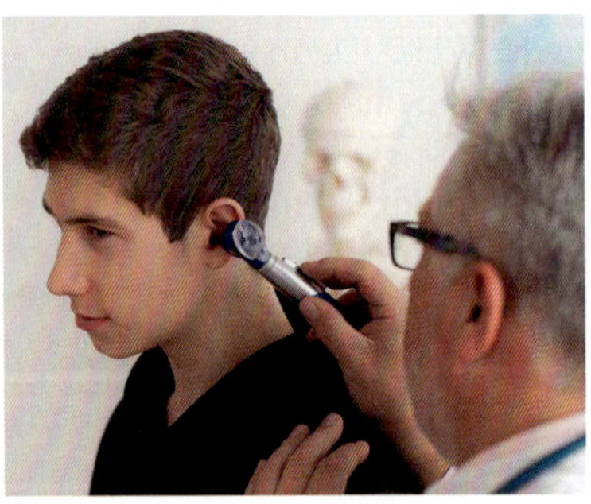

Schüler/innen werden einmal jährlich vom Schularzt bzw. der Schulärztin untersucht.

Schulärztliche Untersuchungen

Eine wichtige Aufgabe des schulärztlichen Dienstes ist neben der sanitären Kontrolle der Schuleinrichtungen die regelmäßige Untersuchung der Schüler/innen hinsichtlich ihrer gesundheitlichen Eignung für den Unterricht.

Grundsätzlich werden Schüler/innen – abgesehen von einer allfälligen Aufnahmeuntersuchung – einmal im Schuljahr schulärztlich untersucht. Bei diesen Untersuchungen kommt es vor allem zur **Überprüfung** des **Seh- und Hörvermögens** sowie des **Bewegungs- und Stützapparates.**

Werden bei der Untersuchung gesundheitliche Mängel festgestellt, wird der/die gesetzliche Vertreter/in (z. B. Eltern) des Schülers/der Schülerin darüber informiert. Dies ist dem Schüler/der Schülerin mitzuteilen und in den meisten Fällen braucht es auch seine/ihre Einwilligung.

Aufgaben des Schularztes/der Schulärztin

Zu den Aufgaben der Schulärzte gehören auch die Durchführung von **Schutzimpfungen** und deren elektronische Dokumentation inklusive Kontrolle des Impfstatus und Impfberatung, die Mitwirkung bei der Bekämpfung von Infektionskrankheiten, die Durchführung von periodischen, stichprobenartigen Untersuchungen der Schülerinnen und Schüler zur Erhebung und elektronischen Dokumentation von epidemiologisch relevanten Gesundheitsdaten wie Körpergewicht und Körpergröße und die Mitwirkung an gesundheitsbezogenen Projekten (Gesundheitsförderung und Gesundheitserziehung).

Die Untersuchungen für Lehrlinge werden zum Teil direkt in der Berufsschule durchgeführt, alle anderen Jugendlichen werden zur Untersuchung zu den Sozialversicherungsträgern eingeladen.

Jugendlichenuntersuchungen

Berufstätige Jugendliche zwischen dem vollendeten 15. und dem vollendeten 18. Lebensjahr können bei bestehender Pflichtversicherung einmal im Jahr zur Jugendlichenuntersuchung gehen. Bei dieser Untersuchung wird auf die jeweilige berufliche Tätigkeit Rücksicht genommen.

Im **Untersuchungsprogramm** der Jugendlichenuntersuchung geht es nicht nur um die Früherkennung von Krankheiten, sondern auch um Aufklärung und Unterstützung bei der gesundheitsfördernden Veränderung des Lebensstils bei den **Kernthemen:**

- Bewegung,
- Ernährung,
- Rauchen,
- Alkoholkonsum und
- riskantem Sexualverhalten.

Gesundenuntersuchungen (Vorsorgeuntersuchungen)

Seit 1974 hat jeder Staatsbürger/jede Staatsbürgerin ab dem 18. Lebensjahr das Recht auf eine kostenlose Vorsorgeuntersuchung pro Jahr. Der Bund übernimmt die Kosten für nicht krankenversicherte Personen.

Es geht nicht nur um die Früherkennung von verbreiteten Krankheiten, sondern auch um Aufklärung und Unterstützung bei der gesundheitsfördernden Veränderung des Lebensstils, insbesondere in den Bereichen Bewegung, Ernährung und Rauchen.

Ziele der Vorsorgeuntersuchung

- Reduktion von Herz-Kreislauf- und Stoffwechsel-Erkrankungen (Reduktion von Übergewicht, gesunde Ernährung, richtige Bewegung usw.)
- Prävention häufiger Krebserkrankungen (Brustkrebs, Darmkrebs usw.)
- Prävention von Suchterkrankungen (Tabakkonsum, Alkoholkonsum usw.)
- Prävention häufiger Alterskrankheiten (Sehschwäche, Hörschwäche usw.)
- Prävention weiterer wesentlicher Erkrankungen

Aha!
Aufgrund des hohen Nutzens der Vorsorgeuntersuchung ist es den Sozialversicherungen ein Anliegen, mehr Menschen für das Thema Gesundheitsvorsorge zu gewinnen. Es gibt daher entsprechende **Einlade- und Informationssysteme** zur Vorsorgeuntersuchung.

Die Vorsorgeuntersuchung bietet einmal pro Jahr ein umfangreiches Untersuchungsprogramm.

Impfungen

Impfungen sind (aus rechtlicher Sicht) im Kapitel Sanitätsrecht zu finden.

Aufgabenstellung – „Wohlfahrtspflege und Sozialmedizin"

Fallbeispiel

Sie planen für Ihre Gemeinde einen „Gesundheitstag". Dabei sollen verschiedene Themen rund um Prävention und Vorsorge plakativ behandelt werden.

a) Erklären Sie werdenden Eltern, wie sie zum „Mutter-Kind-Pass" kommen und warum dieser dringend anzuraten ist.

b) Gehen Sie auf das von Schülern und Schülerinnen geäußerte Vorurteil ein, dass sich die Schulärzte „eh um nix kümmern"; schildern sie auch die spezielle Ausbildung, die für Schulärzte vorgesehen ist.

c) Beantworten Sie die Frage eines Gewerbetreibenden, ob er seine neuen Lehrlinge „zur Untersuchung" schicken muss/soll/darf.

Ziele erreicht – „Wohlfahrtspflege und Sozialmedizin"

KOMPETENZ-ERWERB

1. Erläutern Sie die Maßnahmen der Rehabilitation.
2. Geben Sie an, welche wesentlichen Bereiche mit dem sogenannten Behindertengleichstellungspaket beschlossen wurden.
3. Beschreiben Sie, wie die Barrierefreiheit in verschiedenen Situationen gewährleistet werden kann.
4. Stellen Sie dar, welche Schutzbestimmungen der Arbeitgeber bei der Beschäftigung von begünstigten Behinderten zu beachten hat.
5. Nennen Sie die Voraussetzungen, die vorliegen müssen, damit man als begünstigter Behinderter im Sinne des Behinderteneinstellungsgesetzes (BEinstG) gilt.
6. Erklären Sie, wie die Beschäftigungspflicht nach dem Behinderteneinstellungsgesetz (BEinstG) geregelt ist.
7. Beschreiben Sie, wie der Kündigungsschutz von begünstigen Behinderten nach dem Behinderteneinstellungsgesetz (BEinstG) geregelt ist.
8. Stellen Sie dar, welche speziellen Arbeitsmöglichkeiten es für Menschen mit Behinderung gibt.
9. Beschreiben Sie, wie das Behinderteneinstellungsgesetz (BEinstG) den Schutz behinderter Menschen vor Diskriminierung regelt.
10. Erläutern Sie die Grundsätze und Aufgaben der Kinder- und Jugendhilfe und geben Sie jeweils instruktive Beispiele.
11. Nennen Sie die Leistungen, die von der Kinder- und Jugendhilfe angeboten werden.
12. Stellen Sie dar, unter welchen Voraussetzungen Erziehungshilfen angeboten werden.
13. Erläutern Sie die möglichen Erziehungshilfen näher, bringen Sie praktische Beispiele in verschiedenen Situationen.
14. Beschreiben Sie die Pflichten der Behörden, die bei Verdacht der Kindeswohlgefährdung bestehen.
15. Diskutieren Sie (dialektisch) die Grenzlinie zwischen gerechtfertigtem Melden von Verdachtsfällen durch Privatpersonen und „Vernadern".
16. Stellen Sie Ihre persönliche Meinung zur Frage dar, ob die Behörden in Österreich bei Verdacht auf Kindesmisshandlung ausreichend schnell und effektiv eingreifen.
17. Geben Sie einen Überblick über die Aufgaben der Sozialmedizin.
18. Erläutern Sie die öffentliche Gesundheitsvorsorge in Österreich.
19. Geben Sie einen Überblick über die schulärztlichen Untersuchungen in Österreich.
20. Nennen Sie die Ziele einer Vorsorgeuntersuchung.
21. Diskutieren Sie, ob Prävention und Gesundheitsförderung in Österreich gegenüber der nachsorgenden (kurativen) Medizin stärker betrieben werden sollte und welche Vorteile das ggf. bringen könnte.

Grundlagen des Sozialrechts

Das Sozialrecht umfasst alle Rechtsnormen des öffentlichen Rechts, die der Absicherung sozialer Risiken wie insbesondere Krankheit, Pflegebedürftigkeit, Arbeits- und Einkommenslosigkeit, Alter oder Tod dienen.

Österreich ist ein bekennender Sozialstaat. Ausgehend von der Sozialrechtsreform im deutschen Kaiserreich (unter Bismarck) gibt es auch bei uns seit weit über 100 Jahren Bestimmungen, welche die Menschen gegen soziale Risiken in existenziell besonders belastenden Situationen absichern sollen. Diese „sozialen Grundrechte" sind allerdings nicht in der Verfassung abgesichert wie etwa die klassischen Menschen- und Bürgerrechte.
Der gegenteilige Entwurf wäre ein „Nachtwächterstaat", in welchem jeder im Grunde auf sich allein gestellt ist; am ehesten wären hier die USA zu nennen.

Meine Ziele

KOMPETENZ-ERWERB

Nach Bearbeitung dieses Kapitels kann ich

- die Bereiche des Sozialrechts voneinander abgrenzen;
- die vom Bund gewährten Versorgungs- und Familienleistungen aufzählen;
- erklären, wann ein (Sozial-)Versicherungsverhältnis entsteht;
- erläutern, wie die SV-Beiträge geregelt sind;
- die Aufgaben der gesetzlichen Krankenversicherung nennen;
- erläutern, wer in der Krankenversicherung anspruchsberechtigt ist und welche Versicherungsleistungen gebühren;
- die Leistungen der Unfallversicherung und der Pensionsversicherung beschreiben und erklären, wer Anspruch darauf hat;
- das Kinderbetreuungsgeld allgemein erörtern;
- die Voraussetzungen für den Erhalt von Arbeitslosengeld sowie die Dauer des Bezuges nennen;
- die Voraussetzungen für den Erhalt von Notstandshilfe sowie die Dauer und das Ausmaß des Bezugs erläutern.
- die Voraussetzungen für die Zuerkennung von Pflegegeld nennen;
- die Voraussetzungen für eine bedarfsorientierte Mindestsicherung beschreiben.

§ In den engeren Bereich des Sozialrechts fallen folgende Regelungen:
- Sozialversicherungsgesetze
- Versorgungsgesetze
- Pflegegeldgesetz des Bundes
- Familienlastenausgleichsgesetz (FLAG)
- Nachtschwerarbeitsgesetz
- Insolvenz-Entgeltsicherungsgesetz
- Sozialgesetze der Länder

1 Bereiche des Sozialrechts

Motiv für die ersten Sozialversicherungsgesetze am Ende des 19. Jahrhunderts war der Rückgang der traditionellen Formen der Existenzsicherung (Großfamilie und Agrargesellschaft) durch den Wandel zur Industriegesellschaft. Die in städtischen Industriezentren arbeitenden Menschen waren in Notsituationen auf staatliche Hilfeleistungen angewiesen.

Im Laufe des 20. Jahrhunderts wurden die Sozialleistungen immer weiter ausgebaut. Sie wandelten sich von einem Almosen zu einem System sozialstaatlicher Leistungen, auf die ein **Rechtsanspruch** besteht, wenn die erforderlichen Voraussetzungen dafür gegeben sind.

Bereiche des Sozialrechts

Sozialversicherungsrecht	Allgemeine Leistungssysteme	Sozialhilferecht
Zentrale Anknüpfungspunkte des österreichischen Sozialversicherungsrechts sind die ▪ **Absicherung gegen den Ausfall des Erwerbseinkommens** aufgrund von Arbeitsunfall, Arbeitsplatzverlust, Erkrankung, Invalidität und Alter sowie die ▪ **Sicherstellung der medizinischen Versorgung** im Krankheitsfall	▪ **Familienleistungen** und ▪ **Versorgungssysteme:** Diese bieten finanziellen Ausgleich für sogenannte **„Sonderopfer"** (Entschädigt werden jene Personen, die in der Vergangenheit durch ein besonderes, die gesamte Gemeinschaft bedrohendes Schadensereignis getroffen wurden.)	Sogenannte **Fürsorgesysteme** greifen dann, wenn kein anderes System, also keine Versicherungsleistung und keine Versorgungsleistungen eine Hilfe für die Betroffenen bieten und stellen so einen gewissen Ausgleich sicher.
	Die Leistung ist nicht von einer Gegenleistung abhängig, sondern wird aus **allgemeinen Steuermitteln** erbracht.	
Die Leistung ist grundsätzlich von einer Gegenleistung, dem **Versicherungsbeitrag,** abhängig.	Die Leistung wird unabhängig von einer Hilfsbedürftigkeit des/der Einzelnen gewährt.	Leistung bei Hilfsbedürftigkeit
Arten der Sozialversicherung	**Arten der Leistungssysteme**	**Arten der Fürsorgeleistungen**
▪ Krankenversicherung ▪ Unfallversicherung ▪ Pensionsversicherung ▪ Arbeitslosenversicherung	▪ Familienbeihilfe ▪ Kinderbetreuungsgeld ▪ Pflegegeld ▪ Impfschadengesetz ▪ Verbrechensopferversorgung (Entschädigungen für Opfer von Straftaten) ▪ Heeresversorgung (während des Präsenzdienstes) ▪ Kriegsopferversorgung ▪ Opferfürsorge (Entschädigung für politisch Verfolgte in der Zeit vom 6.3.1933 bis 9.5.1945)	▪ Bedarfsorientierte Mindestsicherung (BMS)/Sozialhilfe ▪ Behindertenhilfe ▪ Kinder- und Jugendhilfe
Aha! Hier kommt das **Solidaritätsprinzip** zum Tragen: Das bedeutet, dass z. B. Besserverdienende durch höhere Beiträge auch die Leistungen der wirtschaftlich Schwächeren abdecken; dass die Gesunden für die Kranken, die aktiv Beschäftigten für die Pensionistinnen und Pensionisten zahlen.		**Aha!** Fürsorgeleistungen werden nur dann gewährt, wenn andere Hilfsmöglichkeiten nicht zur Verfügung stehen oder nicht ausreichen. Hilfe erhält nur derjenige, der seine lebensnotwendigen Bedürfnisse nicht selbst decken kann oder sie auch nicht von dritter Seite erhält.

2 Sozialversicherungsrecht

2.1 Allgemeines

Österreichische Sozialversicherung
www.sozialversicherung.at

Die Grundsätze der Sozialversicherung in Österreich

- **Solidarität**
  Auf der Beitragsseite erfolgt der Ausgleich zwischen Besserverdienenden und Minderverdienenden. Auf der Leistungsseite gibt es den Ausgleich zwischen schutzbedürftigen und weniger schutzbedürftigen Personen.
- **Schutz durch Pflichtversicherung**
  Das Versicherungsverhältnis entsteht kraft Gesetzes. Alle im Inland selbstständig und unselbstständig erwerbstätigen Personen müssen sozialversichert sein.
- **Keine Riskenauslese**
  Medizinische Leistungen stehen allen Sozialversicherten unabhängig von ihrem individuellen Risiko zur Verfügung.
- **Nicht gewinnorientiert**
  Die Sozialversicherung verfolgt v.a. soziale anstatt marktwirtschaftlicher Ziele.

Bereiche der Sozialversicherung

Krankenversicherung	Unfallversicherung	Pensionsversicherung
▪ Krankheit ▪ Arbeitsunfähigkeit infolge Krankheit ▪ Mutterschaft ▪ Geminderte Arbeitsfähigkeit	▪ Arbeitsunfall ▪ Berufskrankheit	▪ Alter ▪ Geminderte Arbeitsfähigkeit (Berufsunfähigkeitsrente) ▪ Tod (Witwen-/Witwer-Rente)

Leistungsansprüche aus der Sozialversicherung werden in der Regel nur gewährt, wenn entsprechende Versicherungsbeiträge auf Basis einer Erwerbsarbeit geleistet wurden bzw. als Angehöriger oder bei Selbstversicherung.

Sozialversicherungsträger

Die Durchführung der Sozialversicherung wurde vom Staat den Sozialversicherungsträgern in **Selbstverwaltung** übertragen. Insofern haben die einzelnen Sozialversicherungsträger ein gewisses Ausmaß an Autonomie, sind jedoch der Kontrolle des Staates unterworfen. Die Entsendung in die Selbstverwaltungsgremien erfolgt durch Nominierung durch die Interessenvertretungen (ÖGB, WKÖ, BAK, LKO).

Unter **Selbstverwaltung** versteht man, dass die Sozialversicherungsträger die öffentlichen Aufgaben selbstständig wahrnehmen im Interesse der Versicherten.

Es gibt **fünf Sozialversicherungsträger.** Diese sind im Dachverband der österreichischen Sozialversicherungsträger zusammengeschlossen.

Dachverband der österreichischen Sozialversicherungsträger

<table>
<tr><th>Unfallversicherung</th><th>Krankenversicherung</th><th>Pensionsversicherung</th></tr>
<tr><td>Allgemeine Unfallversicherung
AUVA</td><td>Österreichische Gesundheitskasse
ÖGK</td><td>Pensionsversicherungsanstalt
PVA</td></tr>
<tr><td colspan="3">Versicherungsanstalt für den öffentlichen Dienst, Eisenbahnen und Bergbau
BVA + VAEB = BVAEB</td></tr>
<tr><td colspan="3">Sozialversicherung der Selbstständigen
SVA + SVB = SVS</td></tr>
</table>

Ich bin versichert bei der:

Rechtsgrundlagen

Das österreichische Sozialversicherungsrecht ist nach **Berufsgruppen** gegliedert:

ASVG =	Allgemeines Sozialversicherungsgesetz (gilt u. a. für Dienstnehmer/innen bzw. freie Dienstnehmer/innen
GSVG =	Gewerbliches Sozialversicherungsgesetz (gilt für Gewerbetreibende und andere Selbstständige); das Organisationsrecht findet sich im SVSG (Selbstständigen-Sozialversicherungsgesetz)
BSVG =	Bauern-Sozialversicherungsgesetz
FSVG =	Freiberufliches Selbstständigen-Sozialversicherungsgesetz (gilt für Ärzte/Ärztinnen, Apotheker/innen, Ziviltechniker/innen und Patentanwälte/-anwältinnen)
B-KUVG =	Beamten-Kranken- und Unfallversicherungsgesetz

Neben diesen Gesetzen kommen als Rechtsgrundlagen auch noch **Satzungen,** die die gesetzlichen Regelungen näher konkretisieren, sowie **Krankenordnungen,** die das Verhalten der Kranken regeln, in Betracht. Zudem können **Richtlinien** erlassen werden.

Entstehung des Versicherungsverhältnisses

Das Versicherungsverhältnis entsteht

- automatisch mit der Aufnahme einer versicherungspflichtigen Beschäftigung oder mit der Aufnahme in ein öffentlich-rechtliches Dienstverhältnis bzw.
- bei selbstständig Erwerbstätigen mit Überschreiten bestimmter Versicherungsgrenzen
- oder mit Angehörigenmeldung.

Selbstständige müssen die Meldung an die Sozialversicherung selbst durchführen und die Beiträge selbstständig abführen.

Grundsätzlich trifft den Dienstgeber die Meldepflicht zur Sozialversicherung:

- Dienstnehmer/innen und freie Dienstnehmer/innen sind vor Arbeitsantritt beim zuständigen Sozialversicherungsträger anzumelden und binnen sieben Tagen nach dem Ende der Pflichtversicherung abzumelden.
- Die An- und Abmeldung durch den Dienstgeber wirkt auch für den Bereich der Unfall- und Pensionsversicherung, soweit die beschäftigte Person in diesen Versicherungen pflichtversichert ist.

Finanzierung (Beitragsrecht)

Der **Sozialversicherungsbeitrag** ist der Beitrag für die gesetzliche Kranken-, Unfall- und Pensionsversicherung. Aber auch andere Beiträge sind darin enthalten, z. B. die Arbeitslosenversicherung, die Arbeiterkammerumlage, die betriebliche Mitarbeitervorsorge („Abfertigung neu") oder der Zuschlag zur Insolvenz-Entgeltsicherung. Diese Beiträge werden dann an die vorgesehenen Stellen weitergeleitet.
Die Sozialversicherungsbeiträge werden in der Regel zwischen Dienstnehmer/in und Dienstgeber aufgeteilt. Beiträge zur Unfallversicherung und bestimmte andere Sozialabgaben zahlt nur der Dienstgeber, etwa die Beiträge zur betrieblichen Mitarbeitervorsorge. Wer bei einem Dienstgeber beschäftigt ist, zahlt in der Regel rund **18 Prozent seines Bruttoeinkommens** an Sozialversicherungsbeiträgen.

Die Beiträge sind nur bis zu den vorgesehenen **Höchstbeitragsgrundlagen** zu entrichten. (ASVG, Stand 2023: 5.850 EUR).

Beispiel: SV-Beitrag eines Angestellten (ASVG)
Vom beitragspflichtigen Lohn/Gehalt werden insgesamt 39,50 % abgeführt.

Pensionsversicherung:	22,80 %	(10,25 % DN, 12,55 % DG)
Krankenversicherung:	7,65 %	(3,87 % DN, 3,78 % DG)
Arbeitslosenversicherung:	6,00 %	(je 3 % DN und DG)
Unfallversicherung:	1,20 %	(DG)
Insolvenz-Entgeltsicherung:	0,35 %	(DG)
Arbeiterkammerumlage:	0,50 %	(DN)
Wohnbauförderung:	1,00 %	(je 0,5 % DN und DG)

Umlageverfahren

Die gesetzliche Sozialversicherung und die Versicherungsträger sind „Non-Profit-Unternehmen“, d. h., sie streben nicht nach Gewinn. Es gilt das sogenannte **Umlageverfahren.**

Umlageverfahren = Es wird nicht für spätere Leistungen angespart, sondern die Beiträge werden wieder in Form von Leistungen ausgegeben.

Aha!

In diesem Zusammenhang ist auch der **Generationenvertrag** zu sehen: Jene Personen, die berufstätig sind, haben mit ihren Beiträgen zur Sozialversicherung für die noch nicht oder nicht mehr im Berufsalltag stehenden Personen zu sorgen.

Ein Problem könnte durch das Ungleichgewicht zwischen arbeitender (durch Geburtenrückgang und tendenziellen längeren Ausbildungen immer weniger) und der immer älter werdenden Bevölkerung entstehen.

Somit stehen immer weniger Arbeitnehmer/innen einer immer größer werdenden Gruppe von älteren Personen (Pensionistinnen/Pensionisten) gegenüber. Diese brauchen auch tendenziell mehr Gesundheitsleistungen. Einige Reformkommissionen haben sich damit schon beschäftigt; eine Patentlösung ist nicht in Sicht.

Siehe Kap. „Gesetzliche Pensionsversicherung“, S. 178 und S. 192.

Vollversicherung und Teilversicherung im ASVG

Man spricht von Vollversicherung, wenn eine Person in allen Sparten versichert ist (z. B. ein Dienstnehmer ist in der Unfall-, Kranken- und Pensionsversicherung nach dem ASVG versichert).

Pensionistinnen und Pensionisten sind nur mehr krankenversichert.

Eine **Teilversicherung** liegt vor, wenn eine Person nicht in allen Bereichen der Sozialversicherung pflichtversichert ist.

- So sind z. B. Pensionistinnen bzw. Pensionisten nur in der Krankenversicherung versichert.
- Geringfügig Beschäftigte sind nur unfallversichert. Sie haben aber die Möglichkeit einer **Selbstversicherung** in der Kranken- und Pensionsversicherung.

Den Antrag auf **Selbstversicherung** bei geringfügiger Beschäftigung (Einkommen: max. 500,91 EUR/Monat, Stand 2023) müssen die geringfügig Beschäftigten beim zuständigen Krankenversicherungsträger selbst stellen. Der begünstigte Beitrag in Höhe von 70,72 Euro (Wert für 2023) für die Pensionsversicherung muss von der Arbeitnehmerin/dem Arbeitnehmer monatlich eingezahlt werden.

2.2 Gesetzliche Krankenversicherung (ASVG)

2.2.1 Aufgaben

Versorgungsfunktion	Präventionsfunktion
■ Bei Krankheit, Arbeitsunfähigkeit infolge Krankheit, geminderter Arbeitsfähigkeit oder Mutterschaft ■ Zahnbehandlung und Zahnersatz ■ Medizinische Maßnahmen der Rehabilitation	■ Früherkennung von Krankheiten und die Erhaltung der Volksgesundheit ■ Gesundheitsförderung ■ Festigung der Gesundheit und Maßnahmen zur Krankheitsverhütung

Wann entfällt der Zusatzbeitrag?

- Wenn sich z. B. der/die mitversicherte Angehörige aktuell der Erziehung der Kinder, die im gemeinsamen Haushalt leben, widmet oder sich in der Vergangenheit dieser Erziehung zumindest vier Jahre hindurch gewidmet hat (auch wenn das schon lange zurückliegt).
- Wenn der/die mitversicherte Angehörige pflegebedürftig (zumindest Pflegegeldstufe 3) ist oder der/die mitversicherte Angehörige den Versicherten (Pflegegeldstufe 3) pflegt.

Wussten Sie, dass ...
man noch für 24 Monate ab Vollendung des 18. Lebensjahres bzw. ab dem Ende der Anspruchsberechtigung, die man als Schüler/in oder Student/in hat, als Angehöriger zählt, wenn man erwerbslos ist?
Weiters kann die Tochter/der Sohn nach Vollendung des 18.Lebensjahres mitversichert werden, wenn vom Finanzamt eine erhöhte Familienbeihilfe gewährt wird oder aufgrund einer Behinderung Erwerbsunfähigkeit besteht.

2.2.2 Anspruchsberechtigte

In der Krankenversicherung sind neben dem/der pflichtversicherten Erwerbstätigen auch **Angehörige** geschützt, für die in bestimmten Fällen ein **Zusatzbeitrag** (3,4 % der Beitragsgrundlage des/der Versicherten) vorgeschrieben wird. Der Zusatzbeitrag muss bezahlt werden für: Ehegatten, eingetragene Partner/innen, Geschwister, die dem Versicherten unentgeltlich den Haushalt führen, und Lebensgefährten/-gefährtinnen. Unter bestimmten Voraussetzungen kann der Zusatzbeitrag entfallen.

Wer gilt als Angehörige/r?

- Der Ehegatte/Die Ehegattin (eingetragene/r Partner/in)
- Eheliche Kinder, legitimierte Kinder und Wahlkinder
- Uneheliche Kinder einer weiblichen Versicherten
- Uneheliche Kinder eines männlichen Versicherten
- Stiefkinder und Enkelkinder, wenn sie mit dem/der Versicherten ständig in einem Haushalt leben
- Pflegekinder
- Unter bestimmten Voraussetzungen der Lebensgefährte/die Lebensgefährtin

2.2.3 Leistungen

Als Leistungen aus der Krankenversicherung werden Bar- und Sachleistungen gewährt. In der Krankenversicherung dominiert das **Sachleistungsprinzip.**

Die Leistungen aus der Krankenversicherung

Pflichtleistungen	Freiwillige Leistungen
Leistungen, auf die ein Rechtsanspruch besteht	■ Sie können aufgrund gesetzlicher oder satzungsmäßiger Vorschriften gewährt werden. ■ Es besteht **kein Rechtsanspruch.**

Selbstbehalte

Kostenbeteiligungen **(Selbstbehalte)** der Patientinnen/Patienten sind im Krankenversicherungsrecht vorgesehen (z. B. Servicegebühr für die e-card, Rezeptgebühr, Kostenbeitrag bei Krankenhausaufenthalten, Zuzahlungen und Zuschüsse bei Heilbehelfen, Hilfsmitteln und Reha-/Kuraufenthalten).

Privatversicherung
Die gesetzliche Versicherung deckt zwar die meisten Gesundheitsrisiken ab, eine zusätzliche private Krankenversicherung bringt aber weitere Leistungen und Annehmlichkeiten – je nach Art und Umfang des gewählten Versicherungspakets und natürlich abhängig von der Höhe der zu zahlenden Prämien.

Das Recht auf Krankenbehandlung

Jeder Versicherte hat das Recht auf Krankenbehandlung; „diese muss ausreichend und **zweckmäßig** sein, darf aber das **Maß des Notwendigen** nicht überschreiten" (§ 133 Abs. 2 Allgemeines Sozialversicherungsgesetz, sogenanntes Ökonomiegebot).

Was notwendig und zweckmäßig ist, ist grundsätzlich eine ärztliche Entscheidung. Die Österreichische Gesundheitskasse entscheidet über die Rückerstattung evtl. Kosten. Verweigert diese die Übernahme der Kosten einer Heilbehandlung, kann die Patientin/der Patient die Kostenübernahme einklagen.

Praxisfall vor Gericht

Der OGH musste entscheiden, ob die Kasse einer Patientin die Sklerotherapie (chemisches Verfahren zum Veröden von Krampfadern) zu bezahlen hat oder ob sie auf das kostengünstigere Stripping (klassische operative Entfernung von Krampfadern) verweisen darf.

Der OGH steht auf dem Standpunkt, dass der Wunsch der betroffenen Patientin nicht außer Acht gelassen werden darf. Das Wort des Patienten hat dann Gewicht, wenn die möglichen Therapien unterschiedlich belastend sind wie hier z.B. mit und ohne Narkose sowie persönlichen Arbeitsausfall oder ambulante Behandlung. Im konkreten Fall musste die Kasse dem Wunsch der Patientin nach einer Sklerotherapie nachkommen, auch wenn diese Therapie teurer war.

Quelle: OGH

Bei Inanspruchnahme ärztlicher Hilfe ist die e-card vorzulegen.

„Zweckmäßig" ist eine Therapie am Stand der Medizin, die nach einer Berücksichtigung der Eignung und der Qualität der Maßnahme mit den Patientenwünschen vereinbar ist.

„Das Maß des Notwendigen" repräsentiert die erforderliche Wirtschaftlichkeit. Die Kasse darf die Patientin/den Patienten auf eine kostengünstigere Therapie verweisen, wenn die Maßnahmen gleich geeignet sind, wie z.B. Ersteinstellung auf ein kostengünstigeres Generikum.

Umfang der Krankenbehandlung

- Betreuung durch Vertragsärztinnen/-ärzte, Wahlärztinnen/-ärzte oder Pflegepersonen
- Betreuung durch verschiedene gehobene medizinisch-technische Dienste aufgrund ärztlicher Verschreibung
- Stationäre Pflege im Krankenhaus
- Sonstige Therapien
- Arzneimittel
- Heilbehelfe (Brillen, orthopädische Schuheinlagen, Bruchbänder etc.)
- Hilfsmittel (Krücken, Blutzuckermesssysteme, Krankenbetten etc.)
- Medizinische Hauskrankenpflege
- Kuraufenthalt/Reha

2.2.4 Versicherungsleistungen bei Arbeitsunfähigkeit

Arbeitsunfähigkeit infolge von Krankheit – Krankengeld

Wer hat Anspruch auf Krankengeld?

- Erwerbstätige Personen mit einer Pflichtversicherung nach dem ASVG
- Personen, die Leistungen des AMS beziehen
- Geringfügig Beschäftigte, die eine Selbstversicherung abgeschlossen haben

Entgeltfortzahlung im Krankheitsfall

Der Dienstgeber muss für einen gewissen Zeitraum das volle Entgelt weiterbezahlen, danach das halbe; die genaue Dauer hängt von den Dienstjahren ab sowie ob es sich um eine Krankheit oder einen Arbeitsunfall bzw. eine Berufskrankheit handelt.

Das Krankengeld hat den Zweck, Verdienstausfälle infolge von Krankheit zu verhindern bzw. zu minimieren.

Das Dienstjahr beginnt immer mit dem Eintrittsdatum.

Ansprüche der AN im Krankheitsfall und bei Arbeitsunfall		
Dienstjahr	**Anspruch bei Krankheit**	**Anspruch bei Arbeitsunfall bzw. Berufskrankheit**
1. Dienstjahr	6 Wochen voll, weitere 4 Wochen halb	8 Wochen
2.–15. Dienstjahr	8 Wochen voll, weitere 4 Wochen halb	8 Wochen
16.–25. Dienstjahr	10 Wochen voll, weitere 4 Wochen halb	10 Wochen voll
ab 26. Dienstjahr	12 Wochen voll, weitere 4 Wochen halb	10 Wochen voll

- Bei Anspruch auf Entgeltfortzahlung von mehr als 50 % der Bezüge ruht der Anspruch auf Krankengeld zur Gänze.
- Besteht ein Anspruch auf 50 % der Bezüge gegenüber dem Dienstgeber, so gebührt auch halbes Krankengeld.
- Erhält die Arbeitnehmerin/der Arbeitnehmer weniger als die Hälfte des Entgelts, gebührt das Krankengeld in voller Höhe.

Das Krankengeld kann bei Vorliegen von bestimmten Voraussetzungen entfallen, z. B. wenn die Arbeitsunfähigkeit die Folge einer schuldhaften Beteiligung an einem Raufhandel oder unmittelbare Folge von Trunkenheit oder des Missbrauchs von Suchtgiften war.

Dauer des Krankengeldanspruchs

- Grundsätzlich bis zu **26 Wochen** für ein und denselben Versicherungsfall
- Erhöhung auf **52 Wochen,** wenn die anspruchsberechtigte Person innerhalb der letzten zwölf Monate vor Eintritt des Versicherungsfalles mindestens sechs Monate versichert war
- Durch die Satzung des zuständigen Krankenversicherungsträgers kann die Dauer des Krankengeldanspruches auf bis zu **78 Wochen** verlängert werden.

Höhe des Krankengeldes

Die Höhe des Krankengeldes bei Erwerbstätigen hängt von der Bemessungsgrundlage und der Dauer der Arbeitsunfähigkeit ab.

- Als **Bemessungsgrundlage** wird das Bruttoeinkommen des letzten voll entlohnten Monats herangezogen. Sonderzahlungen werden berücksichtigt.
- Das Krankengeld gebührt grundsätzlich **ab dem 4. Tag** der Arbeitsunfähigkeit. Es beträgt vom 4. bis zum 42. Tag 50 Prozent, ab dem 43. Tag 60 Prozent der Bemessungsgrundlage.
- Sonderzahlungen (z.B. Urlaubs- und Weihnachtsgeld) werden mit einem Zuschlag von 17 Prozent berücksichtigt.
- **Geringfügig Beschäftige,** die eine Selbstversicherung abgeschlossen haben, erhalten ab dem 4. Tag der Arbeitsunfähigkeit einen täglichen **Fixbetrag.**
- Bezieher/innen von Leistungen aus der **Arbeitslosenversicherung** erhalten das Krankengeld in der Höhe ihres letzten Leistungsbezuges.

Zur Feststellung der Bemessungsgrundlage braucht die Krankenversicherung eine vom Dienstgeber ausgestellte Arbeits- und Entgeltbestätigung.

Beispiel

Herr Koller ist seit 4.10.2020 krank.
Der volle Entgeltanspruch ist bereits erschöpft.
Sein Bruttoeinkommen im September 2020:
EUR 2.500

Berechnung:

Einkommen im Bemessungszeitraum: EUR 2.500
Einkommen pro Tag: (1/30) EUR 83,33
Berücksichtigung der Sonderzahlungen: (17 %) EUR 14,17
Bemessungsgrundlage: EUR 97,50
Täglicher Krankengeldanspruch bis zum 42. Tag: EUR 48,75
Täglicher Krankengeldanspruch ab dem 43. Tag: EUR 58,50

Arbeitsunfähigkeit infolge geminderter Arbeitsfähigkeit – Rehabilitationsgeld

Anspruch auf Rehabilitationsgeld haben Arbeitnehmer/innen,

- für die von der Pensionsversicherung eine vorübergehende Invalidität bzw. Berufsunfähigkeit für mindestens sechs Monate festgestellt wurde,
- für die eine berufliche Rehabilitation nicht zweckmäßig und zumutbar ist und
- die ab dem 1.1.1964 geboren sind.

Aha!
Die Zuerkennung bzw. Entziehung des Rehabilitationsgeldes erfolgt durch Bescheid des Pensionsversicherungsträgers.

Das Rehabilitationsgeld gebührt

- in der Höhe des Krankengeldes und
- ab dem 43. Tag im Ausmaß des erhöhten Krankengeldes,
- mindestens jedoch in der Höhe des Ausgleichzulagenrichtsatzes für Alleinstehende, wenn der Wohnsitz des/der Anspruchsberechtigten im Inland liegt.

Wie lange gebührt das Rehabilitationsgeld?

- Grundsätzlich unbefristet
- Eine Wiederbegutachtung erfolgt 1x/Jahr durch die Pensionsversicherungsanstalt.

Das Reha-Geld kann bei einer mindestens sechs Monate dauernden Invalidität oder Berufsunfähigkeit gewährt werden.

Arbeitsunfähigkeit bei Mutterschaft – Wochengeld

Werdende Mütter dürfen ab der achten bzw. 12. Woche (z. B. bei Mehrlingsschwangerschaft) vor dem voraussichtlichen Geburtstermin bzw. nach der Geburt nicht mehr beschäftigt werden. Sie befinden sich im **Mutterschutz.** Als Ersatz für das entfallende Einkommen wird das **Wochengeld** ausbezahlt.

Dauer des Wochengeldes

- Versicherten gebührt für die letzten **acht Wochen vor** dem voraussichtlichen Entbindungstermin, für den Tag der Entbindung und für die ersten **acht Wochen nach der Entbindung** ein Wochengeld (insgesamt höchstens 16 Wochen) = **Schutzfrist.**
- Bei einer Entbindung vor dem errechneten Geburtstermin (Frühgeburt) verlängert sich der Wochengeldbezug nach der Geburt auf höchstens 16 Wochen.
- Im Falle einer **Mehrlings- oder Kaiserschnittgeburt** gebührt das Wochengeld für **zwölf Wochen** nach der Geburt.
- Das Wochengeld gebührt auch für die Dauer eines individuellen Beschäftigungsverbotes vor Beginn der Schutzfrist oder darüber hinaus.

Acht Wochen vor dem errechneten Geburtstermin beginnt der Mutterschutz.

Höhe des Wochengeldes

Das Wochengeld richtet sich nach dem Nettobezug der letzten drei Kalendermonate vor Beginn des Mutterschutzes (inkl. regelmäßig geleisteter Überstunden). Hinzu kommt ein Zuschlag für Sonderzahlungen (z. B. Urlaubs- und Weihnachtsgeld) ohne Berücksichtigung der Höchstbeitragsgrundlage.

Wer hat Anspruch auf Wochengeld?

- Unselbstständig erwerbstätige Frauen
- Geringfügig beschäftigte Arbeitnehmerinnen bei freiwilliger Selbstversicherung erhalten einen Fixbetrag.
- Voll versicherte freie Dienstnehmerinnen
- Bezieherinnen nach dem Arbeitslosenversicherungsgesetz erhalten das Wochengeld in der Höhe von 180 Prozent der zuletzt bezogenen Leistung.

www.auva.at

2.3 Gesetzliche Unfallversicherung (AUVA)

Die Unfallversicherung erbringt Leistungen an Personen, die durch einen **Arbeitsunfall** oder eine **Berufskrankheit** einen Personenschaden erlitten haben. Zu diesem Zweck übernimmt die Unfallversicherung auch Forschungsaufgaben sowie Aufgaben im Bereich der arbeitsmedizinischen Betreuung.

Daneben bestehen noch Sonderversicherungen, wie z. B. nach dem Beamten-, Kranken- und Unfallversicherungsgesetz oder nach dem Bauern-Sozialversicherungsgesetz.

Aufgaben

- Prävention (Verhütung von Arbeitsunfällen und Berufskrankheiten) einschließlich Vorsorge für Erste-Hilfe-Leistung
- Unfallheilbehandlung mit allen geeigneten Mitteln
- Medizinische, berufliche und soziale Rehabilitation
- Finanzielle Entschädigung nach Arbeitsunfällen und bei Berufskrankheiten

Finanzierung

Die Finanzierung erfolgt ausschließlich über **Dienstgeberbeiträge.** Dadurch haftet der Dienstgeber dem Sozialversicherungsträger für die aus dem Arbeitsunfall nach dem ASVG gewährten Leistungen nur, wenn er den Arbeitsunfall grob fahrlässig (vorsätzlich) verursacht hat. Der Dienstgeber muss in solchen, sehr selten vorkommenden Fällen dem Sozialversicherungsträger dessen Aufwendungen (z.B. Heilbehandlungskosten) ersetzen.

Anspruchsberechtigte

- Unselbstständig Erwerbstätige
- Freie Dienstnehmer/innen
- Lehrlinge
- Schüler/innen und Studenten/Studentinnen
- Selbstständige
- Geringfügig Beschäftigte

Leistungen

Als Leistungen gebühren Geld- und Sachleistungen.

Leistungen im Falle einer körperlichen Schädigung von Versicherten	
Unfallheilbehandlung	Die Unfallheilbehandlung wird so oft und so lange gewährt, als eine Besserung der Folgen des Arbeitsunfalles oder der Berufskrankheit oder eine Steigerung der Erwerbsfähigkeit zu erwarten ist oder eine Verschlimmerung verhindert werden kann. Sie umfasst insbesondere die ärztliche Hilfe, Heilmittel sowie die Pflege in Kranken-, Kur- und sonstigen Anstalten.
Geldleistungen während der Unfallheilbehandlung	Familiengeld (während der Anstaltspflege für Familienangehörige), Taggeld (wenn kein Anspruch auf Familiengeld vorliegt) und besondere Unterstützung (freiwillige Leistungen).
Rehabilitation	Die Rehabilitation umfasst die im Rahmen der Unfallheilbehandlung vorgesehenen **medizinischen Maßnahmen, berufliche Maßnahmen** und – soweit dies erforderlich ist – **soziale Maßnahmen.**

Medizinische Maßnahmen = Unfallheilbehandlung.

Berufliche Maßnahmen = Versehrte sollen in die Lage versetzt werden, ihren früheren Beruf wieder auszuüben, oder – wenn dies nicht mehr möglich ist – in einem neuen Beruf zu arbeiten. Sie wird gewährleistet durch Umschulungen, Zuschüsse, Darlehen sowie durch Hilfen zur Erlangung einer Arbeitsstelle.

Soziale Maßnahmen = umfassen solche Leistungen, die über die Unfallheilbehandlung und die Maßnahmen der beruflichen Rehabilitation hinaus geeignet sind, zur Erreichung des angestrebten Zieles beizutragen. Dazu zählen beispielsweise Zuschüsse, Darlehen zur Adaptierung einer Wohnung (z. B. Aufzug, Verbreiterung von Türen für einen Rollstuhl) oder zum Ankauf/zur Adaptierung eines Pkws, Versehrtensport etc.

	Das Ziel ist, die Leistungsfähigkeit der Versehrten bis zu einem solchen Grad wiederherzustellen, dass sie im beruflichen und wirtschaftlichen Leben und in der Gemeinschaft wieder einen angemessenen Platz möglichst dauerhaft einnehmen können.
Heilbehelfe	Versehrte haben Anspruch auf eine Versorgung mit ▪ Körperersatzstücken (Prothesen), ▪ orthopädischen Behelfen (Schuhen, Einlagen) und ▪ anderen Hilfsmitteln (Bandagen). Die Kosten dafür trägt alleine der Versicherungsträger (kein Selbstbehalt).
Versehrtenrente	Ein Anspruch besteht, wenn die Erwerbsfähigkeit von Versehrten über drei Monate nach dem Eintritt des Versicherungsfalles hinaus um mindestens 20 Prozent vermindert ist. Die Höhe der Versehrtenrente richtet sich nach dem Grad der Minderung der Erwerbsfähigkeit sowie der Bemessungsgrundlage. Schwerstversehrte (mehr als 50 Prozent Minderung der Erwerbsfähigkeit) erhalten eine Zusatzrente und einen Kinderzuschuss.

Leistungen im Falle des Todes der versicherten Person
Wurde durch einen Arbeitsunfall oder eine Berufskrankheit der Tod der/des Versehrten verursacht, gebühren folgende Leistungen:

- Der Teilersatz der Bestattungskosten (dazu zählen auch die teilweise oder gänzliche Übernahme von Überführungskosten),
- eine Witwen- bzw. Witwerrente sowie
- eine Waisenrente.

Versicherungsfall des Arbeitsunfalls

Arbeitsunfälle sind Unfälle, die sich im örtlichen, zeitlichen und ursächlichen Zusammenhang mit der die Versicherung begründenden Beschäftigung ereignen.

Als Arbeitsunfälle zählen z. B. aber auch

- Unfälle, die sich auf einem mit der Beschäftigung im Zusammenhang stehenden Weg zur oder von der Arbeits- oder Ausbildungsstätte ereignen (geschützt ist aber nur der kürzeste Weg, also kein Umweg; Umwege stehen nur unter bestimmten Voraussetzungen unter Versicherungsschutz).
- Unfälle, die auf dem Weg von der Arbeits- oder Ausbildungsstätte bzw. der Wohnung zu einer (zahn-)ärztlichen Behandlung oder Vorsorge- bzw. Gesundenuntersuchung und anschließend auf dem Weg zurück zur Arbeitsstätte oder zur Wohnung passieren

Beispiele
Eine Arbeitnehmerin kauft am Weg zur Arbeit Blumen für den Geburtstag einer Kollegin ein (so wie vom Chef beauftragt). Sie wird beim Hinausgehen aus dem Blumengeschäft von einem Fahrradfahrer niedergestoßen und verletzt. Es liegt ein Arbeitsunfall vor.

Ein Arbeitnehmer kauft auf dem Weg von der Arbeit nach Hause in einer Trafik Zigaretten, er stolpert dabei über eine Stufe zur Trafik erleidet in der Folge einen Knochenbruch. Es liegt kein Arbeitsunfall vor.

Schüler/innen und Studenten an österreichischen Schulen, Pädagogischen Hochschulen, Fachhochschul-Studiengängen und Universitäten (Hochschulen) sind in der Unfallversicherung teilversichert.

Versehrte haben Anspruch auf entsprechende Versorgung (z. B. mit Prothesen).

Das ASVG zählt taxativ Unfälle auf, die dem Arbeitsunfall gleichgestellt sind. Dabei handelt es sich insbesondere um Hilfeleistungen für Menschen in Notsituationen oder Mitarbeit in Hilfsorganisationen.

Generalklausel
§ 177 Abs. 2 ASVG besagt: Eine Krankheit, die ihrer Art nach nicht in der Liste enthalten ist, gilt als Berufskrankheit, wenn die Unfallversicherung im konkreten Fall auf Grund gesicherter wissenschaftlicher Erkenntnisse feststellt, dass diese Krankheit ausschließlich oder überwiegend durch die Verwendung schädigender Stoffe oder Strahlen bei einer vom/von der Versicherten ausgeübten Beschäftigung entstanden ist. Diese Feststellung bedarf zu ihrer Wirksamkeit der Zustimmung des Bundesministers für Gesundheit.

Berufskrankheitenliste:
www.auva.at

Versicherungsfall der Berufskrankheit

Die beruflich bedingte Krankheit ist zurückzuführen auf die Folgen einer Dauereinwirkung durch spezifische schädliche Arbeitsbedingungen, die in der **Berufskrankheitenliste** angeführt sind.

Häufigste Berufskrankheiten 2018
- Lärmschwerhörigkeit: 640
- Hauterkrankungen: 124
- Bösartige Neubildungen der Lunge: 108
- Asthma bronchiale: 74

Im Jahr 2018 wurden 1 140 Berufskrankheiten Erwerbstätiger anerkannt.

Quelle: AUVA

PENSIONSVERSICHERUNGSANSTALT
www.pensionsversicherung.at

Die Altersvorsorge in Österreich ist nach dem **„Drei-Säulen-Modell“** aufgebaut.
Den Kern bildet die gesetzliche Altersvorsorge, die für die Sicherstellung der finanziellen Absicherung sorgen soll. Darauf aufbauend gibt es die **betriebliche** und die **private** Altersvorsorge.

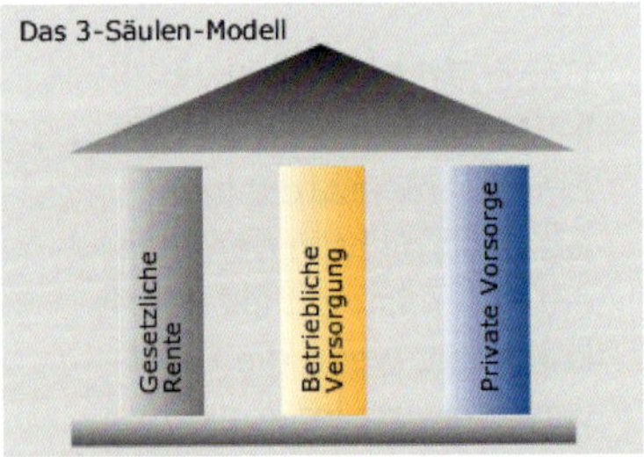

Umlageverfahren: Siehe dazu S. 171 und S. 192.

2.4 Gesetzliche Pensionsversicherung (ASVG)

Aufgaben

Finanzielle Absicherung

- Der Versicherten im Alter
- Nach krankheitsbedingtem Ausscheiden aus dem Berufsleben
- Der hinterbliebenen Angehörigen

Vorsorge

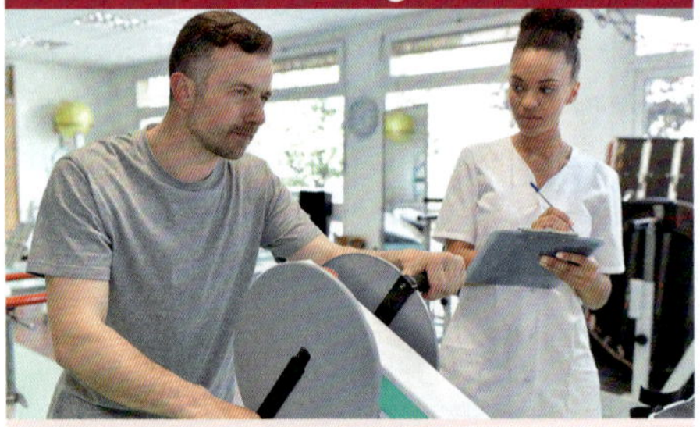

Die PVA bietet ihren Versicherten, Pensionistinnen und Pensionisten zum Erhalt der Arbeitsfähigkeit und zur Wiedererlangung der Gesundheit Maßnahmen der Gesundheitsvorsorge (Kur) oder Rehabilitation an.

Finanzierung

Die Finanzierung der Pensionsleistungen erfolgt durch das **Umlageverfahren,** auch **Generationenvertrag** genannt. Dabei werden die Beiträge der Erwerbstätigen zur Deckung der Pensionsansprüche herangezogen.

Die Funktionsfähigkeit des Umlageverfahrens setzt voraus, dass einerseits die Bevölkerungszahl zwischen den Generationen nicht allzu sehr schwankt und andererseits keine allzu großen konjunkturellen Instabilitäten auftreten. Rund 74 Prozent der Pensionsleistungen werden derzeit durch die Beitragsleistungen abgedeckt. Der Rest wird aus allgemeinen Steuergeldern aufgebracht.

Pensionsantrittsalter

Das gesetzliche **Regelpensionsalter** für die Alterspension beträgt
- für Männer: **65 Jahre,**
- für Frauen: **60 Jahre.** Ab 2024 wird das Pensionsalter für Frauen schrittweise von 60 auf 65 Jahre angehoben.

Aha!
Für die Alterspension ist eine bestimmte **Mindestversicherungszeit** notwendig. Das sind grundsätzlich 15 Versicherungsjahre, davon sieben Jahre einer Erwerbstätigkeit.

Leistungen

Bei den Leistungen der Pensionsversicherung unterscheidet man zwischen **Eigenpensionen** (Leistungen, die sich in einem eigenen Versicherungsverhältnis begründen) und **Hinterbliebenenpensionen** (Leistungen, die aufgrund eines Versicherungsverhältnisses eines/einer bereits Verstorbenen entstehen).

Eigenpensionen	▪ Alterspension ▪ Korridorpension (Kann mit entsprechenden Abschlägen vor Erreichen des Regelpensionsalters in Anspruch genommen werden) ▪ Schwerarbeiterpension ▪ Altersteilzeit ▪ Vorzeitige Alterspension bei langer Versicherungsdauer ▪ Krankheitsbedingte Pensionen, wie Berufsunfähigkeitspension (Angestellte), Invaliditätspension (Arbeiter/innen), Erwerbsunfähigkeitspension (Selbstständige)
Hinterbliebenenpensionen	▪ Witwen-/Witwerpension ▪ Pension für hinterbliebene eingetragene Partner/innen ▪ Waisenpension

Höhe der Pension

Die Höhe der Pension hängt ab
- vom beitragspflichtigen Einkommen,
- der Anzahl der erworbenen Versicherungsmonate und
- dem Alter bei Pensionsbeginn.

In Abhängigkeit vom tatsächlichen Pensionsantritt kann es zu **Ab**- oder **Zuschlägen** kommen.

Liegt das Gesamteinkommen (Bruttopension plus sonstige Nettoeinkommen plus eventuelle Unterhaltsansprüche) unter einem gesetzlichen Mindestbetrag **(Richtsatz),** so erhält die Pensionsbezieherin/der Pensionsbezieher eine **Ausgleichszulage** zur Aufstockung seines oder ihres Gesamteinkommens.

Der Richtsatz beträgt z. B.: für alleinstehende Pensionisten 1.030,49 EUR; für Paare in einem gemeinsamen Haushalt 1.625,71 EUR (Stand 2023). Dazu gibt es Pensionsboni bei langer Versicherungsdauer.

Pensionskonto

Mit der Einführung des **Pensionskontos** ab 1. Jänner 2014 gilt für alle ab 1. Jänner 1955 Geborenen ein einheitliches Pensionskontosystem. Auf diesem Pensionskonto werden die Beitragsgrundlagen aller erworbenen Versicherungszeiten erfasst.

Da es bei den Pensionsarten viele verschiedene Möglichkeiten gibt, verweisen wir auf die Webseite der Pensionsversicherungsanstalt.

Ein Pensionsantrag soll zwei bis drei Monate vor dem Pensionsbeginn gestellt werden, spätestens jedoch bis Ende des letzten Monats vor dem Pensionsantritt.

Aha!
Mit dem Online-Service „Pensionskonto anzeigen“ und mit einem qualifizierten Zertifikat (Bürgerkarte, Handy-Signatur) kann der Pensionskontoauszug abgefragt werden.

2.5 Arbeitslosenversicherung

2.5.1 Leistungen

Die Hauptaufgabe der Arbeitslosenversicherung besteht darin, **Einkommensersatzleistungen** zu erbringen.

Als **Geldleistungen** werden u. a. gewährt:

- Arbeitslosengeld
- Notstandshilfe
- Weiterbildungsgeld
- Bildungsteilzeitgeld
- Altersteilzeitgeld
- Übergangsgeld nach Altersteilzeit
- Umschulungsgeld

Die häufigste Leistung aus der Arbeitslosenversicherung ist das Arbeitslosengeld. Für die Auszahlung ist das **Arbeitsmarktservice (AMS)** zuständig.

www.ams.at

Das **Arbeitsmarktservice (AMS)** ist ein Dienstleistungsunternehmen öffentlichen Rechts und Österreichs größter Jobvermittler. Das Sozialministerium verordnet die Zielvorgaben für das AMS gemäß der österreichischen Arbeitsmarktpolitik und der europäischen Beschäftigungspolitik.

2.5.2 Arbeitslosengeld

Voraussetzungen für den Anspruch auf Arbeitslosengeld

- Verfügbarkeit für die Arbeitsvermittlung (Möglichkeit, eine Arbeit aufnehmen zu dürfen und zu können)
- Arbeitsfähigkeit
- Arbeitswilligkeit
- Arbeitslosigkeit
- Erfüllung der Anwartschaft

Anwartschaft = Vorliegen einer gewissen Mindestdauer einer arbeitslosenversicherungspflichtigen Beschäftigung.

- **Erstmalige Inanspruchnahme von Arbeitslosengeld:** mindestens 52 Versicherungswochen in den letzten 24 Monaten
- **Wiederholte Inanspruchnahme:** mindestens 28 Versicherungswochen in den letzten 12 Monaten
- **Sonderregelung für Jugendliche (bis 25 Jahre):** mindestens 26 Versicherungswochen in den letzten 12 Monaten bzw. 28 bei neuerlicher Inanspruchnahme.

Diese Fristen können bei Vorliegen bestimmter Umstände verlängert werden.

Arbeitswilligkeit

Darunter versteht man die Bereitschaft, eine **zumutbare Beschäftigung** anzunehmen. Eine Beschäftigung ist u. a. zumutbar,

- wenn sie den körperlichen Fähigkeiten der arbeitslosen Person angemessen ist,
- wenn sie die Gesundheit und Sittlichkeit nicht gefährdet,
- wenn sie angemessen entlohnt ist,
- wenn sie in angemessener Zeit erreichbar ist oder eine entsprechende Unterkunft am Arbeitsort zur Verfügung steht,
- wenn gesetzliche Betreuungsverpflichtungen eingehalten werden können.

Die arbeitslose Person muss sich im Ausmaß von **mindestens 20 Wochenstunden** bereithalten.

Aha!

Bei **Betreuungsverpflichtungen** für Kinder bis zum vollendeten 10. Lebensjahr oder für ein behindertes Kind – wenn für diese keine längere Betreuungsmöglichkeit vorhanden ist – muss auf jeden Fall eine Beschäftigung im Ausmaß von **16 Wochenstunden** möglich sein. Während des Bezuges von Kinderbetreuungsgeld liegt diese Voraussetzung nur dann vor, wenn das Kind von einer anderen geeigneten Person oder in einer geeigneten Einrichtung betreut wird.

Berufsschutz
In den ersten 100 Tagen des Bezuges von Arbeitslosengeld ist eine **Vermittlung außerhalb der bisherigen Tätigkeit** nicht zumutbar, wenn dadurch eine künftige Beschäftigung im bisherigen Beruf wesentlich erschwert wird.

Sperre des Arbeitslosengeldes

Eine arbeitslose Person verliert für die Dauer der Weigerung, mindestens jedoch für **sechs Wochen,** den Anspruch auf Arbeitslosengeld,

- wenn sie sich weigert, eine ihr vom AMS zugewiesene zumutbare Beschäftigung anzunehmen oder die Annahme einer solchen Beschäftigung vereitelt,
- wenn sie sich ohne wichtigen Grund weigert, einem Auftrag zur Nach- bzw. Umschulung zu entsprechen oder durch ihr Verschulden den Erfolg dieser Schulung vereitelt oder
- wenn sie ohne wichtigen Grund die Teilnahme an einer Maßnahme zur Wiedereingliederung in den Arbeitsmarkt verweigert oder den Erfolg der Maßnahme vereitelt.

Im **Wiederholungsfall** verlängert sich dieser Zeitraum auf **acht Wochen.**

Auch Arbeitslose, die ihre arbeitslosenversicherte Tätigkeit freiwillig beenden (z. B. durch **Arbeitnehmerkündigung)** oder deren arbeitslosenversicherte Tätigkeit durch ihr Verschulden beendet worden ist, erhalten für **vier Wochen** ab Ende der Beschäftigung kein Arbeitslosengeld. Dadurch verkürzt sich jedoch die Bezugsdauer nicht, es verschiebt sich lediglich der erste Tag des Bezuges.

Die zumutbare tägliche **Wegzeit** für Hin- und Rückweg beträgt bei Teilzeitbeschäftigung eineinhalb Stunden, bei einer Vollzeitbeschäftigung zwei Stunden. Wesentlich darüber hinaus gehende Wegzeiten sind nur in Ausnahmefällen zumutbar.

Ausmaß des Arbeitslosengeldes

Das Arbeitslosengeld berechnet sich aus

- dem **Grundbetrag** (Tagessatz in der Höhe von 55 Prozent des Nettoeinkommens),
- möglichen **Familienzuschlägen** (für jede Person, für die eine Unterhaltspflicht besteht) sowie
- einem allfälligen **Ergänzungsbetrag** (Extrazahlung für Niedrigverdiener).

Ergänzungsbetrag = Liegt die Höhe des Arbeitslosengeldes (Grundbetrag) unter dem Ausgleichszulagenrichtsatz für Alleinstehende, kann unter verschiedenen Voraussetzungen mit dem Ergänzungsbetrag auf 60 bzw. 80 Prozent des täglichen Nettoeinkommens aufgestockt werden.

Dauer des Bezuges

- Das Arbeitslosengeld wird grundsätzlich für **20 Wochen** gewährt.
- Es wird für **30 Wochen** zuerkannt, wenn in den letzten fünf Jahren vor Geltendmachung des Anspruches 156 Wochen arbeitslosenversicherungspflichtige Beschäftigung vorliegen.
- Diese Bezugsdauer erhöht sich bei Bestehen weiterer Voraussetzungen nach Vollendung des 40. bzw. 50. Lebensjahres sowie bei Schulungsmaßnahmen im Rahmen einer Arbeitsstiftung.

Wie wird Arbeitslosengeld beantragt?

- Der Antrag auf Zuerkennung von Arbeitslosengeld muss bei der **regionalen Geschäftsstelle** persönlich gestellt werden.
- Unter gewissen Voraussetzungen kann das Arbeitslosengeld auch **elektronisch** beantragt werden (aber auch hier muss der Antragsteller innerhalb einer gewissen Frist bei der regionalen Geschäftsstelle persönlich vorsprechen).
- Die antragstellende Person erhält eine Mitteilung über Beginn, Ende und Höhe der Leistung (einen Bescheid nur bei Ablehnung der Leistung bzw. auf Antrag).
- Gegen (negative) Bescheide der regionalen Geschäftsstelle ist eine **Berufung** an das Bundesverwaltungsgericht möglich.

2.5.3 Notstandshilfe

Wenn der Anspruch auf Arbeitslosengeld erschöpft ist, kann Notstandshilfe beantragt werden. Die Notstandshilfe ist eine Leistung, die nicht ausschließlich auf dem Versicherungsprinzip beruht.

Voraussetzungen

- Arbeitslosigkeit
- Arbeitsfähigkeit
- Arbeitswilligkeit
- Vorliegen einer Notlage: Eine Notlage liegt vor, wenn dem Arbeitslosen die Befriedigung der notwendigen Lebensbedürfnisse nicht möglich ist.

Das Einkommen von Familienangehörigen wird nicht angerechnet.

Aha!
Die Notstandshilfe kann nur gewährt werden, wenn sich die/der Arbeitslose innerhalb von **fünf Jahren** nach Erschöpfung des Anspruches auf Arbeitslosengeld um die Notstandshilfe bewirbt.

Dauer und Ausmaß

- Die Notstandshilfe wird jeweils für einen **bestimmten,** jedoch **52 Wochen nicht übersteigenden Zeitraum** gewährt. Nach 52 Wochen kann wieder ein neuer Antrag gestellt werden.
- Die Notstandshilfe gebührt als bestimmter **Prozentsatz des Arbeitslosengeldes.**
- Aufgrund der **Anrechnung von Partnereinkommen** kann sich die Notstandshilfe verringern oder entfallen (dann liegt keine „Notlage" vor). Sollte dies aufgrund der Anrechnung des Partnereinkommens der Fall sein, gebührt die Notstandshilfe jedenfalls in Höhe des entsprechenden Betrages des Ausgleichszulagenrichtsatzes (wenn das Haushaltseinkommen unter den für den Haushalt geltenden Mindeststandard fallen würde).
- Zusätzlich können auch **Familienzuschläge** gewährt werden.

2.5.4 Kranken- und Pensionsversicherung

Während des Bezuges von Arbeitslosengeld und Notstandshilfe ist man kranken- und pensionsversichert. Leistungsbezieher/innen und ihre Angehörigen erhalten von der Krankenkasse dieselben Leistungen wie Personen, die aufgrund eines Dienstverhältnisses krankenversichert sind.

Aufgabenstellungen – „Sozialversicherungsrecht“

1. Erläutern Sie die Versicherungsleistungen, die aus dem
   a) Versicherungsfall Krankheit,
   b) Versicherungsfall Mutterschaft und
   c) Versicherungsfall Arbeitsunfähigkeit infolge Krankheit gebühren.
2. Beschreiben Sie, welche Aufgaben die Unfallversicherung zu erfüllen hat.
3. Erläutern Sie das „3-Säulen-Modell“ der Pensionsversicherung und begründen Sie analytisch dessen Bedeutung für die Zukunft.
4. Geben Sie die Voraussetzungen wieder, die vorliegen müssen, um einen Anspruch auf Arbeitslosengeld geltend machen zu können.
5. Fassen Sie Ausmaß und Bezugsdauer des Arbeitslosengeldes zusammen.
6. Diskutieren Sie, ob das System der Arbeitslosenversicherung eine auch volkswirtschaftlich sinnvolle Einrichtung ist.

3 Allgemeine Leistungssysteme

3.1 Familienleistungen

3.1.1 Familienbeihilfe

Anspruch auf Familienbeihilfe haben
- alle österreichischen Staatsbürger/innen, die in Österreich wohnhaft sind und
- die Anspruchsvoraussetzungen erfüllen,
- in einheitlicher Höhe und
- unabhängig vom Einkommen.

Anspruchsvoraussetzungen für die Familienbeihilfe

erfüllen Eltern	erfüllen Kinder
■ deren Lebensmittelpunkt sich in Österreich befindet und ■ deren Kind (auch Adoptiv-, Pflege-, Stief- und Enkelkind) mit ihnen zusammen in einem Haushalt lebt oder ■ für das sie überwiegend Unterhalt leisten, wenn zu keinem Elternteil Haushaltszugehörigkeit besteht.	■ bis zur Vollendung des 18. Lebensjahres. ■ Darüber hinaus nur bei Vorliegen bestimmter Voraussetzungen nach dem Familienlastenausgleichsgesetz (z. B. bei beruflicher Aus- oder Fortbildung wie Lehre, Schule, Studium) bis maximal zur Vollendung des 25. Lebensjahres.

Die Höhe der Familienbeihilfe ist nach Alter und Zahl der Kinder gestaffelt. Beantragt und ausbezahlt wird sie vom **Wohnsitzfinanzamt.** Daneben gibt es noch steuerrechtliche Begünstigungen (z. B. den Familienbonus Plus).

§ Die Familienbeihilfe ist im Familienlastenausgleichsgesetz geregelt.

Familienbeihilfe für Kinder, die sich ständig in Österreich aufhalten:

Alter des Kindes	Betrag pro Monat
ab Geburt	114,00 Euro
ab 3 Jahren	121,90 Euro
ab 10 Jahren	141,50 Euro
ab 19 Jahren	165,10 Euro

Unter bestimmten Voraussetzungen haben auch Ausländer/innen Anspruch auf die Familienbeihilfe.

Wohnt ein Kind im gemeinsamen Haushalt der Eltern, ist die **Mutter vorrangig anspruchsberechtigt.** Sie kann jedoch zugunsten des Vaters verzichten. Leben die Eltern getrennt, steht die Familienbeihilfe dem Elternteil zu, bei dem das Kind lebt.

3.1.2 Kinderbetreuungsgeld (KBG)

Das Kinderbetreuungsgeld verfolgt zwei unterschiedliche Ziele: Einerseits soll die **Betreuungsleistung** der Eltern anerkannt und teilweise abgegolten werden, andererseits geht es um den möglichen **Ersatz des Einkommensverlustes** während der Zeit der Kinderbetreuung.

Es gibt zwei Systeme zur Auswahl:

- Das **Kinderbetreuungsgeld-Konto** (Pauschales KBG): Dieses erhalten Eltern unabhängig von einer vor der Geburt des Kindes ausgeübten Erwerbstätigkeit.
- **Das Einkommensabhängige Kinderbetreuungsgeld:** Es soll insbesondere jenen Eltern zur Verfügung stehen, die sich nur für kurze Zeit aus dem Berufsleben zurückziehen wollen und über ein höheres Einkommen verfügen.

	Kinderbetreuungsgeld-Konto	Einkommensabhängiges KBG
Bezug durch einen Elternteil	12.366 Euro	
Minimale Bezugsdauer Maximale Bezugsdauer	365 Tage (12 Monate) = 33,88 Euro Euro/Tag (ca. 1.000 Euro) 851 Tage (28 Monate) = 14,53 Euro/Tag (ca. 436 Euro)	365 Tage = 80 % des Wochengeldes, max. 66 Euro /Tag (ca. 2.000 Euro/Monat)
Bezug durch beide Elternteile	Bis zu 15.449 Euro (plus 1.000 Euro Partnerschaftsbonus)	
Minimale Bezugsdauer Maximale Bezugsdauer	456 Tage (ca. 15 Monate) = 33,88 Euro (1.000 Euro) 1 063 Tage (ca. 35 Monate) = 14,53 €/Tag (ca. 436 Euro)	426 Tage = 80 % des Wochengeldes (max. 2.000 Euro/Monat)
Zuverdienstgrenze	▪ **Fixe Zuverdienstgrenze** von 16.200 Euro im Kalenderjahr ▪ **Individuelle Zuverdienstgrenze:** Wird auf Basis des individuellen Einkommens im Kalenderjahr vor der Geburt des Kindes berechnet.	Pro Kalenderjahr dürfen maximal 6.800 Euro dazuverdient werden.
Zuschlag pro Mehrlingskind/Tag	50 % des jeweiligen Tagesbetrages	Keinen
Erwerbstätigkeit vor der Geburt/Mutterschutz notwendig?	Nein	Durchgehende Erwerbstätigkeit der letzten 182 Kalendertage vor der Geburt. Der Erwerbstätigkeit gleichgestellt sind Zeiten des Mutterschutzes sowie der Karenz.
Beihilfe zum KBG bei geringem Einkommen	6,06 Euro/Tag	Keine

Das KBG kann frühestens am Tag der Geburt beantragt werden.

Die **Wahl des Systems** ist bei der erstmaligen Antragstellung zu treffen und bindet auch den zweiten Elternteil. Ein Umstieg auf eine andere Variante ist nur binnen 14 Tagen ab erstmaliger Antragstellung möglich.

Die Eltern können sich beim Bezug des Kinderbetreuungsgeldes **zweimal abwechseln,** wobei ein Block mindestens 61 Tage (durchgehend) dauern muss.

Das KBG endet spätestens mit Ablauf der höchstmöglichen Anspruchsdauer bzw. mit dem Tag vor der Geburt eines weiteren Kindes.

Aha!
Das Kinderbetreuungsgeld ruht, sofern ein Anspruch auf Wochengeld nach dem ASVG oder eine gleichartige Leistung besteht, in der Höhe des Wochengeldes. Die Auszahlung beginnt erst nach dem Ende der Schutzfrist.

Kinderbetreuungsgeld erhält man immer nur für das **jüngste Kind.** Wird in der Zeit des Bezuges ein weiteres Kind geboren, endet der Anspruch für das ältere Kind am Tag vor der Geburt des jüngeren Kindes.

Antragstellung

- Das KBG sowie die Beihilfe erhält man nur **auf Antrag.**
- Der Antrag ist bei jenem **Krankenversicherungsträger** zu stellen, bei dem Wochengeld bezogen wurde bzw. bei dem man versichert ist oder zuletzt versichert war.
- Wenn bisher keine Versicherung bestanden hat, ist jene Gebietskrankenkasse zuständig, bei der der Antrag auf KBG gestellt wird.
- Sollten sich die Eltern beim Bezug abwechseln, müssen beide Elternteile einen eigenen Antrag stellen.

Anspruchsvoraussetzungen

Anspruch auf Kinderbetreuungsgeld hat ein Elternteil für sein Kind, sofern
- für dieses Kind Anspruch auf Familienbeihilfe nach dem Familienlastenausgleichsgesetz besteht,
- der Elternteil mit diesem Kind im gemeinsamen Haushalt lebt,
- die **Zuverdienstgrenzen** eingehalten werden,
- die Mutter-Kind-Pass-Untersuchungen durchgeführt werden,
- der Elternteil und das Kind den Mittelpunkt der Lebensinteressen im Bundesgebiet haben und
- für Nichtösterreicher/innen zusätzlich ein rechtmäßiger Aufenthalt in Österreich vorliegt,
- bei getrennt lebenden Eltern zusätzlich Obsorgeberechtigung und Bezug der Familienbeihilfe durch den antragstellenden Elternteil.

Bei den **Zuverdienstgrenzen** zählt nur das Erwerbseinkommen jener Person, die das KBG bezieht. Wird die Zuverdienstgrenze überschritten, ist jener Betrag zurückzuzahlen, um den die Zuverdienstgrenze überschritten wurde. Um eine mögliche Überschreitung zu vermeiden, kann für eine bestimmte Zeit im Vorhinein auf das KBG verzichtet werden.

Sozialrechtliche und arbeitsrechtliche Bestimmungen

Während des Bezuges von Kinderbetreuungsgeld besteht sowohl für die Bezieherin/für den Bezieher als auch für das Kind eine **Krankenversicherung.** Ebenso werden für einen gewissen Zeitraum **Zeiten in der Pensionsversicherung** erworben.

Arbeitsrechtlich kann im Anschluss an das Beschäftigungsverbot Karenz oder Elternteilzeitbeschäftigung in Anspruch genommen werden.

Aha!
Arbeitnehmer/innen haben unter gewissen Voraussetzungen einen **Rechtsanspruch auf Teilzeitbeschäftigung** längstens bis zum 8. Geburtstag oder einem allfälligen späteren Schuleintritt des Kindes, sofern
- sie in einem Betrieb tätig sind, in dem regelmäßig mehr als 20 Arbeitnehmer/innen beschäftigt werden und
- ihr Arbeitsverhältnis zum Zeitpunkt des Antritts der Teilzeitbeschäftigung mindestens drei Jahre gedauert hat.

Bis zum Schuleintritt des Kindes besteht unter bestimmten Voraussetzungen ein Recht auf Teilzeitbeschäftigung.

Weiters gilt für Eltern (Adoptiv- oder Pflegeeltern), deren Kinder ab dem 1.1.2016 geboren bzw. adoptiert oder in unentgeltliche Pflege genommen werden, dass die wöchentliche Normalarbeitszeit um mindestens 20 Prozent reduziert wird und zwölf Stunden nicht unterschreitet.

Aufgabenstellung – „Kinderbetreuungsgeld"

- Diskutieren Sie, ob die derzeitigen Modelle geeignet sind, um Karrieremöglichkeiten auch für Frauen mit Kindern zu gewährleisten und machen Sie sich Gedanken, wie karrierefördernde Elemente für junge Mütter eingebaut werden könnten.

3.2 Pflegegeld

§ **Rechtsgrundlage:**
Bundespflegegeldgesetz (BPGG)

Das Pflegegeld hat den Zweck, pflegebedingte Mehraufwendungen pauschaliert abzugelten. Pflegebedürftigen Personen sollen dadurch die notwendige Betreuung und Hilfe erhalten. Zudem soll ihnen die Möglichkeit geboten werden, ein weitgehend selbstbestimmtes, bedürfnisorientiertes Leben zu führen.

Das Pflegegeld ermöglicht pflegebedürftigen Menschen eine gewisse Unabhängigkeit und einen längeren Verbleib in der gewohnten Umgebung.

Voraussetzungen für die Zuerkennung von Pflegegeld

- Ständiger Betreuungs- und Hilfsbedarf (Pflegebedarf) wegen einer körperlichen, geistigen oder psychischen Behinderung bzw. einer Sinnesbehinderung, die voraussichtlich **mindestens sechs Monate** andauern wird.
- Ständiger Pflegebedarf von monatlich mehr als 65 Stunden.
- Gewöhnlicher **Aufenthalt in Österreich,** wobei auch die Gewährung von Pflegegeld im Europäischen Wirtschaftsraum unter bestimmten Voraussetzungen möglich ist.

Höhe des Pflegegeldes

Die Höhe des Pflegegeldes wird – je nach Ausmaß des erforderlichen Pflegebedarfs und unabhängig von der Ursache der Pflegebedürftigkeit – in **sieben Stufen** festgelegt.

Erschwerniszuschläge
Bei Menschen mit einer **schweren geistigen oder psychischen Behinderung** – insbesondere einer demenziellen Erkrankung – ist ab dem vollendeten 15. Lebensjahr zusätzlich ein pauschalierter Erschwerniszuschlag in Höhe von 25 Stunden pro Monat anzurechnen.

Pflegebedarf in Stunden/Monat	Stufe	Monatlicher Betrag in EUR ab 1. 1. 2023
Durchschnittlich mehr als 65 Stunden	1	165,40
Durchschnittlich mehr als 95 Stunden	2	305,00
Durchschnittlich mehr als 120 Stunden	3	475,20
Durchschnittlich mehr als 160 Stunden	4	712,70
Durchschnittlich mehr als 180 Stunden, wenn ein außergewöhnlicher Pflegeaufwand erforderlich ist	5	968,10
Durchschnittlich mehr als 180 Stunden, wenn ■ zeitlich unkoordinierbare Betreuungsmaßnahmen erforderlich sind und diese regelmäßig während des Tages und der Nacht zu erbringen sind oder	6	1.351,80

■ die dauernde Anwesenheit einer Pflegeperson während des Tages und der Nacht erforderlich ist, weil die Wahrscheinlichkeit einer Eigen- oder Fremdgefährdung gegeben ist		
Durchschnittlich mehr als 180 Stunden, wenn ■ keine zielgerichteten Bewegungen von Armen und Beinen mit funktioneller Umsetzung möglich sind oder ■ ein als gleich zu erachtender Zustand vorliegt	7	1.776,50

Das Pflegegeld wird zwölfmal pro Jahr monatlich im Nachhinein ausbezahlt. Werden wegen Pflegebedürftigkeit noch andere Geldleistungen gewährt, sind diese auf das Pflegegeld anzurechnen und vermindern somit den Auszahlungsbetrag. Während eines Spital- oder Kuraufenthaltes ruht das Pflegegeld ab dem zweiten Tag.

Bei der Pflege von **schwerstbehinderten Kindern und Jugendlichen** gibt es einen zusätzlichen pauschalen Erschwerniszuschlag, wenn behinderungsbedingt zumindest zwei voneinander unabhängige, schwere Funktionsstörungen vorliegen. Dieser beträgt bis zum vollendeten 7. Lebensjahr monatlich 50 Stunden und danach bis zum vollendeten 15. Lebensjahr 75 Stunden pro Monat.
Auch bei schwerer geistiger oder psychischer Beeinträchtigung von Erwachsenen (z. B. Demenz) gibt es einen Zuschlag von 45 Stunden pro Monat.

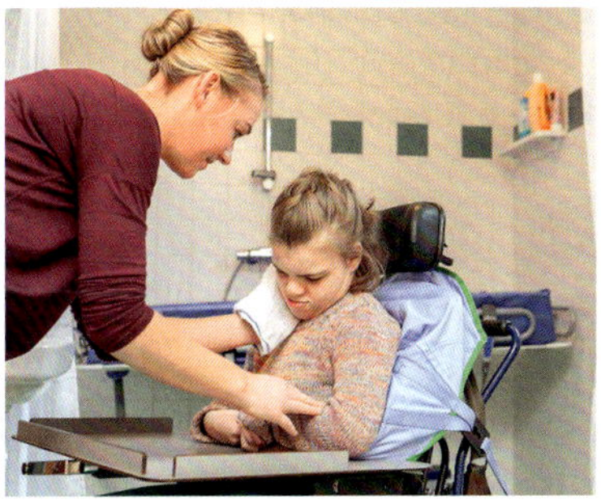

Wann liegt ein Pflegebedarf vor?

Ein Pflegebedarf liegt dann vor, wenn man bei Betreuungsmaßnahmen bzw. bei Hilfsverrichtungen Unterstützung braucht.

Betreuungsmaßnahmen	Hilfsverrichtungen
Alle notwendigen Verrichtungen, die den persönlichen Lebensbereich betreffen und ohne die der pflegebedürftige Mensch einer Verwahrlosung ausgesetzt wäre.	Betreffen den sachlichen Lebensbereich und sind zur Sicherung der Existenz erforderlich. Für jede Hilfsverrichtung wird ein monatlicher **fixer Zeitwert von zehn Stunden** angenommen.
Dazu gehören Hilfestellungen	**Dazu gehören:**
■ beim An- und Auskleiden, ■ bei der Körperpflege, ■ bei der Zubereitung und Einnahme von Mahlzeiten, ■ bei der Verrichtung der Notdurft, ■ bei der Einnahme von Medikamenten und ■ bei der Fortbewegung in der eigenen Wohnung.	■ Besorgen von Nahrungsmitteln, Medikamenten und Bedarfsgütern des täglichen Lebens ■ Reinigung der Wohnung und der persönlichen Gebrauchsgegenstände ■ Pflege der Leib- und Bettwäsche ■ Beheizung des Wohnraumes einschließlich der Beschaffung des Heizmaterials ■ Mobilitätshilfe im weiteren Sinn (z. B. Begleitung bei Amtswegen oder Arztbesuchen)

Bei der Beurteilung des Pflegebedarfs werden Zeitwerte für die erforderlichen Betreuungsmaßnahmen und Hilfsverrichtungen berücksichtigt und zu einer Gesamtbeurteilung zusammengefasst.

Beispiele für Zeitwerte nach der Einstufungsverordnung

- Täglicher Richtwert für An- und Auskleiden: 2 x 20 Min.
- Einnahme von Medikamenten (auch bei Sondenverabreichung): 6 Min.
- Täglicher Mindestwert für tägliche Körperpflege: 2 x 25 Min.
- Zubereitung von Mahlzeiten (auch bei Sondennahrung): 1 Std.

Wie kann Pflegegeld beantragt werden?

Der Antrag für Zuerkennung von Pflegegeld kann formlos oder per Formular beim zuständigen Sozialversicherungsträger eingebracht werden. Sollte ein Antrag irrtümlich an eine falsche Stelle geschickt werden, wird dieser automatisch umgeleitet.

Begutachtung durch Arzt/Ärztin oder Pflegefachkraft

- Die betroffenen Personen werden zu Hause, im Pflegeheim oder in der Krankenanstalt von einem Arzt/von einer Ärztin oder von einer Pflegefachkraft begutachtet.

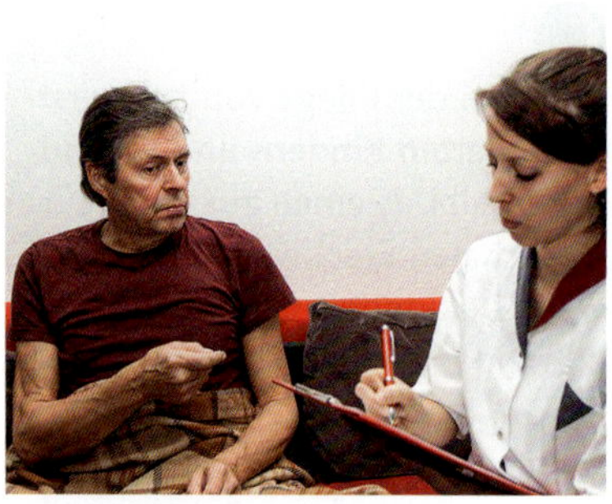

Eine Begutachtung zur Feststellung des Pflegebedarfs kann auch zu Hause erfolgen.

Durch die Einbringung von Schriftsätzen und Vollmachten entstehen grundsätzlich keine Gerichtskosten. Auch medizinische Gutachten durch Gerichtssachverständige verursachen keine Kosten für den Ankläger.

Anspruchberechtigte auf Pflegegeld in Österreich 2021	
Stufe 1	130 494
Stufe 2	100 246
Stufe 3	87 604
Stufe 4	68 201
Stufe 5	51 785
Stufe 6	19 918
Stufe 7	9 027
Gesamt	**467 275**

Quelle: Sozialministerium

- Auf Wunsch der pflegebedürftigen Person, ihres gesetzlichen Vertreters oder Erwachsenenvertreters ist bei der Untersuchung die Anwesenheit oder Anhörung einer Person ihres Vertrauens zu ermöglichen.
- Bei der Begutachtung von pflegebedürftigen Personen in stationären Einrichtungen sind zur Beurteilung der konkreten Pflegesituation auch Informationen des Pflegepersonals einzuholen und die Pflegedokumentation zu berücksichtigen. Letzteres gilt auch bei der Pflege durch ambulante Dienste.
- Die Ergebnisse werden in einem Gutachten festgehalten.

Entscheidung

Aufgrund des Sachverständigengutachtens beschließt der zuständige Entscheidungsträger, ob und in welcher Höhe das Pflegegeld zuerkannt wird. Dies wird in Form eines **Bescheides** mitgeteilt.

Sollte kein oder ein zu geringes Pflegegeld gewährt werden, hat man die Möglichkeit, gegen den Bescheid **Klage** beim **Arbeits- und Sozialgericht** einzureichen. Das Gericht entscheidet mit Urteil. Die Entscheidung des Arbeits- und Sozialgerichts kann beim **Oberlandesgericht** überprüft werden. Schließlich kann die Pflegegeldangelegenheit in letzter Instanz noch vom Obersten Gerichtshof überprüft werden.

Antrag auf Neubemessung des Pflegegeldes

Wenn sich der Gesundheitszustand seit der letzten Entscheidung derart verschlechtert oder verbessert hat, dass eventuell höheres oder niedrigeres Pflegegeld zusteht, kann bzw. muss man einen Antrag auf Neubemessung bei der zuständigen Behörde stellen.

Aufgabenstellung – „Pflegegeld"

Fallbeispiel

Frau Leitner lebt in Linz und bezieht eine Pension von der Pensionsversicherungsanstalt der gewerblichen Wirtschaft. Sie hat einen bösartigen Gehirntumor und leidet deshalb unter starken Schwindelanfällen. Auch die starken Medikamente machen ihr zu schaffen und sie ist daher nicht in der Lage zu kochen, zu putzen bzw. sich selbst zu pflegen. Die Tochter betreut Frau Leitner. Sie hilft ihr insbesondere beim Kochen, bei der Essenseinnahme, bei der Körperpflege sowie bei den übrigen Haushaltstätigkeiten. Diese Tätigkeiten umfassen ca. 70 Stunden pro Monat (festgestellt durch ein ärztliches Gutachten).

a) Auf welche Leistung könnte Frau Leitner Anspruch haben?
b) Welchen Zweck verfolgt diese Leistung?
c) In welchem Gesetz ist diese Leistung geregelt?
d) Unter welchen Voraussetzungen gebührt diese Geldleistung? Liegen diese Voraussetzungen bei Frau Leitner vor?
e) Bei welcher Behörde ist ein Antrag zu stellen?
f) Wie läuft ein derartiges Verfahren ab?
g) Welche Möglichkeiten hat man, wenn man mit der zuerkannten Leistung nicht einverstanden ist?
h) Welchen Rat würden Sie Frau Leitner geben, wenn sich ihr Gesundheitszustand weiter verschlechtert?

3.3 Versorgungssysteme

Wenn eine körperliche oder psychische Schädigung auf bestimmte Umstände zurückzuführen ist, werden vom Bund **Versorgungsleistungen** gewährt. Dazu zählen:

- Kriegsopferversorgung,
- Heeresopferversorgung,
- Fürsorge für Opfer des Kampfes um ein freies, demokratisches Österreich und Opfer der politischen Verfolgung (Opferfürsorgegesetz),
- Fürsorge für Impfgeschädigte,
- Versorgung von Verbrechensopfern und
- Unterhaltsvorschüsse.

Diese Leistungsansprüche bestehen **unabhängig von Beitragszahlungen.** Die gewährten Leistungen sind üblicherweise nach dem Ausmaß der Erwerbsminderung abgestuft. Sie werden aus allgemeinen Steuermitteln gedeckt.

4 Fürsorgesysteme – Sozialhilfe

Die Sozialhilfe ist eine **Unterstützung für Menschen,** die in eine **finanzielle Notlage** geraten sind und ihren Lebensunterhalt mit eigenen Mitteln (Einkommen und Vermögen), den Einsatz der Arbeitskraft oder durch Geld- und Sachleistungen Dritter nicht mehr abdecken können.

Unter Sozialhilfeleistungen werden v.a. Leistungen verstanden, denen eine Einkommens- oder Vermögensprüfung vorausgeht.

Rechtsgrundlagen:

- Sozialhilfe-Grundsatzgesetz
- Landesausführungsgesetze der Bundesländer

Die bedarfsorientierte Mindestsicherung wurde in den meisten Bundesländern von der Sozialhilfe abgelöst.

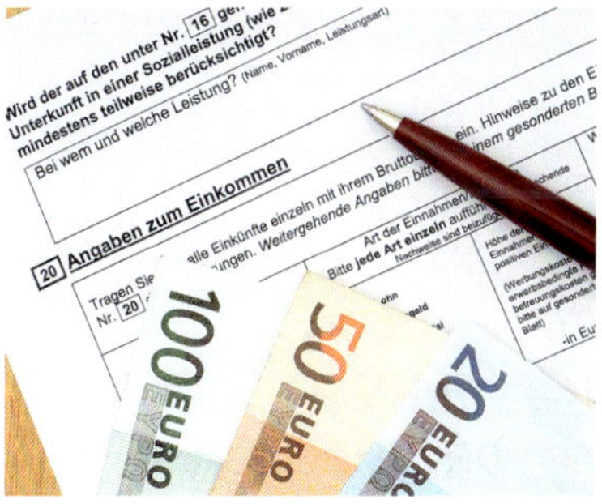

Ziele der Sozialhilfe

- Bekämpfung und Vermeidung von Armut und sozialer Ausgrenzung
- Förderung einer dauerhaften (Wieder-)Eingliederung in das Erwerbsleben

Leistungen aus der Sozialhilfe

- Sicherung des **Lebensunterhaltes** und des **Wohnbedarfs**
- Gesetzliche **Krankenversicherung** (e-card)
- Beratung und Unterstützung bei der Bewältigung der Notlage

Der **Lebensunterhalt** umfasst den regelmäßig wiederkehrenden Aufwand für Nahrung, Bekleidung, Körperpflege, Hausrat, Heizung und Strom sowie andere persönliche Bedürfnisse wie die angemessene soziale und kulturelle Teilhabe.

Der **Wohnbedarf** umfasst den erforderlichen regelmäßig wiederkehrenden Aufwand für Miete, allgemeine Betriebskosten und Abgaben, um angemessen wohnen zu können. Darüber hinausgehende Leistungen, wie z. B. Heizkostenzuschüsse, können weiterhin zusätzlich durch die Länder erbracht werden.

Wer hat Anspruch auf Sozialhilfe?

Grundsätzlich können nur jene Personen eine Leistung aus der BMS erhalten,

- die ihren eigenen Lebensunterhalt bzw. den Unterhalt ihrer Angehörigen nicht aus **eigenen Mitteln** ausreichend decken können,
- die mit ihren Einkünften unter dem **Mindeststandard des Sozialhilferichtsatzes** liegen,
- bei denen **Bereitschaft zum Einsatz der eigenen Arbeitskraft** besteht,
- die ihren Hauptwohnsitz bzw. ihren **dauernden Aufenthalt** in Österreich haben sowie
- dem AMS zur **Arbeitsvermittlung** zur Verfügung stehen und sich um einen Arbeitsplatz bemühen.
- **EWR- bzw. EU-Bürger/innen** haben einen Anspruch, wenn sie sich als Arbeitnehmer/innen in Österreich aufhalten oder schon mehr als fünf Jahre rechtmäßig in Österreich gelebt haben.
- **Asylberechtigten** stehen die Leistungen ab Zuerkennung des Schutzstatus als Flüchtling zu.

Der Einsatz der Arbeitskraft darf nicht verlangt werden von Personen, die

- das **Regelpensionsalter** erreicht haben,
- **Betreuungspflichten** gegenüber Kindern haben, die das 3. Lebensjahr noch nicht vollendet haben, sofern keine geeignete Betreuungsmöglichkeit vorhanden ist,
- Betreuungsleistungen gegenüber Angehörigen haben, die ein **Pflegegeld** mindestens der Stufe 3 beziehen,
- **Sterbebegleitung** oder Begleitung von schwerstkranken Kindern leisten und
- in einer zielstrebig verfolgten **Erwerbs- oder Schulausbildung** stehen (ein Studium zählt nicht dazu).
- Invalide sind.

Einsatz eigener Mittel

Bevor eine Leistung aus der Sozialhilfe gewährt werden kann, muss jede antragstellende Person ihre eigenen Mittel (Einkommen und Vermögen) zur Bestreitung des Lebensunterhaltes einsetzen.

Zum **Einkommen** zählen grundsätzlich alle Einkünfte, die der antragstellenden Person zur Verfügung stehen. Allerdings gibt es einige Ausnahmen, wie z. B. die Familienbeihilfe oder das Pflegegeld.

Ausgenommen sind:

- Häuser und Eigentumswohnungen für den eigenen Wohnbedarf
- Gegenstände, die zur Erwerbsausübung oder Befriedigung angemessener geistiger und kultureller Bedürfnisse erforderlich sind
- Kraftfahrzeuge, die berufsbedingt oder aufgrund besonderer Umstände (insbesondere wegen einer Behinderung oder unzureichender Infrastruktur) benötigt werden
- Sonstige Vermögenswerte ausgenommen Immobilien, soweit sie den **Freibetrag** nicht übersteigen.

Der **Freibetrag** wird jedes Jahr neu festgesetzt. 2023 beträgt er EUR 5.868,00.

Fragen und Antworten zur Sozialhilfe

Wie hoch ist die Sozialhilfe?
Die Leistungen sind von Bundesland zu Bundesland unterschiedlich geregelt. Für Kinder gibt es Zuschläge. Einkommen, Arbeitslosengeld, Unterhaltszahlungen u. Ä. werden jeweils angerechnet und reduzieren den Anspruch.

Wie lange wird die Sozialhilfe gewährt?
Die Sozialhilfe ist eine Überbrückungshilfe und ist bei erstmaliger Gewährung daher auf maximal zwölf Monate befristet.
Bei jeder weiteren Gewährung belaufen sich die Leistungen gleichfalls auf maximal zwölf Monate.

Muss die Sozialhilfe zurückgezahlt werden?
Wer den (Wieder-)Einstieg ins Berufsleben schafft, muss die Sozialhilfe nicht zurückzahlen. Lediglich wer zu Unrecht erhaltene Leistungen bezieht, muss mit einer Rückzahlung rechnen.

Kann die Sozialhilfe gekürzt werden?
Leistungen können gekürzt werden, wenn trotz schriftlicher Ermahnung keine Bereitschaft zu einem zumutbaren Einsatz der Arbeitskraft besteht. Dies darf aber grundsätzlich nur stufenweise und maximal um bis zu 50 % erfolgen.
Eine weitergehende Kürzung oder ein völliger Entfall ist nur ausnahmsweise und in besonderen Fällen zulässig.
Die Deckung des Wohnbedarfes sowie auch der Lebensunterhalt der arbeitsunwilligen Person sowie ihrer Angehörigen dürfen dadurch nicht beeinträchtigt werden.

Wo kann die Sozialhilfe beantragt werden?

- Wohnsitzgemeindeamt
- Bezirkshauptmannschaft (in Statutarstädten: der Magistrat)
- Landesregierung

Die Leistungshöhen sind Mindeststandards, die Länder können darüber hinausgehende Leistungen gewähren.

Ermitteln Sie die Sozialhilfe in Ihrem Bundesland für

- eine volljährige, alleinstehende Person:

  ____

- ein Kind:

  ____

Aufgabenstellungen – „Fürsorgesysteme – Sozialhilfe“

1. Diskutieren Sie, ob es sich bei der Sozialhilfe um eine „soziale Hängematte“ handelt, die manche/viele Menschen von der Arbeit geradezu abhält oder nicht. Recherchieren Sie dazu auch aktuelle Zahlen.
2. Diskutieren Sie, inwieweit die Berücksichtigung des Partnereinkommens (insbesondere bei eheähnlichen Lebensgemeinschaften) gerechtfertigt erscheint und welche Beweisprobleme hier praktisch nicht selten vorkommen.

5 Zahlen und Fakten zum Sozialsystem

5.1 Finanzierung und Verwendung der Mittel

Die Sozialausgaben werden zu fast zwei Dritteln aus Sozialversicherungsbeiträgen und zu einem Drittel aus allgemeinen Steuermitteln (Lohn-, Einkommens-, Mehrwert- und Verbrauchssteuern, wie z. B. Tabaksteuer) finanziert. Somit aus Abgaben, die zu großen Teilen von den Beschäftigten und den Arbeitgebern getragen werden.

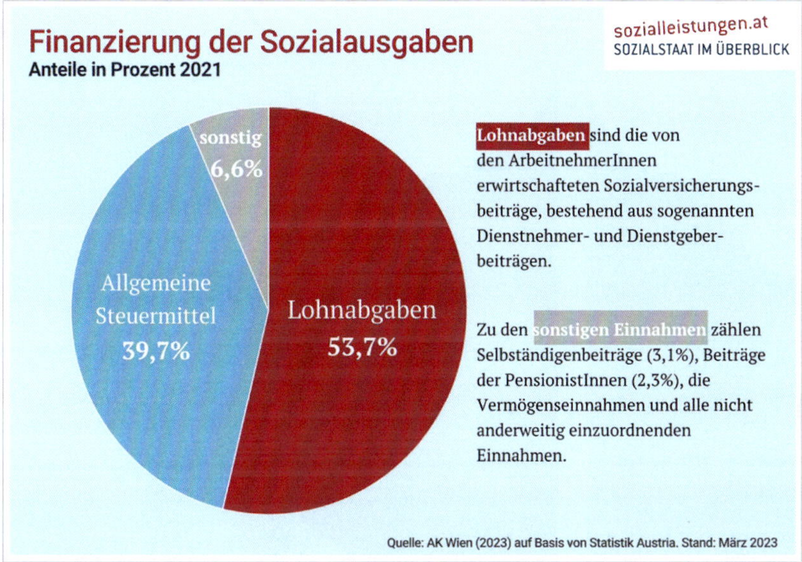

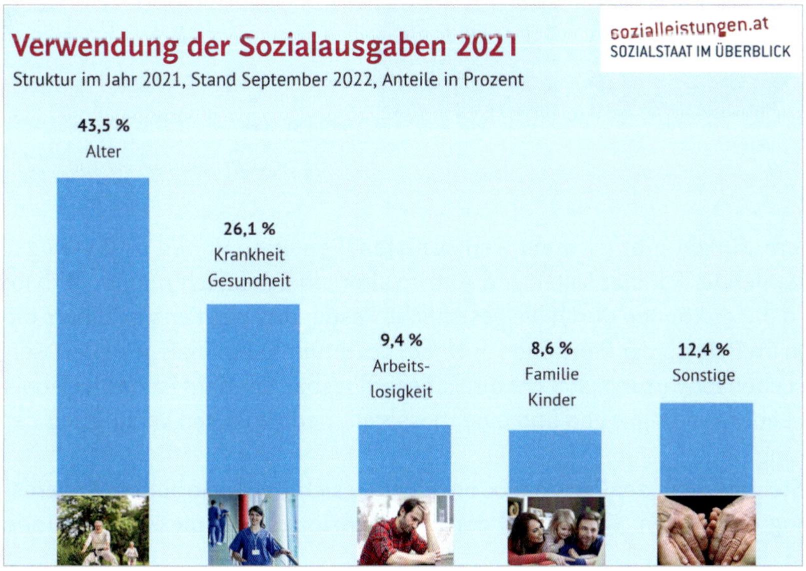

Das Pensionssystem in Österreich funktioniert nach dem **Umlageverfahren.** Dieses ist eine Methode zur Finanzierung der Sozialversicherungen, speziell der Altersvorsorge. Die eingezahlten Beiträge werden unmittelbar zur Finanzierung der Leistungsberechtigten herangezogen, also an diese wieder ausbezahlt.

Pensions-Ranking: Österreich nur im hinteren Drittel

Der „Melbourne Mercer Global Pension Index" (MMGPI) vergleicht die Pensionssysteme von 34 Ländern anhand der Kriterien der Nachhaltigkeit, der Integrität und der Angemessenheit. Dabei fließt nicht nur das gesetzliche Rentensystem in die Bewertung ein, sondern auch betriebliche und private Vorsorge.

Im Ranking kommt Österreich nicht gut weg. Im Gesamtindex kommt Österreich gerade einmal auf Platz 24. Ursächlich dafür sind laut Studie minimale Verbesserungen in jeder der drei Unterkategorien.

Am besten schneidet Österreich noch bei der Angemessenheit mit Rang 12 ab. Dort zählt, wie viel Pension ein Durchschnittsverdiener bekommt und wie hoch die Mindestpension liegt. Dagegen ist bei der Bewertung der Nachhaltigkeit des Pensionssystems nur der südliche Nachbar Italien schlechter bewertet. In der Studie wird Österreich dringend empfohlen, das Eintrittsalter an die steigende Lebenserwartung anzupassen.

www.diepresse.at, 29. 10. 2018

Ermitteln Sie die aktuelle Lage: Welche Maßnahmen der Politik in Bezug auf die Erhöhung des Pensionsantrittsalters stehen zur Diskussion?

5.2 Strukturelle Probleme unseres Sozialsystems

In den Bereichen Krankheit/Gesundheitsversorgung und Alter steigen die Ausgaben wesentlich mehr als die Einnahmen.

Gründe für die Kostensteigerung im Bereich Krankheit/Gesundheitsversorgung

- Immer mehr Angebote von besseren, teureren Leistungen in Medizin und Pflege
- Anstieg der Lebenserwartung: Da alte Menschen tendenziell mehr Gesundheitsleistungen in Anspruch nehmen (müssen), führt dies gleichsam automatisch zu einer steigenden Nachfrage.
- Verbesserter Zugang zu den teureren medizinischen Diensten

Gründe für die Kostensteigerung im Bereich Alter (Pensionen)

- Pensionshöhe
- Niedrigeres Alter bei Antritt der Pension
- Erhöhte Lebenserwartung
- Große Belastungen für unser Pensionssystem werden sich in den kommenden Jahren aufgrund der **demografischen Strukturen** ergeben. Ab dem Jahr 1939 bis 1970 (Baby-Boomer) waren die Jahre geburtenstark. Seither ist die Tendenz sinkend. In den kommenden Jahren werden die geburtenstarken Jahrgänge aus dem Arbeitsleben ausscheiden, während die geburtenschwachen Jahrgänge ins Arbeitsleben (als Beitragszahler/-innen) eintreten.

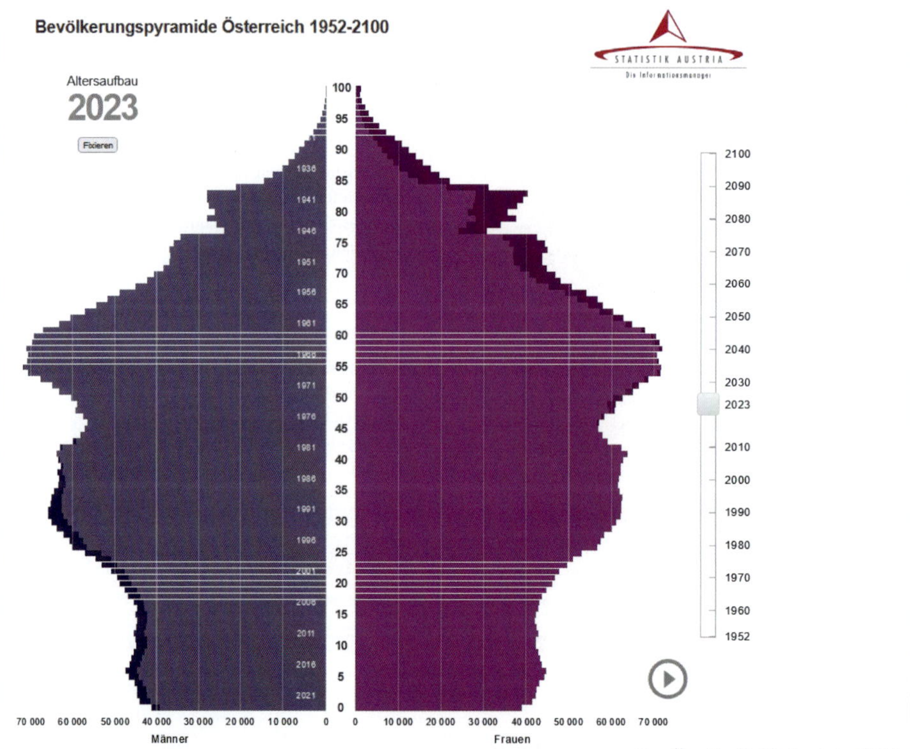

Quelle: Statistik Austria 2023

- Bei seinem Sinken gibt es mehr Pensionisten/Pensionistinnen und weniger Beitragszahlende. Pensionsalter und Antrittsalter sind politisch manipulierbare Größen, d. h., es können durch die gesetzliche Festlegung des Pensionsalters die Ausgaben im Bereich der Pensionen in einem bestimmten Ausmaß gesteuert werden. Die Lebenserwartung ist nicht direkt beeinflussbar, sondern ist das Ergebnis besserer Lebensbedingungen und einer besseren medizinischen Versorgung der Bevölkerung.
- Weitere Steigerungen der Pensionsquote ergeben sich aus der **erhöhten Erwerbsbeteiligung** der Frauen. Die Anzahl der Eigenpensionen und die Pensionshöhe werden in diesem Bereich steigen.

Ziele erreicht – „Grundlagen des Sozialrechts“

KOMPETENZ-ERWERB

1. Nennen Sie je drei Sozialversicherungsträger in der Kranken-, Unfall- und Pensionsversicherung.
2. Nennen Sie vier Rechtsquellen, die das österreichische Sozialversicherungsrecht regeln.
3. **Fallbeispiel**

   Frau Klein beginnt ein neues Arbeitsverhältnis bei der Müller GmbH. Sie wird für 25 Stunden im ASVG angestellt.

   a) Wen trifft die Meldepflicht zur Sozialversicherung und zu welchem Zeitpunkt?
   b) Für welche Bereiche der Sozialversicherung ist sie damit versichert?
   c) Nach einem Jahr wird Frau Klein gekündigt und im Anschluss geringfügig beschäftigt. Wie sieht es nun mit der Sozialversicherung aus? Welche Möglichkeiten hat Frau Klein?
   d) Nehmen wir an, Frau Klein meldet sich nach ihrer Kündigung arbeitslos beim AMS. Welche Voraussetzungen muss sie mitbringen, dass sie Arbeitslosengeld erhält? Wie lange hat sie Anspruch auf Arbeitslosengeld?
4. Herr Mayer verdient 2.900 Euro brutto. Führen Sie an, wie viel Prozent des SV-Beitrages (39,5 Prozent des Bruttoeinkommens) an die folgenden Stellen geht und rechnen Sie die Beträge aus, die Herrn Mayer abgezogen werden. Welche anderen Beiträge sind noch im Sozialversicherungsbeitrag enthalten?

   Pensionsversicherung ______ % __________ EUR

   Krankenversicherung ______ % __________ EUR

   Arbeitslosenversicherung ______ % __________ EUR

   Unfallversicherung ______ % __________ EUR
5. Erklären Sie, wann man im ASVG von Vollversicherung bzw. von Teilversicherung spricht.
6. Schildern Sie die Aufgaben und Leistungen der gesetzlichen Krankenversicherung.
7. Herr Heindl ist Angestellter in einem Industriebetrieb und im ASVG versichert. Seine Frau ist seit der Geburt des ersten Kindes geringfügig beschäftigt. Die beiden haben zwei Kinder im Schulalter.

   a) Kann Frau Heindl mit ihrem Mann mitversichert sein oder muss bzw. kann sie sich selbst versichern?
   b) Unter welchen Voraussetzungen wäre ein Zusatzbeitrag zu leisten?
8. Erläutern Sie den Versicherungsfall der Berufskrankheit.
9. Nennen und beschreiben Sie die Leistungen aus der Unfallversicherung.
10. **Fallbeispiel**

    Herr Ganglberger wird demnächst 65 Jahre alt und kann in Pension gehen.

    a) Welche Mindestversicherungszeit ist für die Alterspension Voraussetzung?
    b) Herr Ganglberger kennt sein Pensionskonto. Wovon hängt die Höhe seiner Pension ab?
    c) Erklären Sie den Unterschied zwischen einer Eigenpension und einer Hinterbliebenenpension.
11. Nennen Sie die Leistungen, die aus der Pensionsversicherung gewährt werden können.
12. Erläutern Sie das einkommensabhängige Kinderbetreuungsgeld.
13. Benennen Sie die Geldleistungen, die aus der Arbeitslosenversicherung gewährt werden.
14. Erläutern Sie die Notstandshilfe nach dem Arbeitslosenversicherungsgesetz.
15. Zählen Sie die vom Bund gewährten Familienleistungen auf.

16. Erläutern Sie, welche Anspruchsvoraussetzungen erfüllt werden müssen, um Familienbeihilfe zu erhalten.

17. Diskutieren Sie, ob es bei der Familienbeihilfe eine soziale Staffelung geben sollte, wonach etwa für Kinder aus reichen Familien gar keine staatliche Leistung gebühren könnte.

18. Geben Sie einen Überblick über die Voraussetzungen für die Sozialhilfe.

19. Fallbeispiel

Herr Petermann hatte einen Autounfall auf dem direkten Weg vom Büro nach Hause und muss für zwei Wochen stationär in einer Krankenanstalt aufgenommen werden.

a) Gebühren Herrn Petermann Leistungen aus der Unfallversicherung?

b) Um welchen Versicherungsfall handelt es sich? Beschreiben Sie diesen näher.

20. Frau Silber fährt nach der Arbeit noch zu einer Freundin, die sie zu einem Abendessen eingeladen hat. Auf dem Weg zur Freundin erleidet Frau Silber einen Schienbeinbruch. Handelt es sich dabei um einen Versicherungsfall aus der Unfallversicherung? Begründen Sie Ihre Antwort.

21. Fallbeispiel

Frau Leitner ist verheiratet und ist bisher noch keiner Erwerbstätigkeit nachgegangen. Sie ist Österreicherin und wohnt mit ihrem Mann in Österreich. Anlässlich der Geburt ihrer Tochter, für die ihr Ehegatte Familienbeihilfe bezieht, möchte sie Kinderbetreuungsgeld beziehen.

a) Nennen Sie die Stelle, bei der Frau Leitner den Antrag auf Kinderbetreuungsgeld einbringen muss.

b) Beschreiben Sie die Anspruchsvoraussetzungen, die vorliegen müssen, um das Kinderbetreuungsgeld beziehen zu können.

c) Aus welchen Systemen könnte Frau Leitner wählen?

d) Welche Zuverdienstmöglichkeiten müsste Frau Leitner beachten?

e) Könnte auch der Ehegatte von Frau L. Kinderbetreuungsgeld beziehen?

Grundlagen des Arbeitsrechts

Jedes Individuum in seiner Eigenschaft als Mitglied der Gesellschaft bedarf zur Wahrung seiner Würde und zur Entfaltung seiner Persönlichkeit des Schutzes vor sozialen Risken.

Art. 22 der UNO-Menschenrechtserklärung von 1948

Sie haben schon einige Jahre Berufserfahrung. Wissen Sie, welche Art von Arbeitsverhältnis Sie dabei eingegangen sind, welche Rechte und Pflichten Sie haben, wie der Arbeitnehmerschutz aussieht etc.?

Das Arbeitsrecht betrifft praktisch alle Menschen; man versteht darunter grob gesprochen alle Regelungen rund um die Arbeit im privaten Bereich; im öffentlichen Dienst (wichtig in einigen Gesundheitsberufen) gelten spezielle Bestimmungen.

Meine Ziele

KOMPETENZ-ERWERB

Nach Bearbeitung dieses Kapitels kann ich

- beschreiben, wodurch ein Arbeitsverhältnis charakterisiert ist;
- unterscheiden, was typische und atypische Arbeitsverhältnisse sind und deren sozialrelevanten Auswirkungen einschätzen;
- das Arbeitsverhältnis hinsichtlich seiner Rechte und Pflichten sowie Beendigungsmöglichkeiten beschreiben;
- einen Überblick über das Arbeitnehmerschutzrecht geben;
- die Bedeutung der Interessenvertretungen für die kollektive Rechtsgestaltung aufzeigen;
- die Organe der betrieblichen Mitbestimmung nennen.

1 Gliederung des Arbeitsrechts

Das Arbeitsrecht ist das Recht der unselbstständig Erwerbstätigen.

Unter **Arbeitsrecht** versteht man die Gesamtheit der Bestimmungen, die die Beziehungen der an einem abhängigen Dienstverhältnis beteiligten Personen regeln.

Aufgabe des Arbeitsrechts ist es, das ökonomische und soziale Ungleichgewicht zwischen den Arbeitnehmerinnen/Arbeitnehmern und den Arbeitgebern auszugleichen.

Diese Ausführungen beziehen sich auf Angestellte im Privatbereich. Für Bedienstete im öffentlichen Bereich gelten meist andere Regelungen.

Das Arbeitsrecht wird unterteilt in

Individualarbeitsrecht

Regelt die Rechtsbeziehungen zwischen einem Arbeitgeber/einer Arbeitgeberin (AG) und einem Arbeitnehmer/einer Arbeitnehmerin (AN).

- **Arbeitsvertragsrecht**
- **Arbeitnehmerschutzrecht**

Kollektives Arbeitsrecht

Regelt das Recht der Arbeitsverbände (Gewerkschaften, Arbeitgeberverbände, Betriebsräte), ihre Verträge (z. B. Betriebsvereinbarungen, Kollektivverträge) und das Arbeitskampfrecht.

- **Berufsverfassungsrecht**
- **Betriebsverfassungsrecht**

Arbeitnehmer/innen-Gruppen
- Arbeiter/innen
- Angestellte
- Beamtinnen/Beamte
- Vertragsbedienstete
- Heimarbeiter/innen
- Hausbesorger/innen
- Lehrlinge
- Praktikantinnen/Praktikanten

Stufenbau der Rechtsvorschriften im Arbeitsrecht

Beispiel
Im Dienstvertrag kann vereinbart werden, dass dem AG mehr Urlaubstage zustehen, als dies im höherrangigen Kollektivvertrag geregelt ist. Weniger Urlaubstage als im Kollektivvertrag festgelegt, können nicht vereinbart werden.

Vereinbarungen auf einer unteren Ebene dürfen nicht gegen übergeordnete Bestimmungen verstoßen.
Weiters gilt das **Günstigkeitsprinzip,** d. h., die nachrangigen Rechtsquellen dürfen die Stellung des AN nicht verschlechtern, sondern nur verbessern.

2 Arbeitsvertragsrecht

Der Job ist gefunden – nun gilt es, einen Arbeitsvertrag abzuschließen. Denn klare Vereinbarungen verhindern Konflikte.

Folgende Punkte sind im Gesetz festgelegt

- Arbeitsverhältnis
- Arbeitsvertrag
- Pflichten des AG
- Pflichten des AN
- Beendigung des Arbeitsverhältnisses

Das Arbeitsverhältnis wird durch den Abschluss eines **Arbeitsvertrages** begründet.

2.1 Arbeitsvertrag

Der Arbeitsvertrag ist eine privatrechtliche Vereinbarung, in der sich jemand in der Regel gegen Entgelt zur Leistung von Arbeit für einen anderen verpflichtet.

Form	■ Der Arbeitsvertrag ist grundsätzlich **formfrei.** ■ Er kann schriftlich, mündlich oder durch **schlüssige** Handlung abgeschlossen werden. ■ Ausnahme: Lehrverträge müssen schriftlich abgeschlossen werden.
Übereinstimmung	Der Abschluss eines Arbeitsvertrages setzt **übereinstimmende Willenserklärung** voraus, d. h. AG und AN müssen sich über alle wesentlichen Punkte des Arbeitsverhältnisses einig sein.
Geschäftsfähigkeit	■ Der Abschluss eines Arbeitsvertrages ist erst mit der Geschäftsfähigkeit, die im Allgemeinen mit der Volljährigkeit (Vollendung des 18. Lebensjahres) eintritt, möglich. Für andere Personen tritt der gesetzliche Vertreter auf. ■ **Ausnahme:** Mündige Minderjährige (Vollendung des 14. Lebensjahres), die die Schulpflicht erfüllt haben.
Möglichkeit und Erlaubtheit des Vertragsinhaltes	Die Rechtsfolgen bei Unmöglichkeit und Unerlaubtheit richten sich nach allgemeinen schuldrechtlichen Grundsätzen. **Beispiel für Unerlaubtheit** Die Bezahlung eines angestellten Lkw-Fahrers nach gefahrenen Kilometern und nicht nach geleisteter Arbeit.

Wenn kein schriftlicher Arbeitsvertrag ausgestellt wird, muss der AG dem AN einen **Dienstzettel** ausstellen.

Keine Verpflichtung zur Aushändigung eines Dienstzettels besteht u. a., wenn die Dauer des Arbeitsverhältnisses höchstens einen Monat beträgt (z. B. Ferialpraktikum) oder ein gültiger, schriftlicher Arbeitsvertrag ausgehändigt wurde.

Schlüssige Handlung: Ein Arbeitsvertrag kommt schlüssig zustande, wenn jemand Arbeitsleistung für einen anderen erbringt und dieser die Leistung annimmt.

Abgrenzung zwischen privatrechtlichen (vertragsmäßigen) und öffentlichrechtlichen Dienstverhältnissen
In einem öffentlichrechtlichen Dienstverhältnis stehen Beamte/Beamtinnen, die bei einer Körperschaft des öffentlichen Rechts (Bund, Land, Gemeinde, Universität, Schule ...) beschäftigt sind. Sie werden ernannt. Vertragsbedienstete arbeiten auf Basis eines privatrechtlichen Vertrages.

Der AG ist zur Ausstellung eines Dienstzettels verpflichtet.

Die Angaben
- Dauer der Kündigungsfrist und Kündigungstermin,
- gewöhnlicher Arbeitsort,
- Fälligkeit des Entgelts,
- Urlaubsausmaß sowie
- tägliche oder wöchentliche Normalarbeitszeit

können auch durch Verweis auf Gesetze, Kollektivverträge, Betriebsvereinbarungen erfolgen.

Was muss im Dienstzettel stehen?

- Name und Anschrift des AG
- Name und Anschrift des AN
- Beginn des Arbeitsverhältnisses
- Ende des befristeten Arbeitsverhältnisses
- Kündigungsfrist und Kündigungstermin
- Gewöhnlicher Arbeitsort und Hinweise auf eventuell wechselnde Arbeitsorte
- Allfällige Einstufung in ein generelles Schema (Kollektivvertrag)
- Vorgesehene Verwendung
- Grundgehalt und Grundlohn sowie Sonderzahlungen; Fälligkeit des Entgelts
- Ausmaß des jährlichen Erholungsurlaubs
- Vereinbarte tägliche oder wöchentliche Normalarbeitszeit
- Bezeichnung des gültigen Kollektivvertrages bzw. Betriebsvereinbarung
- Name und Anschrift der Mitarbeitervorsorgekasse

2.1.1 Ausbildungsverhältnisse

Zweck des Arbeitsverhältnisses kann neben der Arbeitsleistung auch die **Ausbildung** der Arbeitnehmerin/des Arbeitnehmers oder ihre bzw. seine **Erprobung** sein. Ausbildungsverhältnisse verpflichten den AG zur Ausbildung des AN. Man unterscheidet **Lehrverhältnisse,** die einer Ausbildung für einen bestimmten Beruf dienen, von anderen, nicht weiter geregelten Ausbildungsverhältnissen.

Lehrling	Ausbildung in einem bestimmten Lehrberuf
Anlernling	Ausbildung für die im Betrieb vorgesehene Verwendung
Volontär/in	Hier besteht kein Arbeitsverhältnis. Er/Sie wird weder für den Betrieb noch für einen bestimmten Lehrberuf ausgebildet, sondern möchte Kenntnisse und Fähigkeiten für einen anderen Zweck (Berufstätigkeit, Ausbildung) erwerben. Er/Sie erhält daher auch meist kein oder nur ein geringfügiges Entgelt.
(Ferial-)Praktikanten	Sind jene Personen, die nach schulrechtlichen Vorschriften entweder ein **Ferialpraktikum** oder ein **Pflichtpraktikum** absolvieren müssen. Es wird ein Ausbildungsvertrag zwischen dem Praktikanten und dem Betriebsinhaber geschlossen. Der AG schuldet aus dem Praktikantenvertrag dem (Ferial-)Praktikanten außer Entgelt und Fürsorge das Bemühen um Ausbildung. Wenn keine gesetzlichen oder kollektivvertraglichen Mindestentgeltsätze existieren, ist dem Praktikanten ein angemessenes Entgelt zu zahlen.

Es gibt auch ein unbezahltes Pflichtpraktikum im Ausbildungsbereich.

2.1.2 Probearbeitsverhältnis

Das Arbeitsverhältnis auf Probe unterscheidet sich vom gewöhnlichen Arbeitsverhältnis nur insofern, als (regelmäßig von beiden Teilen) geprüft werden soll, ob den Vertragspartnern an der Fortsetzung des begonnenen Dienstverhältnisses gelegen ist oder nicht. Das Arbeitsverhältnis wird also nur **vorläufig** eingegangen und kann jederzeit ohne Angabe von Gründen gelöst werden. In der Regel besteht diese **Lösungsmöglichkeit einen Monat** lang.

2.1.3 Weitere Beschäftigungsformen

Es handelt sich dabei um alle Beschäftigungsformen, die vom „normalen" Arbeitsverhältnis, das durch arbeits- und sozialrechtliche Schutzbestimmungen, Kollektivverträge sowie Betriebsvereinbarungen geschützt ist, abweichen.

Freier Dienstvertrag

- Ein freier Dienstvertrag liegt vor, wenn sich jemand gegen Entgelt verpflichtet, für einen Auftraggeber seine Arbeitskraft zur Verfügung zu stellen.
- Die persönliche Abhängigkeit ist, wenn überhaupt, nur schwach ausgeprägt.
- In der Regel gibt es die Möglichkeit, sich vertreten zu lassen.
- Freie Dienstnehmer/innen übernehmen keine Erfolgsgarantie.
- Sie sind nicht in die Organisation des Auftraggebers eingegliedert.

Beispiel
Eva Jarosch nimmt neben der Handelsakademie einen Job zur Dateneingabe an. Sie arbeitet von zu Hause aus an ihrem Computer bei freier Zeiteinteilung. Einmal im Monat trifft sie sich mit ihrem Arbeitgeber zu einer Besprechung.

Werkvertrag

Beim **Werkvertrag** verpflichtet sich der Auftragnehmer zur Erbringung eines Erfolges oder zur Herstellung eines Werkes. Das **Entgelt** wird nur bezahlt, wenn die **Leistung laut Vertrag** erbracht wird. Bei einem Werkvertrag ist nicht vorgeschrieben, wann, wo und wie der Werkvertragsnehmer arbeitet. Anders als beim freien Dienstvertrag arbeitet der Auftragnehmer **selbstständig.**

Der **Werkvertragsnehmer**
- kalkuliert das Honorar und vereinbart es mit dem Werkbesteller (auf Stundenbasis oder Gesamtpreis für das Werk),
- arbeitet auf **eigenes wirtschaftliches Risiko,** in der Regel nach eigenem Plan, meistens mit eigenen Betriebsmitteln,
- ist nicht in die Organisation des Werkbestellers eingegliedert,
- schuldet das vereinbarte „Werk" (Erfolgshaftung),
- kann selbst Arbeitnehmer einsetzen.

Beispiel
Die EDV-Spezialistin Sonja Maier übernimmt den Auftrag, bis Jahresende der Website der Sport4U GmbH ein neues Outfit zu verpassen. Nach pünktlicher und ordnungsgemäßer Erfüllung des Auftrages erhält sie ein Honorar von 7.000,00 EUR. Zwischen Sonja Maier und der Sport4U GmbH besteht ein Werkvertrag. Sie verwendet zur Erstellung der Website ihren eigenen Laptop und führt die Arbeiten in ihrer Wohnung durch.

Aufgabenstellung – „Arbeitsvertrag"

- Formulieren Sie je ein eigenständiges Beispiel für einen Werkvertrag und einen Dienstvertrag.

Prekariat
Atypische Beschäftigungsverhältnisse werden auch als **prekäre Beschäftigungsformen** bezeichnet. Der Begriff „Prekariat" setzt sich aus den Wörtern „prekär (schwierig, heikel, unsicher) und Proletariat (Arbeiterklasse) zusammen und bezeichnet diese „ungeschützten" Arbeiter/innen als neue soziale Klasse.
Prekäre Beschäftigungsverhältnisse sind gekennzeichnet durch:
- ein niedriges und nicht kontinuierliches Einkommen,
- unkalkulierbare Beschäftigungsdauer,
- ungenügenden sozialen Schutz,
- mangelnden Zugang zu betrieblicher Mitbestimmung und
- geringe Karrierechancen.

Unterscheiden Sie:
Teilzeitbeschäftigung ist ein „echtes" Dienstverhältnis mit geringerer Stundenanzahl, für das alle arbeits- und sozialrechtlichen Ansprüche gelten.
Geringfügige Beschäftigung ist eine Form der Teilzeitbeschäftigung. Das Entgelt darf einen bestimmten Betrag (500,91 EUR, Stand 2023) nicht übersteigen. Geringfügig Beschäftigte sind zwar unfallversichert, es besteht jedoch keine automatische Kranken-, Pensions- und Arbeitslosenversicherung. Sie können sich jedoch um einen monatlichen Beitrag (70,72 EUR, Stand 2023) in der Krankenversicherung selbst versichern.

2.2 Arbeitsverhältnis

Merkmale

- Der AN stellt seine Arbeitskraft gegen Bezahlung eines **Entgelts** dem AG zur Verfügung.
- Der AN ist **wirtschaftlich** und **persönlich** (Weisungsgebundenheit) vom AG **abhängig.**
- Es besteht **persönliche Arbeitspflicht,** d. h., der AN kann sich nicht vertreten lassen.
- Der AG stellt dem AN die **Arbeitsmittel** (z. B. Computer, Telefon) zur Verfügung.
- Es besteht persönliche **Treue- und Fürsorgepflicht.**
- Der AN hat sich in die betriebliche Organisation einzuordnen.

Aha!
Nicht alle der genannten Bedingungen müssen in jedem Fall erfüllt werden. Es kommt darauf an, ob diese Merkmale überwiegen.

2.3 Pflichten des Arbeitgebers

Entgeltpflicht | **Fürsorgepflicht**

Entgeltleistung	Entgeltfortzahlung	Schutz der Mitarbeiter/innen

	■ Im Krankheitsfall ■ Im Urlaub ■ Bei persönlicher Verhinderung ■ Im Mutterschutz	

Sowohl aus dem Arbeitsvertrag als auch aus der allgemeinen Gesetzgebung ergeben sich für den Arbeitgeber Verpflichtungen.

2.3.1 Entgeltleistung

Der AG ist verpflichtet, dem AN ein **Entgelt** für seine Arbeitsleistung zu zahlen. Das Entgelt besteht nicht nur aus dem **Grundlohn,** sondern auch aus allen anderen Zahlungen, die **regelmäßig** vom AG ausbezahlt werden, wie Überstundenentgelt, Prämien, Sonderzahlungen, Gewinnbeteiligungen und Sachbezüge (z. B. Dienstauto).

Die **Höhe des Entgelts** richtet sich in erster Linie nach den Vereinbarungen im **Arbeitsvertrag.** In den meisten Branchen legt der Kollektivvertrag, der Mindestlohntarif oder eine Betriebsvereinbarung eine Untergrenze für das Entgelt fest.

2.3.2 Entgeltfortzahlung

Entgeltfortzahlung im Krankheitsfall

Erkrankung oder Arbeitsunfall müssen unverzüglich dem AG mitgeteilt werden. Auf Verlangen ist dem AG eine ärztliche Bestätigung vorzulegen. Der AN hat eine **Mitteilungspflicht und Nachweispflicht.**

Aha!
Bringt der AN trotz Aufforderung durch den AG keine Bestätigung, verliert er für die Dauer der Säumnis den Anspruch auf Entgeltfortzahlung. Die Unterlassung des Nachweises berechtigt den AG nicht zur Entlassung.

Ansprüche der AN im Krankheitsfall und bei Arbeitsunfall

Dienstjahr	Anspruch bei Krankheit	Anspruch bei Arbeitsunfall bzw. Berufskrankheit
1. Dienstjahr	6 Wochen voll, weitere 4 Wochen halb	8 Wochen
2.–15. Dienstjahr	8 Wochen voll, weitere 4 Wochen halb	8 Wochen
16.–25. Dienstjahr	10 Wochen voll, weitere 4 Wochen halb	10 Wochen voll
ab 26. Dienstjahr	12 Wochen voll, weitere 4 Wochen halb	10 Wochen voll

Entgeltfortzahlung im Urlaub

Der AN hat Anspruch auf den gesetzlich vorgeschriebenen **Mindesturlaub.** In dieser Zeit muss der AG dem AN das Entgelt weiterbezahlen. Der Anspruch auf Urlaub entsteht in den ersten sechs Monaten des ersten Arbeitsjahres anteilsmäßig, danach besteht er in voller Höhe. Er beträgt **30 Werktage** jährlich und erhöht sich nach einer Dienstzeit von 25 Jahren auf 36 Werktage.

Der Urlaubsantritt ist mit dem AG zu vereinbaren. Der AN darf den Urlaub nicht eigenmächtig antreten, darf aber auch nicht auf Urlaub „geschickt" werden.

Ein Betriebsurlaub sollte bereits im Vorhinein schriftlich im Arbeitsvertrag vereinbart werden, wobei allerdings nicht der gesamte Jahresurlaub vom Betriebsurlaub erfasst sein darf!

Eine **Erkrankung unterbricht den Urlaub,** wenn sie länger als drei Tage (Werktage) dauert. Voraussetzung ist jedoch, dass der AG durch den AN rechtzeitig verständigt wird und eine ärztliche Bestätigung vorgelegt wird.

Das **Gleichbehandlungsgesetz** sieht vor, dass bei der Festsetzung des Entgelts niemand wegen seines Geschlechtes diskriminiert werden darf!

Krankengeld:
Siehe dazu S. 173f.

Wenn ein AN vorsätzlich oder grob fahrlässig eine Erkrankung herbeigeführt hat, hat er keinen Anspruch auf Entgeltfortzahlung (z. B. Verkehrsunfall durch Trunkenheit am Steuer).

Der Zeitpunkt des Urlaubsantrittes und die Urlaubsdauer sind zwischen Arbeitgeber und Arbeitnehmer/in unter Berücksichtigung der betrieblichen Interessen und der Erholungsmöglichkeiten der Arbeitnehmerin/des Arbeitnehmers konkret zu vereinbaren.

Beispiel: Erkrankung im Urlaub

Peter freut sich auf drei Wochen gemeinsamen Urlaub mit seiner Frau und den beiden Kindern. Bereits am vierten Tag des Urlaubs erkrankt er an einem Virus und ist erst nach vierzehn Tagen wieder gesund.
Damit die Krankheit seinen Urlaub unterbricht, darf er die Erkrankung nicht vorsätzlich oder grob fahrlässig herbeigeführt haben, muss er den Arbeitgeber von der Erkrankung spätestens nach drei Tagen verständigen und zudem bei Wiederantritt des Dienstes eine ärztliche Bestätigung vorlegen. Da er im Ausland erkrankt ist, muss er nicht nur ein ärztliches Zeugnis sondern auch eine behördliche Bestätigung vorlegen. Die behördliche Bestätigung hat zu belegen, dass das ärztliche Zeugnis von einem zugelassenen Arzt stammt. Diese Bestätigung ist nicht notwendig, wenn er belegen kann, dass er in einem öffentlichen Krankehaus behandelt wurde.

Zusätzlich zum Anspruch auf Fortzahlung des Entgelts gebührt dem AN in der Regel ein **„Urlaubsgeld“**. Davon ist die **Urlaubsersatzleistung** für nicht verbrauchten Urlaub zu unterscheiden.

Urlaubsgeld = Sonderzahlung, die dem AN aufgrund des Kollektivvertrages oder des Arbeitsvertrages zusteht.

Urlaubsersatzleistung ist zu zahlen, wenn das Arbeitsverhältnis vor Verbrauch des Urlaubs beendet wird.

Entgeltfortzahlung bei persönlicher Verhinderung

Der AN hat auch Anspruch auf Entgeltfortzahlung bei kurzfristiger Arbeitsverhinderung, z. B. bei eigener Eheschließung, dem Tod naher Angehöriger, bei Vorladung zu Behörden und bei einer Übersiedelung.

- **Pflegefreistellung:** Für die Pflege von im Haushalt lebenden nahen Angehörigen hat der AN Anspruch auf Pflegefreistellung bis zum Ausmaß einer Wochenarbeitszeit innerhalb eines Arbeitsjahres. Für die Pflege von Kindern unter zwölf Jahren kann zusätzlich bis zu einem Höchstausmaß einer Wochenarbeitszeit Pflegefreistellung in Anspruch genommen werden. Bei Kindern kommt es auch nicht auf das Leben im gemeinsamen Haushalt an.
- Postensuchtage
- Arbeitsverhinderung aus persönlich wichtigen Gründen: Arztbesuch, Behördengang o. Ä.

Für die Betreuung eines kranken Kindes hat man das Recht auf Pflegefreistellung.

2.3.3 Fürsorgepflicht

Unter Fürsorgepflicht versteht man, dass der AG dafür zu sorgen hat,
- dass das Leben und die Gesundheit seiner Mitarbeiter/innen möglichst geschützt sind (z. B. Schutzkleidung, ergonomischer Arbeitsplatz)
- und auch der Schutz der Persönlichkeit gewahrt bleibt (z. B. Schutz vor Mobbing oder sexueller Belästigung).

Gleichbehandlungsgebot
Der AG mehrerer AN darf aufgrund der Fürsorgepflicht nicht Einzelne willkürlich, also ohne einleuchtende sachliche Rechtfertigung, schlechter behandeln.

Firmen haften bei Mobbing am Arbeitsplatz

Bei Mobbing am Arbeitsplatz haftet der Unternehmer – zumindest, wenn er nicht umgehend einschreitet, wenn einer seiner Arbeitnehmer gemobbt wird. Das geht aus einem Urteil des Obersten Gerichtshofes hervor. …

Laut der Rechtsanwaltskanzlei Eversheds steht dem Arbeitgeber frei, wie er gegen Mobbing schützt. Der Arbeitnehmer habe keinen Anspruch auf ein bestimmtes Verhalten des Chefs. „Er hat jedoch ein Recht darauf, dass der Arbeitgeber aktiv wird und unverzüglich erforderliche Mittel ergreift, um ihn vor weiteren Angriffen zu schützen“, hieß es aus der Kanzlei. …

Laut einer Entscheidung des Obersten Gerichtshofs sind durch Mobbing hervorgerufene gesundheitliche Beeinträchtigungen als Körperverletzung zu werten. *APA, 19. Dezember 2012*

Arbeitgeberhaftung

Kommt eine Arbeitnehmerin/ein Arbeitnehmer während der Ausübung der beruflichen Tätigkeit zu Schaden, haftet der Arbeitgeber in bestimmten Fällen für diesen Schaden.

- Der AG haftet dem verunglückten AN (oder seinen Hinterbliebenen) für einen Schaden aus **Körperverletzung** infolge eines Arbeitsunfalls oder einer Berufskrankheit nur, wenn er sie **vorsätzlich verursacht** hat. Im Bereich des fahrlässigen Verhaltens muss sich der AN mit den verschuldensunabhängigen Leistungen der Allgemeinen Unfallversicherungsanstalt begnügen. Liegt grobe Vernachlässigung durch den AG vor, muss dieser mit Regressansprüchen der zahlungspflichtigen Versicherung rechnen.
- Entstehen bei einem Arbeitsunfall neben dem Personenschaden auch **Sach- oder Vermögensschäden,** so haftet der AG für diese. Dabei ist jedoch zu berücksichtigen, ob den AN eine Mitschuld trifft und dieser somit anteilig haftet.
- Die Arbeitgeberhaftung beschränkt sich aber nicht nur auf Sachschäden, die durch das eigene Verschulden eines Arbeitgebers entstanden sind: Auch für Sachschäden, die durch seine Verrichtungsgehilfen beziehungsweise Erfüllungsgehilfen (Mitarbeiter/innen) entstanden sind, hat der AG aufzukommen **(Verschulden Dritter).** Der AG kann aber vom AN in dem Ausmaß, in dem ihn ein Verschulden trifft, die Kosten zurückfordern.

Aha!
Grundsätzlich haftet ein Arbeitgeber, wenn ihn eine **schuldhafte Pflichtverletzung** trifft. Diese kann in Form einer mangelnden Aufklärung auftreten, bei einem Nichteingreifen beim Mobbing oder fehlenden Sicherheitseinrichtungen (dies kann gegebenenfalls sogar den Tatbestand einer strafbaren Handlung begründen).

⚠ Der AG hat auch nach Beendigung des Arbeitsverhältnisses alles zu vermeiden, was sich bei der Arbeitsplatzsuche des ausgeschiedenen AN negativ auswirken könnte (z. B. das Ausstellen eines schlechten Dienstzeugnisses).

Beispiele zur Arbeitgeberhaftung
- Eine Facharbeiterin verletzt sich an einer Maschine, die nicht ordnungsgemäß gewartet wurde. Der AG haftet.
- Max muss mit seinem Privatwagen eine Dienstreise unternehmen. Er verursacht einen Unfall, bei dem sein Pkw stark beschädigt wird. Da er zu schnell unterwegs war, trifft ihn eine Mitschuld und er muss für einen Teil der Reparaturkosten selbst aufkommen.
- Die Arbeiterin einer von einem Kunden beauftragten Reinigungsfirma lässt einen Kübel mit Wasser im Stiegenhaus stehen. Der Kunde sieht dies nicht, stürzt und verletzt sich. Hier muss der AG seinem Vertragspartner (Kunde) vollen Ersatz leisten.

2.4 Pflichten der Arbeitnehmerin/des Arbeitnehmers

Arbeitspflicht

- Der AN hat sich sorgfältig zu bemühen, die ihm übertragenen Aufgaben richtig auszuführen.
- Der AN schuldet dem AG seine persönliche Arbeitskraft.
- Der AN ist zur Erbringung der vertraglichen Arbeitsleistung verpflichtet, haftet aber nicht für einen bestimmten Erfolg.
- Der AN ist gegenüber dem AG weisungsgebunden.

Treuepflicht

Treuepflicht bedeutet, dass der AN die betrieblichen und unternehmerischen Interessen des AG zu beachten hat.

Beispiele
- **Verschwiegenheitspflicht:** Der AN hat über die ihm bekannt gewordenen Geschäfts- und Betriebsgeheimnisse Verschwiegenheit zu bewahren.
- **Wettbewerbsverbot:** Der AN darf im Tätigkeitsbereich des AG keine Geschäfte tätigen, ihm sozusagen „keine Konkurrenz machen".
- Der AN darf **keine unwahren Behauptungen** verbreiten.

Frau Lettner ärgert sich wieder einmal furchtbar über ihre Chefin. Auf ihrem Facebook Account macht sie – wie schon oft – ihrem Ärger Luft und lässt sowohl die Chefin als auch den gesamten Betrieb in keinem guten Licht erscheinen. Da Frau Lettner viele „Freunde" auf Facebook hat, erfährt auch ihre Chefin über Umwege davon. Sabrina wird daraufhin fristlos entlassen.

Sorgfalts- und Haftpflicht

Der AN kann für Schäden, die er bei der Arbeit verursacht, nur eingeschränkt haftbar gemacht werden. Beim **Verschuldensgrad** unterscheidet man **vier Stufen.**

Stufen	Erklärung zu Fehlverhalten	Folgen	Fristen
Entschuldbare Fehlleistung	Nur bei außerordentlicher Aufmerksamkeit vermeidbar	Keine Schadenersatzpflicht	–
Leichte Fahrlässigkeit	Dieser Fehler passiert gelegentlich auch einem sorgfältigen AN	Das Gericht kann den Schadenersatz mäßigen oder auch ganz erlassen.	6 Monate
Grobe Fahrlässigkeit	Der AN hat die erforderliche Sorgfalt in ungewöhnlicher und auffallender Weise vernachlässigt.	Das Gericht kann den Schadenersatz mäßigen, aber nicht ganz erlassen.	3 Jahre
Vorsatz	Der AN hat einen Schaden bewusst herbeigeführt.	Voller Schadenersatz	3 Jahre; Verjährung nach 30 Jahren

Die Schadenersatzhöhe und die Fristen hängen vom Grad des Verschuldens des AN ab.

Aha!

Sonderfall – Schadenszufügung gegenüber Dritten

Wird ein **Dritter** (z. B. Kunde) geschädigt, muss der AG diesem den Schaden ersetzen. Der AG kann vom AN in dem Ausmaß, in dem ihn ein Verschulden trifft, die Kosten zurückfordern.

Aufgabenstellung – „Pflichten des AN"

- Simon arbeitet als EDV-Kaufmann bei Sportprofi e. U. Es passieren ihm so manche Fehler. Konstruieren Sie für jeden der vier Verschuldensgrade ein Fallbeispiel.

2.5 Beendigung des Arbeitsverhältnisses

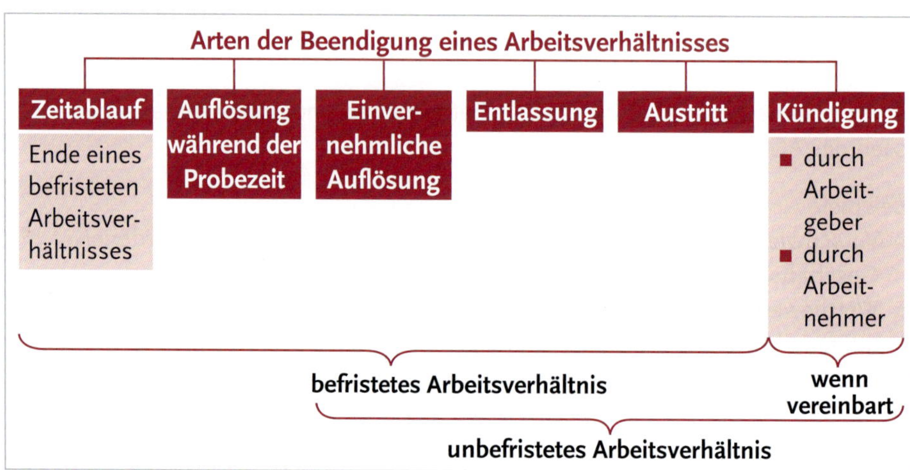

Diskutieren Sie, ob über soziale Medien eine Treuepflichtverletzung leichter fällt als im direkten Kontakt zwischen Menschen.

Beispiele Verschuldungsgrade

- **Entschuldbare Fehlleistung**
  Bedienungsfehler eines gering ausgebildeten Arbeiters an einer halbautomatischen Maschine und bei monotoner Arbeit.
- **Leichte Fahrlässigkeit**
  Verschütten des Kaffees über den Laptop entgegen der Weisung des Arbeitgebers, bei Verwenden des Laptops weder zu essen noch zu trinken.
- **Grobe Fahrlässigkeit**
  Peter, ein angestellter Außendienstmitarbeiter stellt bereits am frühen Morgen, als er mit dem Firmenauto zu einem Kundentermin aufbricht, fest, dass die Bremsen nicht einwandfrei funktionieren. Dennoch fährt er mit dem Wagen zum Kunden. Dort angekommen gelingt es ihm nicht, den Wagen abzubremsen und er fährt in den Gartenzaun des Kunden. Der verursachte Schaden beträgt mehr als 800 Euro.
- **Vorsatz**
  Paul Meister schleppt bewusst einen Computervirus in seinem Arbeitsbetrieb ein, um sich für eine Nichtbeförderung zu rächen. Er haftet uneingeschränkt für den entstandenen Schaden.

2.5.1 Zeitablauf

Arbeitsverhältnisse, die auf bestimmte Zeit abgeschlossen werden (z. B. für sechs Monate, für die Dauer einer Karenzvertretung oder einer Saison), **enden automatisch** mit Ablauf der im Arbeitsvertrag vereinbarten Frist oder mit dem konkret vereinbarten Austrittstermin (z. B. 31. Jänner 20..).

2.5.2 Auflösung während der Probezeit

Ein **befristetes Probearbeitsverhältnis** kann sowohl vom Arbeitgeber als auch vom Arbeitnehmer **jederzeit während der Probezeit, ohne Einhaltung von Fristen und Terminen sowie ohne Angabe von Gründen gelöst werden.** Eine Probezeit kann im Arbeitsvertrag lt. § 19 (2) Angestelltengesetz maximal für einen Monat vereinbart werden. (Ausnahme: Lehrlinge haben eine dreimonatige Probezeit). Kürzere Fristen ergeben sich aus den Kollektivverträgen.

Das Arbeitsverhältnis wird außerdem durch den Tod einer Arbeitnehmerin/eines Arbeitnehmers beendet.

2.5.3 Einvernehmliche Lösung

Bei der einvernehmlichen Lösung **einigen** sich der AG und der AN darauf, das Dienstverhältnis zu einem **bestimmten Zeitpunkt** zu beenden. Es gibt **keine Formvorschriften** und es sind auch **keine Fristen** einzuhalten. Aus Beweisgründen ist es aber zu empfehlen, ein Schreiben aufzusetzen, das von beiden Seiten unterzeichnet wird.

In der Regel wird der erste Arbeitsmonat als **Probezeit** vereinbart. In dieser Zeit kann das Arbeitsverhältnis vom AG und AN jederzeit aufgelöst werden.

2.5.4 Kündigung

- Die Kündigung erfolgt **einseitig** durch den AG oder den AN, d. h., dass die Zustimmung des AG bzw. AN nicht notwendig ist.
- Die Kündigung ist eine **empfangsbedürftige Willenserklärung.**
- Es gibt **keine Formvorschrift,** die Kündigung kann mündlich, schriftlich oder durch schlüssige Handlung (z. B. Übersendung der Arbeitspapiere) erfolgen und
- es muss auch **kein Kündigungsgrund** genannt werden.

Die Kündigung ist nur empfangsbedürftig.

Welche Termine sind einzuhalten?

Kündigungsfristen und -termine, die in den verschiedenen Gesetzen, Kollektivverträgen oder auch im einzelnen Arbeitsvertrag geregelt sind, müssen eingehalten werden.

Kündigungsfristen und -termine

Arbeiter/innen	Angestellte
Sind in den **branchenbezogenen Kollektivverträgen** unterschiedlich geregelt. Besteht keine Regelung im Kollektivvertrag oder im Arbeitsvertrag, so gilt eine Kündigungsfrist von **14 Tagen.** Ab 2021 gilt großteils das selbe Kündigungsrecht wie bei Angestellten.	Sind im **Angestelltengesetz** geregelt. **Kündigung durch den AN:** 1 Monat zum Monatsletzten **Kündigung durch den AG:** 6 Wochen bis 5 Monate zu Quartalsende

Als **Kündigungstermin** wird der letzte Tag des Arbeitsverhältnisses bezeichnet.

Die **Kündigungsfrist** ist die Zeitspanne zwischen dem Zugang der Kündigung und dem Kündigungstermin.

Beispiel
Ein Angestellter möchte am 31. 7. 20.. aus dem Betrieb ausscheiden. Die Kündigung muss spätestens bis 30. 6. 20.. ausgesprochen werden bzw. muss eine schriftliche Kündigung spätestens an diesem Tag beim AG einlangen (Postweg beachten!).

Kündigungsschutz

Damit Arbeitnehmer/innen nicht willkürlich „vor die Tür gesetzt werden können", gibt es einen **allgemeinen Kündigungsschutz.**

Vor der Kündigung muss der Betriebsrat vom AG verständigt werden. Dieser hat die Möglichkeit zu widersprechen oder zuzustimmen. Wenn die Kündigung trotz Widerspruchs durch den Betriebsrat ausgesprochen wird, kann sie vom Betriebsrat oder vom AN selbst beim **Arbeits- und Sozialgericht** (ASG) angefochten werden.

Beispiele für Anfechtungsgründe
- **Anfechtung wegen verpönter Motive**
  Beitritt, Mitgliedschaft oder Tätigkeit in Gewerkschaften, Einberufung der Betriebsversammlung durch den AN, Tätigkeit in einer Wahlkommission, Tätigkeit als Betriebsrat, Tätigkeit in einer Schlichtungsstelle, Tätigkeit als Sicherheitsvertrauensperson, Einberufung zum Präsenzdienst usw.
- **Anfechtung wegen Sozialwidrigkeit der Kündigung**
  Voraussetzung ist, dass der betroffene AN bereits sechs Monate dem Betrieb angehört hat, durch die Kündigung wesentliche Interessen des AN beeinträchtigt werden und kein Entlassungsgrund vorliegt.

Bei der **Selbstkündigung** hat man erst nach einer Sperrfrist von vier Wochen Anspruch auf Arbeitslosengeld vom AMS.

Die Kündigung ist zunächst gültig. Erst durch ein entsprechendes Urteil des Arbeits- und Sozialgerichts wird die Kündigung beseitigt und das Arbeitsverhältnis läuft ohne Berücksichtigung der Kündigung weiter.

Umfassende Informationen zu den Themen Kündigung, Entlassung und Austritt finden Sie unter www.arbeiterkammer.at oder www.help.gv.at.

Besonderen Kündigungsschutz haben ...
u. a. werdende Mütter, Arbeitnehmer in der Elternkarenz, Präsenz-/Zivildiener, Betriebsratsmitglieder (hier ist eine vorherige Zustimmung des Arbeits- und Sozialgerichtes bei Kündigung erforderlich) und begünstigte Behinderte (vorherige Zustimmung des Bundessozialamtes erforderlich).

Entlassungsschutz
Sowohl der BR als auch der AN können die Entlassung als rechtsunwirksam bekämpfen. Wird eine Entlassung ausgesprochen, hat der AN unverzüglich den BR, sofern einer eingerichtet ist, zu verständigen. Der BR kann innerhalb von drei Tagen ab Verständigung Stellung nehmen, d. h., der Entlassung zustimmen oder ihr widersprechen oder keine Stellungnahme abgeben. Je nach Inhalt der Stellungnahme kann die Entlassung vom Betriebsrat oder vom Arbeitnehmer beim Arbeits- und Sozialgericht angefochten werden.

2.5.5 Entlassung und Austritt

Das Arbeitsverhältnis kann mit sofortiger Wirkung aus wichtigem Grund sowohl vom AG (Entlassung) als auch vom AN (Austritt) einseitig beendet werden. Es sind im Gegensatz zur Kündigung **keine Fristen** einzuhalten, sondern das Arbeitsverhältnis endet an dem Tag, an dem es der AG bzw. AN mündlich oder schriftlich für beendet erklärt.

Entlassungsgründe für den AG	Austrittsgründe für den AN
■ Der AN verursacht Tätlichkeiten gegen den AG oder einen Mitarbeiter/eine Mitarbeiterin. ■ Der AN unterlässt ohne rechtmäßigen Hindernisgrund (z. B. Krankheit) die Arbeitsleistung und weigert sich beharrlich, den Anforderungen des AG zu folgen. ■ Der AN verrät Betriebsgeheimnisse an ein Konkurrenzunternehmen. ■ Der AN erscheint betrunken zum Dienst. ■ Der AN bestiehlt den AG oder seine Kollegen/Kolleginnen.	■ Der AG verursacht Tätlichkeiten gegen den AN. ■ Der AG bezahlt das vereinbarte Entgelt nicht. ■ Der AN kann die Arbeit ohne Schaden für seine Gesundheit nicht fortsetzen (z. B. der AG zwingt den AN, gefährliche Tätigkeiten ohne Schutzbekleidung durchzuführen). ■ Der AG belästigt den AN sexuell.

Die **Entlassung** kann mündlich oder schriftlich erfolgen. In der Praxis ist schon aus Beweisgründen die **Schriftform** zu empfehlen, wobei darauf zu achten ist, dass die Entlassung erst mit der Zustellung wirksam wird.

Folgende Arbeitnehmergruppen genießen einen **besonderen Entlassungsschutz:** Belegschaftsfunktionäre, Eltern gemäß Mutterschutzgesetz und Elternkarenzurlaubsgesetz, Behinderte und Opferbefürsorgte, Präsenz- und Zivildiener, Lehrlinge, Vertragsbedienstete.

2.6 Ansprüche während und nach Beendigung eines Arbeitsverhältnisses

Nach Beendigung des Arbeitsverhältnisses hat der Arbeitnehmer folgende Ansprüche:

- **Laufendes Entgelt bis zum letzten Tag des Arbeitsverhältnisses**
- **Anteilige Sonderzahlungen** (Urlaubsgeld, Weihnachtsremuneration)
- **Ersatzleistungen für anteiligen Urlaubsanspruch,** sofern dieser noch nicht verbraucht worden ist
- **Abfertigungsanspruch**
  - Für Arbeitsverhältnisse, die **vor dem 1. 1. 2003** begonnen haben und nicht auf die „Abfertigung NEU“ übertragen worden sind, steht die **„Abfertigung ALT“** zu. Voraussetzung für den Anspruch ist, dass das Arbeitsverhältnis mindestens **drei Jahre** gedauert hat und **keine Selbstkündigung oder Entlassung** vorliegt.
  - Für Arbeitsverhältnisse **ab 1. 1. 2003** oder von „Abfertigung ALT“ auf **„Abfertigung NEU“** übertragene ältere Arbeitsverhältnisse gilt folgende Regelung:
    - Die Abfertigung wird in MV-Kassen ausgelagert.
    - Ein Anspruch auf Auszahlung der Abfertigung besteht nach drei Einzahlungsjahren).
    - Bei Selbstkündigung und bei Entlassung besteht zwar kein Anspruch auf Auszahlung, jedoch werden die bis zu diesem Zeitpunkt erworbenen Abfertigungsansprüche zum nächsten Arbeitgeber mitgenommen. Man spricht in diesem Zusammenhang vom sogenannten „Rucksackprinzip“.
    - In allen anderen Fällen kann der Arbeitnehmer zwischen Auszahlung oder „Rucksackprinzip“ entscheiden.

Die **Mitarbeitervorsorgekassen (MVK)** sind rechtlich selbstständige Institutionen, die berechtigt sind, Abfertigungsbeträge hereinzunehmen, zu verwalten und zu veranlagen. Für jeden Arbeitnehmer werden vom Arbeitgeber 1,53 % des Bruttoentgelts in die MVK einbezahlt.

Erstellen Sie eine strukturierte Übersicht, die die verschiedenen Abfertigungsansprüche darstellt.

Ein uneingeschränkt positives Zeugnis spart nicht mit Superlativen: Mitarbeiter/innen, die laut Dienstzeugnis „zur vollsten Zufriedenheit" gearbeitet haben, sind vom ehemaligen Arbeitgeber mit der Note 1 bedacht worden.

- **Recht auf Postensuchtage**
  Bei Kündigung durch den Arbeitgeber ist dem Arbeitnehmer wöchentlich bezahlte Freizeit im Ausmaß von einem Fünftel der regelmäßigen wöchentlichen Arbeitszeit zu gewähren, um sich eine neue Arbeitsstelle suchen zu können. (Achtung: abweichende Regelungen siehe Kollektivvertrag!)

Existiert keine kollektivvertragliche Regelung, hat der Arbeitnehmer bei Selbstkündigung keinen Anspruch auf bezahlte Freizeit zur Postensuche!

- **Dienstzeugnis**
  Der Arbeitgeber muss dem Arbeitnehmer auf sein Verlangen ein schriftliches Zeugnis ausstellen.

Aha!

Anmerkungen, die dem Arbeitnehmer die Erlangung einer neuen Stelle erschweren würden, wie negative Bemerkungen über die Arbeitsleistung etc., sind beim Dienstzeugnis unzulässig.
Es sind nicht nur klar negative Bemerkungen unzulässig, sondern auch neutrale oder auf den ersten Blick positive Bemerkungen, die sich aufgrund der in der Praxis entwickelten „Codes" als nachteilig für den Dienstnehmer herausstellen. Beispielsweise würden die Formulierungen „war stets bemüht" oder „erledigte seine Aufgaben zu unserer Zufriedenheit" (statt „zur vollsten Zufriedenheit") als negatives Werturteil verstanden werden und dürfen daher so nicht im Dienstzeugnis verwendet werden.

Zusätzlich erhält der Arbeitnehmer folgende Unterlagen:
- Arbeits- und Entgeltbestätigung
- Arbeitsbescheinigung für die Beantragung des Arbeitslosengeldes
- Abmeldung von der Gebietskrankenkasse

Aufgabenstellungen – „Arbeitsvertragsrecht"

1. Stellen Sie die Pflichten der Arbeitgeber und Arbeitnehmer/innen gegenüber.

Pflichten Arbeitgeber/innen	Pflichten Arbeitnehmer/innen

2. Ermitteln Sie den letzten Tag, an dem die Kündigung für Angestellte spätestens ausgesprochen werden muss, wenn diese durch den Arbeitgeber erfolgt:

Geplanter Kündigungstermin (Quartalsende)	**Kündigungsfrist**				
	6 Wochen	2 Monate	3 Monate	4 Monate	5 Monate
31. März					
30. Juni					
30. September					

3 Arbeitnehmerschutz

Ziel des Arbeitnehmerschutzes ist eine menschengerechte Gestaltung der Arbeit. Arbeit ist menschengerecht, wenn sie die Gesundheit des Menschen nicht gefährdet und ein Höchstausmaß an Arbeitszufriedenheit und Wohlbefinden erreicht wird.

Rechtsgrundlage:
Arbeitnehmer/innenschutzgesetz 1995 (ASchG)

Was denken Sie? Wurde in diesem Fall der Arbeitnehmerschutz vernachlässigt?

Die Arbeitsschutzbestimmungen regeln u. a.:

- Den Einsatz gefährlicher Maschinen und Werkzeuge
- Den Umgang mit gefährlichen Arbeitsstoffen, wie z. B. giftigen oder entzündlichen Chemikalien
- Belastungen durch Arbeitsvorgänge und andere Einwirkungen, wie z. B. Lärm, Hitze, Kälte, Staub, Rauch oder Dämpfe
- Einrichtungen zur Gefahrenverhütung
- Unterweisungen und Untersuchungen der Arbeitnehmer/innen
- Arbeitsbedingungen werdender und stillender Mütter
- Beschäftigung schutzbedürftiger Arbeitnehmer/innen (Menschen mit Behinderung)
- Arbeitszeit und Arbeitsruhe
- Beschäftigung von Kindern und Jugendlichen

Die Anzahl der Arbeitsunfälle pro Jahr liegt bei ca. 130 000 (doppelt so viele bei Männern als bei Frauen)!
Die unfallgefährdetste Branche ist das Baugewerbe.

Verantwortlich für die Umsetzung der Schutzbestimmungen ist in erster Linie der Arbeitgeber. Er hat durch geeignete organisatorische oder sonstige Maßnahmen eine umfassende Gefahrenverhütung zu betreiben. Die Nichteinhaltung von Arbeitnehmerschutzbestimmungen kann zu (verwaltungs-)strafrechtlichen und zivilrechtlichen Sanktionen führen und auch arbeitsvertragsrechtliche Folgen haben.

3.1 Grundlegende Pflichten der Arbeitgeber

- Der Arbeitgeber legt die betriebliche Sicherheits- und Gesundheitspolitik und die Leitlinien dafür fest, erfasst und beurteilt die Gefahren,
- setzt die notwendigen Maßnahmen und überprüft deren Wirksamkeit.
- Der Arbeitgeber ist weiters verantwortlich für die Auswahl und Bestellung von **Präventivfachkräften** (Sicherheitsfachkräfte, Arbeitsmediziner) sowie für die Koordination und Überwachung ihrer Tätigkeit;

Der AG muss die entsprechende Arbeitskleidung zur Verfügung stellen und der AN muss diese auch verwenden.

- die Bestellung jener Personen, die für den Brandschutz und die Evakuierung zuständig sind und die Koordinierung ihrer Arbeit;
- die Bestellung der **Sicherheitsvertrauenspersonen** (SVP) und die Koordination ihrer Arbeit;
- die Einholung von Informationen über den neuesten Stand der Technik und der Erkenntnisse auf dem Gebiet der Arbeitsgestaltung; die Veranlassung der Gefahrenermittlung, Beurteilung, Maßnahmenfestlegung und deren Dokumentation (Evaluierung) samt Koordination der damit in Zusammenhang stehenden Tätigkeiten.

Es haben jedoch nicht nur die Arbeitgeber Pflichten, sondern auch die Arbeitnehmer/innen müssen zur Einhaltung der Arbeitsschutzbestimmungen beitragen.

Zur Wahrung des Arbeitsschutzes wurden folgende Organe geschaffen:

- **Sicherheitsvertrauensperson** (ein AN wird dazu bestellt; in Betrieben mit mehr als zehn Mitarbeitern vorgeschrieben)
- **Sicherheitsfachkräfte** (kann auch eine externe Fachkraft sein)
- **Betriebsarzt/-ärztin** (arbeitsmedizinische Betreuung)

Erkundigen Sie sich bei Ihren Eltern, ob diese wissen, wer ihre Sicherheitsvertrauensperson am Arbeitsplatz ist und welche Aufgaben diese Person nach Ansicht ihrer Eltern hat.

3.2 Arbeitsinspektion

Die Arbeitsinspektion ist eine **staatliche Einrichtung.** Sie ist unmittelbar dem Bundesministerium für Arbeit, Soziales und Konsumentenschutz unterstellt. Durch Beratung und Kontrollen vor Ort in den Betrieben oder auf den Baustellen trägt die Arbeitsinspektion dazu bei, dass die Vorschriften des ArbeitnehmerInnenschutzes eingehalten werden.

Werden Mängel festgestellt, werden die Arbeitgeber schriftlich aufgefordert, diese innerhalb vereinbarter Fristen zu beheben. Werden die Mängel nicht behoben oder handelt es sich um schwerwiegende Übertretungen, hat das Arbeitsinspektorat Anzeige an die zuständige Verwaltungsstrafbehörde zu erstatten.

§ Gesetzlich geregelt sind die Angelegenheiten der Arbeitsinspektorate im **Arbeitsinspektionsgesetz.**

3.3 Schutzvorschriften

Man unterscheidet

Technische bzw. arbeitshygienische Schutzvorschriften	Verwendungsschutzvorschriften
Regelt den Schutz der AN bei Durchführung der Arbeit, z. B. durch Vorschriften über die Gestaltung der Arbeitsverfahren, Arbeitsplätze, Arbeitsräume und Verkehrswege, über Anforderungen an Arbeitsmittel, Arbeitsstoffe	Sollen vor allem besonders schutzwürdige Personengruppen wie Kinder und Jugendliche, Frauen, Schwangere durch Beschäftigungsverbote und -beschränkungen vor körperlicher und psychischer Überforderung schützen. ▪ Arbeitszeit und Arbeitsruhegesetz ▪ Mutterschutzgesetz ▪ Beschäftigung von Kindern

Körperliche und psychische Risikofaktoren am Arbeitsplatz

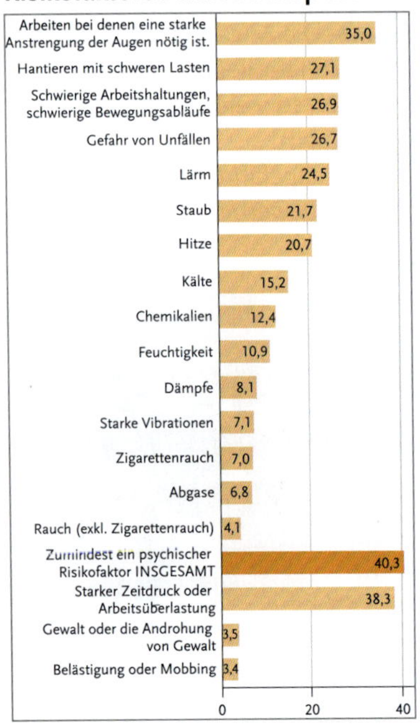

Quelle: Statistik Austria 2016

3.3.1 Mutterschutzgesetz

- Schwangere Arbeitnehmerinnen erhalten bis zum Eintritt in den Mutterschutz (acht Wochen vor der voraussichtlichen Geburt und acht Wochen nach der Geburt bzw. zwölf Wochen bei Kaiserschnitt, Früh- und Mehrlingsgeburten) das **normale Entgelt.**
- Nach Eintritt in den Mutterschutz haben sie Anspruch auf **Wochengeld,** das von der Sozialversicherung ausbezahlt wird.
- Während des Mutterschutzes besteht **Beschäftigungsverbot.**
- Weiters besteht ein besonderer **Kündigungsschutz.** Er beginnt mit dem Eintritt der Schwangerschaft und endet
  - nach vier Monaten bei Nichtinanspruchnahme der **Karenz,**
  - vier Wochen nach Ende der **Karenz,**
  - spätestens jedoch nach 24 Monaten.
- Mütter und Väter haben Anspruch auf **Karenzurlaub** bis zum Ablauf des zweiten Lebensjahres des Kindes, wenn sie mit dem Kind im gemeinsamen Haushalt leben. Die Mindestdauer der Karenz beträgt drei Monate.
- Während der Karenzzeit besteht Anspruch auf das **Kinderbetreuungsgeld** (KBG): Siehe dazu S. 184.

Mutterschutz

Schutzfristen	Insgesamt soll der Gebärenden mindestens 16 Wochen Schutz gewährt werden. Diese Frist verlängert sich bei Mehrlings- oder Problemgeburten.
Besondere Beschäftigungsverbote	Schwangere dürfen nicht mit schweren körperlichen oder für Mutter oder Kind schädlichen Arbeiten beschäftigt werden. Im Zweifelsfall muss das Arbeitsinspektorat feststellen, ob eine Arbeit unter dieses Verbot fällt.
Arbeitszeitbeschränkungen	■ Für Schwangere und Stillende gilt ein verschärftes Nachtarbeitverbot. Mit nur geringfügigen Ausnahmen dürfen sie zwischen 20:00 Uhr und 06:00 Uhr nicht beschäftigt werden. Außerdem gilt ein striktes Verbot der Sonn- und Feiertagsarbeit. ■ Es darf auch keine Mehrarbeit über die gesetzliche oder kollektivvertraglich festgelegte tägliche Arbeitszeit geleistet werden. Auf keinen Fall darf die wöchentliche Arbeitszeit 40 Stunden überschreiten. ■ Stillenden Müttern ist auf Verlangen die zum Stillen der Kinder erforderliche Zeit freizugeben.
Besonderer Kündigungs- und Entlassungsschutz	Gilt ab dem Zeitpunkt, ab dem der Arbeitgeber von der Schwangerschaft erfährt, bis vier Monate nach der Entbindung bzw. bis zum Ablauf von vier Wochen nach Beendigung des Karenzurlaubes.

Anstelle des Karenzurlaubs kann mit dem Arbeitgeber **Teilzeitarbeit** vereinbart werden (Anspruch unter gewissen Voraussetzungen).

In Schweden gehen über 20 Prozent der Väter in Karenz, in Island fast ein Drittel. Ermitteln Sie den aktuellen Wert für Österreich.

Exkurs: Karenzurlaub für Väter

Dem Vater steht ein Karenzurlaub zu, wenn die Mutter einen Karenzurlaubsanspruch hat und verzichtet oder sie wegen Erwerbstätigkeit verhindert ist. Er muss mit dem Kind im gemeinsamen Haushalt leben und es überwiegend selbst betreuen. Arbeitsrechtlicher Karenzurlaub kann entweder von einem Elternteil ausschließlich oder von Mutter und Vater abwechselnd (Elternkarenzurlaub) beansprucht werden.

Pausen sind gesetzlich geregelt.

3.3.2 Arbeitszeit- und Arbeitsruhegesetz

Zweck des Arbeitszeitgesetzes (AZG) ist die Verhinderung der übermäßigen Beanspruchung der Arbeitnehmer durch zu lange, ununterbrochene Arbeitszeiten. Das AZG sieht daher Höchstgrenzen der Tages- und Wochenarbeitszeit vor, beschränkt die Leistung von Überstunden, regelt die Einhaltung von Ruhepausen (innerhalb einer Tagesarbeitszeit) und Ruhezeiten (zwischen zwei Tagesarbeitszeiten). Weiters enthält das AZG Regelungen über gleitende Arbeitszeit, Nachtarbeit, Teilzeitarbeit und Sonderbestimmungen für das Lenken von Kraftfahrzeugen.

Arbeitszeit

Unter Arbeitszeit wird die Zeit vom Beginn bis zum Ende der Arbeit ohne Ruhepausen verstanden. Grundsätzlich ist jede Zeit, in welcher der Arbeitgeber den Arbeitnehmer für seine Zwecke in Anspruch nimmt, Arbeitszeit. Auch die Zeiten einer **Dienstreise** gelten prinzipiell als Arbeitszeit. Ebenso die **Wegzeiten** vom Betrieb zu einer außerhalb gelegenen Arbeitsstätte und zurück. Im Rahmen des Arbeitszeitschutzes ist auf eine genaue Einhaltung der jeweils geltenden Bestimmungen betreffend die Arbeits- und Ruhezeiten zu achten.

Vier-Tage-Woche
Soll nur vier Tage pro Woche gearbeitet werden, darf die tägliche Normalarbeitszeit an den Arbeitstagen bis zu zehn Stunden betragen. An den übrigen drei Tagen darf nicht gearbeitet werden. Diese Arbeitszeitverteilung muss durch Betriebsvereinbarung festgelegt werden. In Betrieben ohne Betriebsrat ist eine schriftliche Vereinbarung mit den einzelnen Arbeitnehmerinnen/Arbeitnehmern notwendig.

Bei Verletzungen der Schutzbestimmungen kann die Bezirksverwaltungsbehörde mit Geldstrafen einschreiten.

- Die **tägliche Normalarbeitszeit** (NAZ) darf acht Stunden, außer der Kollektivvertrag sieht zehn Stunden vor, nicht überschreiten.
- Die **wöchentliche Normalarbeitszeit** (NAZ) darf 40 Stunden nicht überschreiten. (Der Kollektivvertrag kann eine abweichende Regelung ermöglichen.)

Die Verteilung der Arbeitszeit ist zwischen AN und AG zu vereinbaren.

Beispiel
Eine 40-Stunden-Woche kann folgendermaßen eingeteilt werden:
Montag bis Freitag von 08:00 bis 16:30 Uhr oder
Montag bis Donnerstag von 08:00 bis 17:30 Uhr
und Freitag von 08:00 bis 12:00 Uhr

Die 35-Stunden-Woche als NAZ hört sich schön an. Recherchieren Sie im Web, welche Argumente dafür und dagegen vorgebracht werden.

Begriffe zur Arbeitszeit	Erklärung
Durchrechnungszeitraum	Die Normalarbeitszeit kann in diesem Zeitraum schwankend gestaltet werden. In bestimmten Zeiten wird länger gearbeitet und zum Ausgleich dazu wird in anderen Zeiträumen kürzer gearbeitet. Der Durchrechnungszeitraum liegt im AG-Interesse, um schwankenden Arbeitsbedarf unter Vermeidung von Überstundenbezahlung abzudecken. Der Durchrechnungszeitraum wird entweder durch den Kollektivvertrag oder durch Betriebsvereinbarungen geregelt.
Gleitende Arbeitszeit (Gleitzeit)	Bei der Gleitzeitregelung besteht zu genau festgelegten **Kernzeiten** Anwesenheitspflicht aller Mitarbeiter/innen. Beginn und Ende des Arbeitstages können flexibel geregelt werden. Die Mitarbeiter/innen können daher früher oder später mit der Arbeit beginnen.
Mehrarbeit	Mehrarbeit ist Arbeitsleistung, die über das vereinbarte Ausmaß der wöchentlichen Normalarbeitszeit hinausgeht, aber noch nicht Überstundenarbeit ist (z. B. bei Teilzeitbeschäftigung).

Details zum Arbeitszeitschutz können Sie der Website der Arbeiterkammer – www.arbeiterkammer.at – Rubrik Arbeit und Recht entnehmen.

Überstunden	Überstunden liegen vor, wenn die wöchentliche Arbeitszeit von 40 Stunden überschritten wird. Für die Überstunden muss der AG den Überstundengrundlohn und einen Überstundenzuschlag bezahlen. Die Überstunden können auch in Form von Zeitausgleich unter Berücksichtigung des Überstundenzuschlages gewährt werden.
Überstundenzuschläge	▪ **100 Prozent** für Überstunden, die an Sonn- und Feiertagen und in der Nacht geleistet werden. ▪ **50 Prozent** für alle anderen Überstunden
Höchstgrenzen der Arbeitszeit	Die Tagesarbeitszeit darf 12 Stunden und die Wochenarbeitszeit 60 Stunden nicht überschreiten. Weiters darf die durchschnittliche Wochenarbeitszeit in einem Durchrechnungszeitraum von 17 Wochen 48 Stunden nicht überschreiten.

Aha!
Für **Mehrarbeit** oder **Überstunden** gibt es entweder Zeitausgleich oder Geld. Das ist Vereinbarungssache.

Ruhezeit

Ruhepausen sind gesetzlich vorgeschrieben und sollen der Erholung der Mitarbeiter/innen dienen.

- Nach **sechs Stunden Arbeitszeit** muss eine halbe Stunde Ruhezeit gewährt werden. Anstelle dieser halbstündigen Ruhepause können auch zwei viertelstündige oder drei zehnminütige Ruhepausen gewährt werden.
- Nach der Beendigung der **Tagesarbeitszeit** hat der AN Anspruch auf eine **ununterbrochene Ruhezeit** von mindestens **elf Stunden.** Durch den Kollektivvertrag kann diese Ruhezeit auf bis zu acht Stunden verkürzt werden.
- Dem AN gebührt wöchentlich eine ununterbrochene **Wochenruhezeit** von mindestens **36 Stunden.** Eine Abweichung ist nur bei Schichtarbeit möglich.

Spitalsärzten und -ärztinnen mit Nachtdiensten stehen zusätzliche Ruhezeiten zu.

Aha!
Pausen sind keine Arbeitszeit und werden daher auch nicht bezahlt.

3.3.3 Personenschutz

Nachtarbeiterschutz

Als **Nachtarbeiter** gilt, wer regelmäßig oder in mindestens 48 Nächten pro Kalenderjahr mindestens 3 Stunden zwischen 22:00 und 05:00 Uhr arbeitet. Nachtarbeiter genießen zusätzliche Ruhezeiten, Zusatzurlaub, Sonderruhegeld und sind regelmäßig gesundheitlich zu untersuchen.

3.3.3.1 Kinder- und Jugendschutz

Unter 15-Jährige

Sie dürfen grundsätzlich nicht zur Arbeit herangezogen werden. Nach Vollendung des zwölften Lebensjahres ist in Ausnahmefällen eine Beschäftigung mit leichten und gelegentlichen Arbeiten erlaubt.

Aha!
Der Landeshauptmann kann die Mitwirkung von Kindern bei Musikaufführungen, Theatervorstellungen und sonstigen Aufführungen im Interesse der Kunst, der Wissenschaft oder des Unterrichts bewilligen.

15- bis 18-Jährige

In jedem Betrieb, in dem Jugendliche beschäftigt werden, ist ein Verzeichnis der Jugendlichen zu führen. Für Jugendliche darf die tägliche Arbeitszeit nicht mehr als acht Stunden, die wöchentliche nicht mehr als 40 Stunden betragen. Unter bestimmten Umständen kann die Wochenarbeitszeit anders verteilt werden. Die tägliche Arbeitszeit darf bei Jugendlichen unter 16 Jahren auf keinen Fall 9 Stunden, bei Jugendlichen über 16 Jahren 9,5 Stunden überschreiten.

Ausgleichstaxe: monatlich zwischen 267 EUR und 398 EUR (Stand: 2020).

3.3.3.2 Andere Gruppen

Behinderte

Alle Dienstgeber, die im Bundesgebiet 25 oder mehr Dienstnehmer/innen beschäftigen, sind verpflichtet, auf je 25 Dienstnehmer/innen mindestens einen begünstigten Behinderten (mindestens 50 Prozent Minderung der Erwerbsfähigkeit) einzustellen. Wird dieser Beschäftigungspflicht nicht nachgekommen, so ist eine **Ausgleichstaxe** je Person, die zu beschäftigen wäre, zu bezahlen. Die Kündigung eines Behinderten darf erst dann ausgesprochen werden, wenn der Behindertenausschuss des Bundessozialamtes ihr zugestimmt hat.

Aufgabenstellungen – „Arbeitnehmerschutz"

1. Nennen Sie die Fachausdrücke der abgebildeten „Persönlichen Schutzausrüstungen" (PSA).
2. Geben Sie an, vor welchen Gefahren diese Ausrüstungen schützen.
3. Erläutern Sie, warum die Vorschriften und Verordnungen laufend zu aktualisieren sind.

1 
2 
3 

1 ______
2 ______
3 ______

4 
5 
6 

4 ______
5 ______
6 ______

7 

8 
9 

7 ______
8 ______
9 ______

4 Kollektives Arbeitsrecht

Das kollektive Arbeitsrecht (Arbeitsverfassungsrecht) regelt das **Verhältnis zwischen Interessenvertretungen.** Anstelle der einzelnen Arbeitnehmer/innen oder Arbeitgeber/innen verhandeln Verbände über die Arbeitsbedingungen.

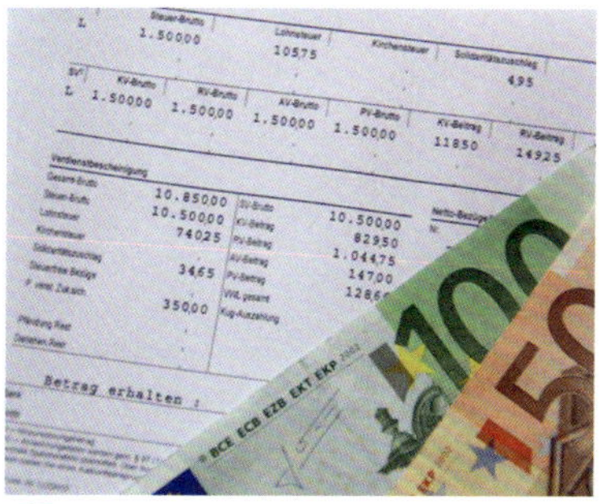

Werfen Sie einen Blick auf die Inhalte der AK-Website: www.arbeiterkammer.at

Man unterscheidet

Berufsverfassungsrecht

Das Berufsverfassungsrecht hebt den überbetrieblichen Aspekt der Arbeitsverfassung hervor. Im Rahmen des Berufsverfassungsrechts wurden in Österreich die **Arbeiterkammern** als gesetzliche Interessenvertretung der Arbeitnehmer/innen gebildet.

- Berufsverbandsrecht
- Kollektive Rechtsgestaltung
- Arbeitskampfrecht

Betriebsverfassungsrecht

Das Betriebsverfassungsgesetz hat den betrieblichen Aspekt der Arbeitsverfassung zum Gegenstand. Durch eine Betriebsverfassung soll das Recht der Belegschaft auf Mitbestimmung verankert werden.

4.1 Berufsverfassungsrecht

4.1.1 Berufsverbandsrecht

Eine Besonderheit in der österreichischen Arbeitsverfassung ist eine **freiwillige** und eine **gesetzliche Interessenvertretung** für Arbeitgeber/innen und Arbeitnehmer/innen. Das Berufsverbandsrecht regelt die Organisation dieser Vertretungen.

Freiwillige Interessenvertretungen

Wesentliche Merkmale einer solchen Koalition sind

- die **Freiwilligkeit** des Zusammenschlusses,
- die Förderung und Wahrung der beruflichen Interessen ihrer Mitglieder und
- die **Gegnerfreiheit** bzw. **Gegnerunabhängigkeit.**

Gegnerfreiheit bzw. Gegnerunabhängigkeit = AN können nicht Mitglied in einer Interessenvertretung des AG sein und umgekehrt.

Beispiele

Arbeitgeber/innenseite	Arbeitnehmer/innenseite
▪ Industriellenvereinigung (IV), ▪ Verband der Banken und Bankiers	Österreichischer Gewerkschaftsbund (ÖGB)

Informieren Sie sich auf www.wko.at über das Angebot der Wirtschaftskammern.

Gesetzliche Interessenvertretungen

Der Gesetzgeber sieht vor, dass AG und AN sich zur Vertretung ihrer Interessen in Kammern zusammenschließen müssen. Es besteht für beide Seiten **Pflichtmitgliedschaft.**

Beispiele

Arbeitgeber/innenseite	Arbeitnehmer/innenseite
■ Wirtschaftskammern ■ Landwirtschaftskammern ■ Kammern der freien Berufe (Ärztekammern, Rechtsanwaltskammern usw.)	■ Kammern für Arbeiter und Angestellte ■ Landarbeiterkammern

Die Kammern wirken im Bereich der Gesetzgebung, z. B. durch Gutachten zu Gesetzesentwürfen, und der Vollziehung mit. Des Weiteren sind sie im Rahmen der Sozialpartnerschaft für arbeitsrechtliche Fragen zuständig.

4.1.2 Kollektive Rechtsgestaltung

Zur Regelung von Fragen zur Arbeit sieht das Gesetz besondere Instrumente vor:
- den **Kollektivvertrag** und
- die **Satzung,**
- die **behördliche Festsetzung von Arbeitsbedingungen** (Mindestlohntarif) und
- die **Betriebsvereinbarung,**
- die **Lehrlingsentschädigung.**

Die Regeln des Arbeitsverfassungsgesetzes über die kollektive Rechtsgestaltung gelten für Arbeitsverhältnisse aller Art (mit einigen Ausnahmen), die auf einem privatrechtlichen Vertrag beruhen.

Die österreichischen Gewerkschaften schließen jährlich über 450 Kollektivverträge ab.

Kollektivverträge

Kollektivverträge sind Verträge, die zur Regelung von **Entlohnungs- und Arbeitsbedingungen** für eine größere Gruppe von Arbeitnehmern bzw. Arbeitgebern abgeschlossen werden.

Kollektivvertragsfähig sind

Auf Arbeitgeber-Seite	Auf Arbeitnehmer/innen-Seite
■ Wirtschaftskammer ■ Industriellenvereinigung u. a. m.	■ Arbeiterkammer ■ ÖGB u. a. m.

Was regeln die Kollektivverträge?
- Rechte und Pflichten aus dem Arbeitsverhältnis
- Gehalt und Lohn
- Sonderzahlungen wie Urlaubsgeld und Weihnachtsremuneration
- Urlaub
- Normalarbeitszeit
- Zulagen
- Überstunden und Zuschläge (Nacht, Sonn- und Feiertage)
- Abfertigung u. v. m.

Was bringt der Kollektivvertrag?
Auf der Seite der Arbeitnehmer/innen erfüllen die Kollektivverträge vor allem eine soziale Schutzfunktion. Es werden gleiche **Mindeststandards** bei der Entlohnung und bei den Arbeitsbedingungen für alle Arbeitnehmer/innen einer Branche geschaffen. Diese sollen
- ein größeres Machtgleichgewicht zwischen AN und AG schaffen,
- für gleiche Wettbewerbsbedingungen zwischen Unternehmen sorgen und
- verhindern, dass die AN gegeneinander ausgespielt werden.

Außerdem haben Kollektivverträge eine wichtige **Friedensfunktion,** weil erstens Arbeitskämpfe zwischen den beiden vertragsschließenden Arbeitgeber- und Arbeitnehmerinstitutionen rechtlich ausgeschlossen sind und zweitens viele Auseinandersetzungen auf Betriebsebene vermieden werden können.

Aha!
Die Vereinbarungen im KV gelten für alle Arbeitnehmer/innen in einer bestimmten Branche (z. B. Metallarbeiter/innen oder Handelsangestellte). Sie können weder durch den Arbeitsvertrag noch durch eine Betriebsvereinbarung aufgehoben oder beschränkt werden. Verschlechterungen für den AN sind ausgeschlossen, Verbesserungen jedoch zulässig.

⚠ Voraussetzungen für die **Geltung** des Kollektivvertrages sind die Hinterlegung beim Bundesministerium für Arbeit, Soziales und Konsumentenschutz und die Veröffentlichung in der Wiener Zeitung. Er tritt außer Kraft durch Zeitablauf (wenn er befristet war) oder durch Kündigung.

Satzung

Ein Kollektivvertrag gilt nur für Arbeitnehmer/innen einer bestimmten Branche. Damit die Regelungen auch für andere Arbeitnehmer/innen gelten, kann der Kollektivvertrag zur Satzung erklärt werden, wodurch auch diese gleiche Löhne und Arbeitsbedingungen haben.

Mindestlohntarife

Arbeitnehmern, deren Lohnbedingungen wegen des Fehlens einer kollektivvertragsfähigen Körperschaft auf der Arbeitgeberseite nicht geregelt sind, soll durch **behördliche Festsetzung des Entgelts** der notwendige Schutz gewährt werden.

Betriebsvereinbarungen

In Betrieben, in denen ein Betriebsrat existiert, kann dieser mit dem Betriebsinhaber Betriebsvereinbarungen, die von beiden Vertragsparteien unterzeichnet werden, abschließen. Inhaltlich handelt es sich um Regelungen, die durch Gesetz oder Kollektivvertrag der Betriebsvereinbarung vorbehalten sind.

⚠ Für Betriebsvereinbarungen muss die Zustimmung des Betriebsrates eingeholt werden. Kommt es zu keiner Einigung, so kann der Betriebsinhaber die Schlichtungsstelle anrufen, die die vom Betriebsrat nicht erteilte Zustimmung erteilen kann.

4.1.3 Arbeitskampfrecht

Als Arbeitskampf bezeichnet man die Auseinandersetzung zwischen Arbeitgebern und Arbeitnehmern/Arbeitnehmerinnen zur **Überwindung von Interessengegensätzen** bei der Verhandlung von Löhnen und Arbeitsbedingungen. In aller Regel findet ein Arbeitskampf nur dann statt, wenn vorangegangene Verhandlungen zwischen den Sozialpartnern gescheitert sind.

Formen des Arbeitskampfes

Streik	Aussperrung
Der Streik ist das Druckmittel der Arbeitnehmerseite in Kollektivvertragsverhandlungen mit dem Ziel, bestimmte Forderungen durchzusetzen. Sogenannte **wilde Streiks** sind nicht von der Gewerkschaft unterstützt und die Streikenden erhalten kein Geld aus dem **Streikfonds.**	Als Aussperrung bezeichnet man die vorübergehende Freistellung von (nicht am Streik beteiligten) AN von der Arbeitspflicht durch den AG im Rahmen eines Arbeitskampfes ohne Fortzahlung des Arbeitslohnes. Aussperrung ist typischerweise die Antwort der AG-Seite auf einen Streik.

Die Gewerkschaften haben **Streikfonds,** aus denen ihre Mitglieder Unterstützung während des Streiks erhalten.

Die Betriebsratsvertretungstätigkeit ist kein Beruf, sondern ein Ehrenamt (eine Berufung)!

4.2 Betriebsverfassungsrecht – betriebliche Mitbestimmung

Zwischen dem Arbeitgeber und den Arbeitnehmern/Arbeitnehmerinnen eines Betriebes besteht ein Interessengegensatz. Die AN sind bestrebt, ihre Arbeitsbedingungen und ihr Arbeitsentgelt zu verbessern bzw. zu erhöhen, und der AG ist an seiner Gewinnmaximierung interessiert.
Um diesen Interessenkonflikt zu vermindern, wurde 1974 das **Arbeitsverfassungsgesetz** (ArbVG) beschlossen, in dem die Belegschaft eines Betriebes die Befugnisse erhält, entsprechende **Organe** in einem Betrieb zu bilden.

Organe der Belegschaft

- Betriebsversammlung
- Betriebsrat
- Betriebsausschuss
- Zentralbetriebsrat
- Jugendvertrauensrat

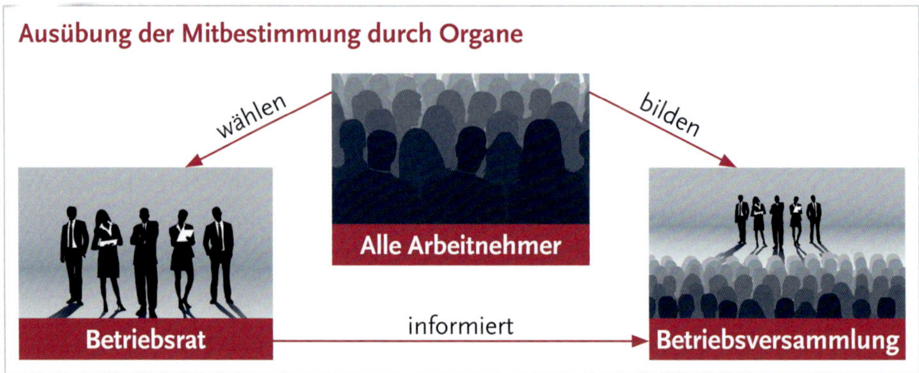

Größe des Betriebsrates	
Anzahl der AN	**Mitglieder des Betriebsrates**
5–9	1
10–19	2
20–50	3
51–100	4
101–200	5
201–300	6
Für je 100 weitere AN: 1 weiteres Mitglied	
In Betrieben über 1 000 AN: 1 weiteres Mitglied für je 400 AN	

Betriebsversammlung

Die Betriebsversammlung besteht aus der Gesamtheit aller Arbeitnehmer/innen über 18 Jahre eines Betriebes. Diese Versammlung findet mindestens einmal im Jahr statt.

Was sind die Rechte bzw. Aufgaben einer Betriebsversammlung?

- Die Wahl des Wahlvorstandes für die Betriebsratswahl und der Rechnungsprüfer/innen.
- Die Beschlussfassung über die Enthebung des Wahlvorstandes, des Betriebsrates und der Rechnungsprüfer/innen (nur mit Zweidrittelmehrheit möglich).
- Die Behandlung von Berichten des Betriebsrates und der Rechnungsprüfer/innen. Die Betriebsversammlung kann dem Betriebsrat aber keine Weisungen erteilen.
- Die Stellungnahme zu sozialen, personellen und wirtschaftlichen Angelegenheiten.

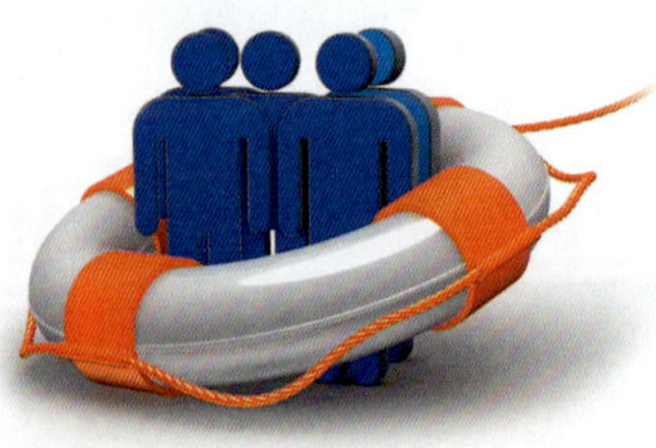

Für den Betriebsrat ist die Interessenvertretung der Arbeitnehmer eine Pflichtaufgabe. Er ist – vereinfacht gesagt – das Bindeglied zwischen der Belegschaft und der Betriebsführung.

Betriebsrat

Damit in einem Betrieb ein Betriebsrat (BR) gewählt werden kann, müssen mindestens fünf Arbeitnehmer/innen dauernd beschäftigt sein. Erfüllt jede Arbeitnehmergruppe (Arbeiter/innen und Angestellte) diese Voraussetzungen, so ist für jede Gruppe ein eigener Betriebsrat zu wählen. Beide Gruppen können aber auch die Errichtung eines gemeinsamen Betriebsrates beschließen. Die Anzahl der Mitglieder des Betriebsrates hängt von der Anzahl der Arbeitnehmer/innen in einem Betrieb ab.

Der BR wird als **Vertretungsorgan der Belegschaft** gewählt. Die Wahl des Betriebsrates findet alle vier Jahre statt und ist in einer eigenen **Betriebsratswahlordnung** geregelt.

Rechte und Pflichten des Betriebsrates

Rechte	Pflichten
▪ **Anspruch auf die Freizeit,** die zur Ausführung der Tätigkeit benötigt wird ▪ **Anspruch auf Freistellung** zur Teilnahme an **Schulungs- und Bildungsveranstaltungen** bis zum Höchstausmaß von drei Wochen ▪ **Kündigungs- und Entlassungsschutz** (Ein Betriebsratsmitglied darf nur nach Zustimmung des Arbeits- und Sozialgerichts gekündigt oder entlassen werden.)	▪ Verschwiegenheitspflicht ▪ Kooperationspflicht ▪ Probleme im Betrieb erkennen

Damit der Betriebsrat die Interessen der Arbeitnehmer/innen im Betrieb wahrnehmen kann, hat er folgende **Mitwirkungsrechte:**

Allgemeine Rechte	Mitwirkung in sozialen Angelegenheiten	Mitwirkung in personellen Angelegenheiten	Mitwirkung in wirtschaftlichen Angelegenheiten
Recht auf Information	Einführung von Kontrollmaßnahmen (z. B. automatische Erfassung von Telefongesprächen)	BR ist von Kündigungen und Entlassungen zu informieren.	BR ist über Investitionen und Maßnahmen zur Rationalisierung zu informieren.
Überwachungsrecht (z. B. Einhaltung von Schutzbestimmungen)	Einführung einer betrieblichen **Disziplinarordnung**	Anfechtungsmöglichkeit von rechtswidrigen Kündigungen und Entlassungen	Mitwirkungsrechte bei Betriebsänderungen wie Stilllegung oder Verlegung des Betriebes
Beratungsrecht (mit den Unternehmervertretern/vertreterinnen mindestens einmal im Vierteljahr)	Einführung von Personalfragebögen	Jede Versetzung und Beförderung ist dem Betriebsrat mitzuteilen.	Mitwirkung im Aufsichtsrat von Aktiengesellschaften und GmbHs

Betriebsausschuss

Bestehen in einem Betrieb getrennte Betriebsräte für Arbeiter/innen und Angestellte, so ist ein Betriebsausschuss aus allen Betriebsratsmitgliedern zu bilden.

Zentralbetriebsrat

In Unternehmungen mit mehreren großen Betriebsstätten ist ein übergeordneter Zentralbetriebsrat einzurichten. Er wird von allen Betriebsratsmitgliedern gewählt.

⚠ Zur Finanzierung der Betriebsratstätigkeit und von Wohlfahrtseinrichtungen wurde der **Betriebsratsfonds** eingerichtet.

Disziplinarordnung: Bei Nichteinhaltung von betrieblichen Vereinbarungen droht die Kündigung oder schlimmstenfalls die Entlassung.
Beispiele: Surfen im Internet oder Schreiben privater E-Mails während der Arbeitszeit, Nichttragen eines Gehörschutzes ...

⚠ **Europäischer Betriebsrat**
In allen gemeinschaftsweit operierenden Unternehmen und Unternehmensgruppen muss auf Antrag ein Europäischer Betriebsrat eingesetzt oder ein Verfahren zur Unterrichtung und Anhörung der Arbeitnehmer geschaffen werden.

Jugendvertrauensrat

Seine Aufgabe ist die Vertretung der Interessen der jugendlichen Arbeitnehmer/innen des Betriebes im Zusammenwirken mit dem Betriebsrat.

Aufgabenstellung – „Kollektives Arbeitsrecht“

- Lesen Sie den folgenden Zeitungsartikel.
  - a) Warum bemühen sich die Sozialpartner, zu einvernehmlichen Lösungen zu gelangen?
  - b) Suchen Sie Argumente für und gegen einen (erhöhten) Mindestlohn und für und gegen eine Flexibilisierung der Arbeitszeit. Recherchieren Sie dazu auch im Internet und berücksichtigen Sie bei den Rechercheergebnissen, wer den jeweiligen Artikel in das Internet gestellt hat.

Mindestlohn von 1.500 Euro für alle beschlossen, Flexibilisierung nicht

Die Sozialpartner haben sich auf einen Mindestlohn von 1.500 Euro brutto für alle geeinigt, der bis zum Jahr 2020 umgesetzt werden soll. Bei der Arbeitszeitflexibilisierung gab es keine Einigung. Trotzdem wurden die Sozialpartner am Freitag nicht müde zu betonen, wie gut diese Partnerschaft funktioniere.

Der Mindestlohn soll nun auf Kollektivvertragsebene fixiert werden, über die Arbeitszeit soll weiterverhandelt werden. Zeitplan und Fristen dafür wurden nicht vereinbart. Damit sei die Forderung der Regierung nach einer Einigung beim Mindestlohn bis zum 30. Juni erfüllt worden, was die Regierung nun bei der Arbeitszeitflexibilisierung mache, müsse man schauen, erklärten die Sozialpartner am Freitagvormittag bei einer gemeinsamen Pressekonferenz.

Wirtschaftskammer-Präsident Christoph Leitl sprach beim Mindestlohn von einer „pragmatischen Lösung“ durch die Evaluierung bis zum Jahr 2020. Bei der Vereinbarung handle es sich um eine „freiwillige Verpflichtung“. Damit werde gewährleistet, dass einzelne Branchen nicht überfordert werden. Außerdem sei sichergestellt, dass nicht der Gesetzgeber in den Mindestlohn eingreift, es liege ja ein Antrag auf 1.750 Euro Mindestlohn bereits im Parlament vor. Arbeiterkammer-Präsident Rudolf Kaske betont, dass die Lohnpolitik ein Thema der Sozialpartner bleiben soll, dabei „dürfen wir 1.700 Euro nicht aus den Augen verlieren“.

ÖGB-Chef Erich Foglar gab sich wie auch der AK-Präsident mit dem Mindestlohn sehr zufrieden: „1.500 Euro sind eine beachtliche Leistung“, sagte Foglar. Weniger Freude hatte Landwirtschaftskammer-Präsident Hermann Schultes, der sich wünscht, dass im Gegenzug die gesetzliche Regelung zur Nacht- und Schwerarbeit auf die Kollektivpartner übertragen wird und mehrere Landwirte einen Arbeitnehmer beschäftigen können. Der Mindestlohn würde die Landwirtschaft vor große Herausforderungen stellen.

www.derstandard.at, 30. Juni 2017

Ziele erreicht? – „Grundlagen des Arbeitsrechts“

KOMPETENZ-ERWERB

1. Nennen Sie Merkmale, welche die Arbeitnehmereigenschaft (im Gegensatz zu freien Dienstnehmern) charakterisieren.
2. Erläutern Sie, wie ein Arbeitsvertrag rechtswirksam abgeschlossen werden kann.
3. Zählen Sie die Pflichten auf, die sich aus dem Arbeitsverhältnis ergeben.
4. In einer Tageszeitung ist folgendes Inserat zu lesen: „Suchen junge Sekretärin für unsere Buchhaltung.“ Beurteilen Sie, ob dieses Inserat gegen das Gleichbehandlungsgesetz verstößt.
5. Nennen Sie die Ansprüche, wenn der Arbeitgeber kein oder nur mehr teilweise das Krankenentgelt gewähren muss.
6. Erläutern Sie, wie der Urlaubsanspruch nach dem Urlaubsgesetz geregelt ist.

7. Nennen Sie die Voraussetzungen, unter denen der Urlaub durch eine Erkrankung unterbrochen wird.

8. Geben Sie einen Überblick über die Pflegefreistellung.

9. **Fallbeispiel**

Herr Steiner, ein Angestellter, befindet sich in der zweiten Woche seiner Probezeit.

a) Beschreiben Sie, welchen Zweck die Probezeit verfolgt.

b) Geben Sie an, wie lange die Probezeit von Herrn Steiner längstens dauern darf.

c) Stellen Sie dar, wie der Arbeitgeber/Arbeitnehmer das Arbeitsverhältnis in der Probezeit beenden kann.

d) Erklären Sie, was passiert, wenn das Arbeitsverhältnis stillschweigend über die Probezeit hinaus verlängert wird.

10. Geben Sie einen Überblick über die wesentlichen Regelungen bei befristeten Arbeitsverhältnissen.

11. Erklären Sie, wie ein Arbeitsverhältnis einvernehmlich gelöst werden kann und welche Formvorschriften ggf. zu beachten sind.

12. Beschreiben Sie, wie die Kündigungsfrist und der Kündigungstermin im Angestelltengesetz geregelt sind.

13. Frau Berger ist Angestellte und möchte das Arbeitsverhältnis am heutigen Tag durch Kündigung lösen: Geben Sie an, welche Fristen und Termine sie beachten muss, wenn keine besonderen Vereinbarungen vorliegen.

14. Erklären Sie, wie die Freizeit während der Kündigungsfrist geregelt ist.

15. Nennen Sie die Voraussetzungen, unter denen eine Entlassung/ein vorzeitiger Austritt ausgesprochen werden kann.

16. Erläutern Sie die Beteiligung des Betriebsrates bei der Kündigung/Entlassung von Arbeitnehmern.

17. Erläutern Sie den besonderen Kündigungs- und Entlassungsschutz.

18. Stellen Sie dar, wie das Mutterschutzgesetz den Schutz von schwangeren Frauen regelt.

19. Erklären Sie, wie sich das Beschäftigungsverbot vor und nach der Entbindung gestaltet.

20. Beurteilen Sie, ob eine Kündigung rechtwirksam ist, wenn sie vom Arbeitgeber in Kenntnis der Schwangerschaft ausgesprochen wurde. Stellen Sie die Pflichten dar, die die Mutter treffen, wenn dem Arbeitgeber die Schwangerschaft nicht bekannt ist, und er die Kündigung ausspricht.

21. **Fallbeispiel**

Patrick hat einen Job bei der TCOM Telekommunikationsberatungs KG bekommen.

a) Sein Chef hat ihm bereits beim Bewerbungsgespräch mitgeteilt, dass es sich im ersten Monat um ein Probearbeitsverhältnis handeln wird. Stellen Sie die arbeitsrechtlichen Besonderheiten des Probearbeitsverhältnisses dar.

b) Nach fünf Wochen erkrankt Patrick. Sein Arzt schreibt ihn eine ganze Woche krank. Erläutern Sie, ob er nun eine Woche Entgeltentfall befürchten muss oder die ganze Arbeitswoche trotzdem bezahlt bekommt.

c) Patrick hat sich gut im Unternehmen eingelebt. Seine Vorgesetzte ist hoch zufrieden mit seiner Arbeitseinstellung und -leistung sowie seinem guten Benehmen gegenüber Kolleginnen/Kollegen und Kundinnen/Kunden. Nach sechs Monaten tritt Patrick seinen wohlverdienten Urlaub an – drei Wochen Griechenland mit seiner Freundin. Leider erkrankt er bereits am vierten Tag und muss fünf Tage lang das Bett hüten. Erörtern Sie, wie Patrick nun vorgehen sollte, und stellen Sie die Konsequenzen dar, wenn er keinen Arzt aufsucht und einfach nur das Bett hütet.

22. Herr Maier nimmt eine Stelle als Hausbesorger an. Am Mittwoch der dritten Woche macht er eine Bergwanderung. An seiner Stelle übernimmt seine Ehefrau seine Aufgabe. Geht das? Begründen Sie Ihre Antwort.

23. Peter Winter ist seit vier Jahren als Facharbeiter bei der Firma Kudlich GmbH beschäftigt. Nach einem Arbeitsunfall hat er bereits sechs Wochen Grundanspruch ausgeschöpft. Wie lange hat Herr Winter noch Anspruch auf Entgeltfortzahlung?

24. Anna wurde während ihres Krankenstandes von ihrem Arbeitgeber gekündigt. Wie lange hat sie Anspruch auf Entgeltfortzahlung?

25. Fallbeispiel

Frau Weiss, die 24 Jahre als technische Zeichnerin in einem großen Architekturbüro gearbeitet hat, wird gekündigt, als ein neuer Vorgesetzter ihre Abteilung übernimmt.

a) Muss Frau Weiss die Kündigung widerspruchslos hinnehmen? Welche Möglichkeiten hat Frau Weiss, um gegen die Kündigung vorzugehen?

b) Unter welchen Umständen wäre die Kündigung rechtens?

26. Treffen Sie für nachfolgende Sachverhalte die Entscheidung, wie das Arbeitsverhältnis beendet werden soll. Begründen Sie Ihre Antwort.

a) Gregor B. arbeitet als Verkäufer bei einem Autohändler und hat von der Konkurrenz eine Stelle als Verkaufsleiter angeboten bekommen. Er verspricht sich davon eine interessante Aufgabe und ein höheres Einkommen.	
b) Friedrich W. kommt wiederholt pro Woche zu spät zur Arbeit. Sein Arbeitgeber hat ihn schon wiederholt darauf hingewiesen, dass Pünktlichkeit eine Pflicht des Arbeitnehmers ist.	
c) Sonja K. arbeitet als Buchhalterin und wird täglich von ihren Kollegen mit frauenfeindlichen Witzen belästigt. Sie hat dies bereits ihrem Vorgesetzten mitgeteilt, der bis jetzt aber noch nicht darauf reagiert hat.	
d) Simone G. arbeitet als Verkäuferin in einem Textilgeschäft. Aufgrund der Wirtschaftskrise kam es zu erheblichen Umsatzeinbrüchen und dadurch zu Überkapazitäten beim Personal.	

27. Max stellt am dritten Tag des Probearbeitsverhältnisses fest, dass ihm der Job überhaupt nicht zusagt. Als er seiner Chefin mitteilt, dass er das Arbeitsverhältnis mit sofortiger Wirkung beendet und nach der Mittagspause nicht mehr wiederkehren wird, antwortet die Chefin: „So läuft das nicht. Die Arbeiten, die Sie heute begonnen haben, müssen Sie am Nachmittag noch abschließen." Legen Sie dar, wer von beiden die richtige Rechtsansicht vertritt.

28. Peter hat ein Unternehmen mit 48 Mitarbeiterinnen und Mitarbeitern aufgebaut. Seit zwei Jahren beschäftigt er auch eine begünstigt behinderte Mitarbeiterin. Da deren gesundheitliche Probleme im letzten Jahr immer mehr zugenommen haben, ist sie nicht mehr in der Lage, ihre Arbeiten zu erledigen. Max sieht auch sonst keine Möglichkeit, wie er die Mitarbeiterin sonst im Unternehmen einsetzen könnte. Erklären Sie, wie er vorzugehen hat, wenn er die Mitarbeiterin kündigen will und stellen Sie die Folgen der Kündigung für ihn als Dienstgeber dar.

Stichwortverzeichnis

Bildnachweis

Alle Abbildungen wurden entweder vom TRAUNER Verlag eigens erstellt oder über die Bildagenturen MEV, Fotolia und iStockphoto zugekauft bzw. werden über die „Bildrecht GmbH" in Wien (www.bildrecht.at) abgerechnet.